¡Sí se puede!

Un curso transicional para hispanohablantes

María Carreira
California State University, Long Beach

Michelle C. Geoffrion-Vinci
Lafayette College

HEINLE
CENGAGE Learning

Australia • Brazil • Japan • Korea • Mexico • Singapore • Spain • United Kingdom • United States

*A nuestros padres por habernos enseñado que sí se puede,
y a nuestros hijos (Gabriel, Francis, Margot, Carmen,
Sofia y Julia) para que nunca se olviden que sí se puede.*

HEINLE
CENGAGE Learning

¡Sí se puede!: Un curso transicional para hispanohablantes
María Carreira and
Michelle C. Geoffrion-Vinci

Publisher: Rolando Hernández

Senior Sponsoring Editor: Glenn A. Wilson

Executive Marketing Director:
Eileen Bernadette Moran

Development Editor: Erin Kern

Senior Project Editor: Margaret Park Bridges

Cover Design Manager: Anne S. Katzeff

Senior Photo Editor: Jennifer Meyer Dare

Senior Composition Buyer: Chuck Dutton

New Title Project Manager:
Susan Brooks-Peltier

Associate Editor: Caitlin M. Shelton

Marketing Assistant: Lorreen Ruth Pelletier

Cover image: © Digital Visions /
Getty Images

For permission to use copyrighted materials,
grateful acknowledgment is made to the
copyright holders listed on pages 303–305
which are hereby considered an extension of
this copyright page.

For product information and technology assistance, contact us at
Cengage Learning Customer & Sales Support, 1-800-354-9706
For permission to use material from this text or product,
submit all requests online at **www.cengage.com/permissions**
Further permissions questions can be e-mailed to
permissionrequest@cengage.com

Library of Congress Catalog Card Number: 2002109454

Instructor's examination copy
ISBN-13: 978-0-618-68820-3
ISBN-10: 0-618-68820-X

For orders, use student text ISBNs
ISBN-13: 978-0-618-06136-5
ISBN-10: 0-618-06136-3

Heinle Cengage Learning
20 Davis Drive
Belmont, CA 94002-3098, USA

Cengage Learning is a leading provider of customized learning solutions
with office locations around the globe, including Singapore, the
United Kingdom, Australia, Mexico, Brazil, and Japan. Locate your local
office at **www.cengage.com/global**

Cengage Learning products are represented in Canada by
Nelson Education, Ltd.

To learn more about Heinle, visit **www.cengage.com/heinle**

Purchase any of our products at your local college store or at our preferred
online store **www.cengagebrain.com**

Printed in the United States of America
5 6 7 8 9 10   19 18 17 16 15

Índice

Capítulo 10

España: Visiones pasadas y futuras 267

What does is mean to be "bilingual"? Too often, we assume that it involves speaking and writing flawlessly in two languages. People tend to forget that, in the real world, being flawless is hardly ever possible.

If you grew up around Spanish—that is, if someone in your family (your grandparents, your mother or father, etc.) spoke Spanish to or with you at home—even if you've never taken a Spanish class, it's very likely that you are a lot more bilingual than you think!

With its wide variety of readings and communicative activities, *¡Sí se puede!* will help you determine how much Spanish you already know, and provide you with tools and strategies that will allow you to fine-tune your current speaking, reading, and writing skills while developing new ones. You'll have the opportunity to read poetry, interviews, articles, and short stories, surf the Internet, engage in community outreach, interview family members, and create your own autobiography. You'll learn about spelling, parts of speech, and those troublesome written accents. You'll increase your Spanish vocabulary and gain insights into how to speak and write appropriately in different settings, from the living room to the boardroom. You'll learn to apply many of the strategies you already employ in English when you're reading and writing in Spanish. What's more, this textbook will introduce you to students, scientists, poets, activists, business people, artists, politicians—people from diverse communities from all over the United States, Latin America, and Spain—who through their numerous contributions to thought, society, and culture define terms like "bilingual" and "multicultural" in a variety of ways.

Are you a perfect bilingual? Is anybody? Perhaps a better question is, can you communicate effectively *y con esmero* in the language of your heritage? With the right tools and a little practice, this text will teach you that *¡sí se puede!*

¡Sí se puede! por José Luis Orozco

En este mundo
tan lindo y tan grande
yo soy único,
yo soy especial,
lleno de amor
y de inteligencia.

Yo puedo realizar
mis sueños
siendo un buen estudiante
y haciendo siempre mi trabajo
con amor,
y con gusto,
porque sé que
isí se puede!

To the Instructor

The principal communicative objective undergirding *¡Sí se puede!* is to expose college-age heritage speakers who have had little or no formal instruction in Spanish to the functional structures of this language and the wide varieties of **linguistic register** in which they can appropriately be used. *¡Sí se puede!* aims to teach heritage speakers at this level to communicate effectively in their home language in a variety of communicative contexts, ranging from casual to highly stylized. Moreover, rather than eliminating dialect variation through the more traditional method of error correction, this text seeks to expand students' language capabilities in a **content-based framework** through functional reading and writing activities designed to improve students' ability to effectively communicate ideas across the spectrum of casual to academic Spanish.

The *¡Sí se puede!* program takes into account the lack of formal training most of these students have had in reading and writing Spanish. Emphasis, therefore, is placed on orthography and the rules of Spanish accentuation as well as the fundaments of Spanish grammar, morphology, and syntax. However, this program also takes into account the fact that college-level heritage speakers in the United States have often acquired critical thinking, reading, and writing skills in English that can transfer effectively to Spanish and provides strategies for and practice in doing just that. Finally, *¡Sí se puede!* celebrates the diverse cultural heritage manifest in the often already rich variety present in students' language inventories.

¡Sí se puede! provides students with the opportunity to read, write, peer edit, discuss, and give oral presentations extensively in various registers of Spanish. This textbook offers a variety of cultural readings not only on the world's many Spanish-speaking countries but also on the diverse groups of Latinos in the United States and their many contributions to life in this country. Indeed, in addition to its demographic focus, what makes this text unique is its treatment of culture from the standpoint of *convergence*. Rather than simply presenting the standard readings per chapter on the countries of the Spanish-speaking world, the first readings in each chapter describe myriad aspects of US-based Latino cultures. In so doing, *¡Sí se puede!* establishes the overarching theme that US Latinos represent a vibrant confluence of cultures that ties together the diverse traditions of the English- and Spanish-speaking worlds. This **cross-cultural approach** is designed to foster increased pride in students' cultural diversity.

Cultural Focus

One of the most exciting and distinctive features of *¡Sí se puede!* is its exploration of cultural identities first and foremost from the perspective of diverse Hispanic communities *within* the United States. In many Spanish textbooks today,

"Hispanic culture" is presented as if it were a monolithic "foreign" entity. That is, textbook chapters typically feature cultural segments and corresponding activities on Spanish-speaking countries *outside* of the United States. In contrast, *¡Sí se puede!* offers a view of the United States as a country where many different communities of Spanish speakers play a vital role in forging our national identity. Each chapter begins with a reading and corresponding pre- and post-reading activities that explore the multifaceted contributions of specific US-based cultural communities (e.g., Mexican, Puerto Rican, Dominican, Salvadoran, Cuban, Nicaraguan, Colombian, indigenous American) not only to that community's continued development and growth but also to that of the greater United States. In the second half of each unit, we present parallel readings and corresponding activities related to the country of origin of each community.

The primary vehicle through which this cultural exploration takes place is the diverse readings in each chapter. Including but not restricted to short stories, newspaper articles, essays, poetry, music lyrics, student testimonials, and community activist manifestos, these readings present a variety of divergent perspectives on identity, race and ethnicity, politics, community, language, nationality, family, history, and values as these critical themes relate to being Hispanic and living in the United States. The activities surrounding these readings, in addition to developing strategies for reading comprehension, linguistic awareness, and communicative fluency, aim to help students reflect on their own identities and personal cultural histories while making important connections between themselves, the communities in which they live, and other communities that may differ (sometimes radically) from their own. Activities in the first segment of each chapter focus first on basic reading comprehension, then on establishing connections between individual and community-based cultural perspectives, and finally on specific issues of language, grammar, and linguistic register. By presenting a wide variety of perspectives and providing activities that promote individual reflection and the establishment of connections between individual and community, *¡Sí se puede!* seeks to approach the cultural communities as non-monolithic identities that are complex, multifaceted, and diverse.

¡Sí se puede! Nuts and Bolts

The wide variety of learning objectives and corresponding activities presented in this text can be contoured to fit the broad array of linguistic and cultural backgrounds of the growing number of students enrolled in heritage speaker Spanish classes in the United States. Objectives are outlined at the start of every chapter and fall under the following general categories:

- *Orgullo cultural*
- *Gramática*
- *Ortografía*
- *Registro*
- *Estrategia de lectura*
- *Estrategia de escritura*

Each chapter of *¡Sí se puede!* focuses on one of the following US Latino ethnic groups:

1. Mexican
2. Puerto Rican
3. Dominican
4. Cuban
5. Colombian and Venezuelan
6. Salvadoran and Nicaraguan
7. Panamanian
8. Guatemalan and Hispano-Indigenous
9. Argentinean and Chilean
10. Iberian Spanish

Chapter Structure

Each chapter contains the following sections:

Identidades

This section, which starts off each chapter, includes:

- a warm-up with discussion questions based on a picture, quote, or short reading.
- strategies and related activities designed to improve reading comprehension, such as skimming and scanning for main ideas, using pictures as visual comprehension cues, and identifying meaning through cognates and loan words.
- reading activities based on a short story, essay, or testimonial by a US Latino(a) author from the ethnic group upon which the particular chapter's cultural theme is based. A brief profile of the author in question is also presented.
- reading activities that present information regarding a US-based Hispanic community.
- comprehension and additional discussion questions that allow students to internalize the readings and relate them to their own personal experiences.
- vocabulary glosses and activities designed to develop effective reading and writing strategies.

Reading activities in this section are generally subdivided into three categories:

1. *¿Qué pasó en la lectura?* targets basic reading comprehension.

2. *La lectura, la vida y tú* connects readings with students' personal experiences and challenges them to draw parallels between their own realities and those of the cultural community under study in each chapter.

3. *La lectura y la lengua* highlights the key functional and grammatical concepts presented in the chapter as they appear in the readings.

In some sections, we have also included additional exercises that relate more specifically to particular readings or themes. Moreover, throughout the text students are encouraged to consult the *¡Sí se puede!* student website for even more activities for discussion and skill development.

Puentes

The goal of this section is to bridge the structural gap between students' academic training in English and their knowledge of Spanish by teaching them about key functional aspects of the language. This section covers the following topics:

- the notion of register within the context of chapter theme.
- exposition of fundamental functional and grammatical concepts.
- corollary activities for groups and pairs.
- linguistic phenomena such as code-switching, English and Spanish loan words and their absorption into both languages, rural dialects, slang, and the linguistic contributions of indigenous languages to Spanish syntax.
- multi-leveled writing activities dealing with topics from the simple to the complex—from sentence formation, vocabulary-building, and accentuation to the finer nuances of composition.

- Visit the *¡Sí se puede!* online study center for additional spelling and grammar practice.

Herencias

This section includes the following:

- a reading that examines the historical, geographic, and socio-economic realities of the country of origin of the U.S. Hispanic community explored in *Identidades*.
- a profile of a famous person or phenomenon from the Spanish-speaking country connected to that chapter's Latino ethnic group of focus, and brief readings on the history of that country or countries.
- discussion and comprehension questions.
- a series of Web-based resources for further information and reading, writing, and communicative activities.
- writing activities that include peer-editing strategies and self-editing exercises based on the reading.

¡Sí se puede!

This section centers on a series of culminating tasks in which students directly apply what they have learned in the chapter in terms of register, morphology, and writing skills. The segment includes:

- communicative exercises, such as role-plays, in which students are asked to make use of spoken language in a variety of registers.
- activities in which students are asked to recognize register variance either in authentic documents or in their own daily exchanges in Spanish.

- personalized writing activities such as journals, interviews, biographies, poetry creation, and personalized dictionaries in which students relate the cultural components of the chapter to their own personal experience and language use.
- experiential learning activities involving community service and interaction designed to foster awareness and challenge students' pre-existing assumptions regarding culture, language, and identity.

How to Use This Book

As with any textbook, *¡Sí se puede!* can be used in a variety of ways. It contains reading and writing activities and presentations for individuals, pairs, and small groups. These activities are designed to develop heritage students' presentational, interpretive, and analytical skills in Spanish and can be personalized to fit a variety of levels of communicative proficiency. In each of the four chapter segments, the *¡A ver qué tanto sabes ya!* activities highlight the knowledge of Spanish that students already have, and the *¡A ver qué aprendiste!* activities focus on basic comprehension of materials presented and are well within the skill set of the majority of heritage students. Reading comprehension activities also progress in steps, from basic comprehension (*¿Qué pasó en la lectura?*) to making interpretations and connections (*La lectura, la vida y tú*). The *¡Vamos más allá!* and *Exploraciones* activities include a variety of both discussion and writing exercises, including short answers, personal histories, PowerPoint presentations, journal entries, biographies, and more. These activities begin at the basic level and gradually increase in complexity in order to ensure that students from all proficiency levels can further develop their unique skill sets by working individually and cooperatively. Finally, the *¡Sí se puede!* section at the end of each chapter presents activities that tie together the topics presented in the previous three sections and invite written responses that can range from simple to complex—again depending upon the individual student's skill set. In short, all of the activities in this book are designed to engage students from a variety of communicative backgrounds with the goal that all students be able to participate by showcasing their often already considerable skills and building upon them.

By focusing on linguistic register and functional structure, English-to-Spanish skill transfer, and the cultural contributions and heritage of the diverse groups of Latinos in the United States, this textbook offers the heritage speaker of Spanish a unique resource that will provide the basic tools to increase both proficiency in the language of cultural origin and pride in one's cultural identity, always reinforcing the idea that, regardless of one's previous training or experience, *¡sí se puede!*

Acknowledgments

This book was a labor of love that brought together a number of fine people to whom we owe a debt of gratitude. Thanks first and foremost to Amy Baron, our initial project sponsor, for recognizing the potential of *¡Sí se puede!* and for bringing its authors together in an intellectual fellowship that yielded results far greater than either of us could have imagined separately. *Un gran abrazo* to Rafael Burgos Mirabal, our earliest editor, for challenging us to engage deeply in critical issues surrounding Spanish for Heritage Speakers. With tact, patience, and good humor, editor Erin Kern shepherded this project through the editorial process and guided it to production, and for this we will always be grateful. Thanks also to Margaret Park Bridges, Merrill Peterson, Sue McDermott, Richard Lindley, and the many others who worked on the production end of the project.

We were privileged to receive insightful feedback and collegial support from such remarkable author-educators as Joy Renjilian-Burgy, Ana Roca, and Guadalupe Valdés. However, our most profound learning experiences and the parts of this book that reflect them stem from our interactions with the many students who have helped us write, research, organize, and beta-test *¡Sí se puede!* over its long journey from concept to finished product. Toward that end, sincere thanks to Jadrien Ellison, Elizabeth "Tucker" Hirsch, Sam McDonald, Daysi Pereira, Tom Beeman, Eduardo Zubia, and Katherine Sayles.

We also thank our wonderful husbands and six collective children—half of whom were born during this book's lengthy adolescence—for their unstinting encouragement and love as we strived to bring this paper child into the world.

Finally, we thank the many professors who offered their insights to help strengthen *¡Sí se puede!*, from the board members who shared their personal experiences with heritage language courses to the reviewers who commented on chapters throughout the editorial process, including Alicia Ramos at Hunter College, Gabriel Barreneche at Rollins College, Humberto López Cruz at University of Central Florida, Kim Potowski at University of Illinois at Chicago, and Marta Fairclough at University of Houston.

¡Sí se puede!

Un curso transicional para hispanohablantes de herencia

Capítulo 1

Mural del Centro Chicano en la Universidad Stanford

¡Viva la raza!

Los mexicano-americanos en Estados Unidos

Metas
En este capítulo, vamos a:

a. explorar varios aspectos de la cultura mexicano-americana y sus conexiones con Estados Unidos y México. *(Orgullo cultural)*

b. practicar la división silábica. *(Gramática)*

c. estudiar las reglas del uso de las mayúsculas y minúsculas en español y de los signos de puntuación. *(Ortografía)*

d. examinar las características básicas del español académico en comparación con el español de casa. *(Registro)*

e. practicar el uso del título de una lectura para determinar el tema básico. *(Estrategia de lectura, meta 1)*

f. formular preguntas sobre una lectura antes de leerla para facilitar nuestra comprensión. *(Estrategia de lectura, meta 2)*

g. redactar un ensayo informal en torno al tema del nombre propio. *(Estrategia de escritura)*

Nuestros nombres y nuestras identidades culturales

Piénsatelo

GUTIÉRREZ A 130 Rio Chico Ave, San Jose ------- 555-8812	**GUTIÉRREZ** Adela 196 N Murphy Ave, Sunnyvale - 555-8288
A 750 N King St, San Jose -------------------- 555-7953	Adelaida 5932 Brown Blvd, Santa Clara -------- 555-9645
A 17087 Daves Ave, Monte Sereno ------------ 555-7654	Alberto 264 Gilchrist Cir, San Jose ------------ 555-7485
A 357 S 34th St, San Jose -------------------- 555-7300	Aleja 945 Fisher Ave, Morgan Hill-------------- 555-7161
A & A 1980 Lakewood Dr, San Jose------------ 555-9217	Alejandro 1583 S King Rd, San Jose----------- 555-6733
A & G 1005 Bloomfield Ave, Gilroy ------------ 555-5617	Alfonso 7324 W Bayshore Ct, East Palo Alto---- 555-3806
A & H 140 Cathay Rd, San Jose---------------- 555-8016	Alma 1060 Highland Rd, Santa Clara ---------- 555-2078
A & J Y 6479 Don Juan Ave, San Jose --------- 555-6224	Alvaro 690 S White Rd, San Jose -------------- 555-2195
A & S 2095 Ellena Ave, Apt 17, Santa Clara ----- 555-0590	Ana 834 S Rengstorff Ave, Mountain View ----- 555-9213
A & V 6263 Chromite Dr, Santa Clara --------- 555-8139	Ana 700 Peebles Dr, Morgan Hill ------------- 555-9324

> En Estados Unidos se pierde automáticamente el apellido de la madre. Y me parece que es una verdadera pena. El machismo en Norteamérica es más sutil que en el sur del continente. Pero el mejor ejemplo de esto es cómo las mujeres adoptan el apellido de sus maridos, desechando el propio, y la práctica de no incluir su apellido en el nombre de sus hijos.

(*Jorge Ramos*, La ola latina)

¿Estás de acuerdo con Jorge Ramos que el uso de los apellidos en Estados Unidos refleja una actitud machista de parte de la sociedad? ¿Por qué sí o no? ¿Cuál sería tu nombre completo si vivieras en un país latino?

Testimonios y trasfondos

Sandra Cisneros

Para comenzar...

Sobre la autora y su obra

A continuación vas a leer un cuento escrito por la famosa escritora Sandra Cisneros. Nacida en Chicago, Cisneros es de origen mexicano. Durante su carrera literaria, Cisneros ha ganado varios premios por su obra literaria, la cual incluye los siguientes títulos: *The House on Mango Street; Woman Hollering Creek and Other Stories; My Wicked, Wicked Ways; Loose Woman* y "Hairs" (cuento infantil). Aunque la autora escribe en inglés, todas sus obras se

Sandra Cisneros

han traducido al español (y a otras lenguas) y describen muchos aspectos de la cultura mexicano-americana en EE.UU.

Palabras clave

Cada una de las palabras subrayadas a continuación se explica mediante el uso de un ejemplo o una breve definición. Repasa el significado de estas palabras antes de comenzar la lectura "Mi nombre".

Todos tenemos varios nombres. Primero, tenemos el nombre de pila: Rafael, Richard, Jorge, Julia, Denise, Carmen, etc. De allí, muchos recibimos un apodo: Dolores llega a ser Lola, por ejemplo, y Guillermo, Mimo. Tanto los apodos como los nombres de pila tienen diminutivos — Lolita de Lola, Paquito de Paco, etc. Si tú tienes el mismo nombre de pila que otra persona, se dice que esa persona es tu tocayo(a).

En las culturas hispánicas, se suele tener más de un apellido. Los niños de una familia llevan el apellido del padre y el de la madre, con el del padre siempre en primer lugar. Por ejemplo, si Felipe Muñoz se casa con Dolores Molinero, sus hijos llevan los apellidos Muñoz Molinero. En inglés, es más común utilizar sólo el apellido del padre. En general, las mujeres latinas mantienen su apellido de soltera al casarse e incorporan el apellido de su esposo usando la preposición "de": Dolores Molinero de Muñoz.

Ideas clave

Comenta las preguntas siguientes con dos o tres compañeros de clase.

1. ¿Llevas un apodo o un diminutivo? ¿Eres tocayo(a) de algún miembro de tu familia? ¿Cómo se llaman tus padres? ¿Tus abuelos? ¿Te gustan tu nombre y tus apellidos? ¿Por que sí o no?

2. ¿Qué palabra no va con cada grupo a continuación? Justifica tu respuesta haciendo uso del vocabulario de la lectura anterior.
   a. Juan, Rodríguez, Pedro, Marta
   b. el Gordo, Toño, Anita, Nena
   c. Smith, Carrera, Pérez, Roca
   d. Margarita, Pepito, Juanito, Sarita
   e. Gabriel Cabrera Infante, Julio César Chávez, Gustavo Pérez Firmat

Antes de leer: Estrategias

Utilizar el título para determinar el tema: Antes de leer el cuento, contesta las siguientes preguntas.

1. Considera el título de este cuento, "Mi nombre". El título es la primera señal que puede indicarnos algo sobre el tema del escrito, es decir de qué éste trata. ¿Puedes determinar el tema básico del cuento siguiente basando tus observaciones exclusivamente en su título?

2. Un título sugiere que un escrito va a presentar información de cierto tipo o, en otras palabras, que el (la) autor(a) va a contestar ciertas preguntas en su escrito. Por ejemplo, se supone que un escrito que lleva el título "Un cumpleaños inolvidable" puede contestar preguntas tales como las siguientes: ¿De quién es el cumpleaños?, ¿Cuántos años cumple? y ¿Por qué fue inolvidable el cumpleaños? A juzgar solamente por su título, ¿qué preguntas se deben contestar en el cuento de Cisneros?

Palabras clave

La lectura a continuación contiene algunas palabras que quizás te suenen familiar(es), aunque no conozcas completamente su significado. Fijándote en la oración en que aparecen estas palabras, ¿puedes adivinar cuáles de las palabras subrayadas corresponden a cada una de las siguientes definiciones? Rellena los espacios a continuación con la palabra o frase subrayada de la lectura que corresponda en significado a cada definición.

_____ *regretful*

_____ *to be baptized*

_____ bolsa

_____ espeso

_____ (*inf.*) recibir algo (como propiedad) de un pariente cuando éste muere

_____ metal del que se fabrican las latas de refrescos

_____ barroso

_____ se afeita

_____ el sonido que se produce al llorar de pena profunda

_____ muy poco civilizado

Lectura 1

"Mi nombre" por Sandra Cisneros

En inglés mi nombre quiere decir esperanza. En español tiene demasiadas letras. Quiere decir tristeza, quiere decir espera. Es como el número nueve, como un color lodoso. Es los discos mexicanos que toca mi padre los domingos en la mañana cuando se rasura, canciones como sollozos.

Era el nombre de mi bisabuela y ahora es mío. Una mujer caballo nacida como yo en el año chino del caballo —que se supone es de mala suerte si naces mujer— pero creo que esa es una mentira china porque a los chinos como a los mexicanos, no les gusta que sus mujeres sean fuertes.

Mi bisabuela. Me habría gustado conocerla, un caballo salvaje de mujer, tan salvaje que no se casó sino hasta que mi bisabuelo la echó de cabeza a un costal y así se la llevó nomás, como si fuera un candelabro elegante, así lo hizo.

Dice la historia que ella jamás lo perdonó. Toda su vida miró por la ventana hacia afuera, del mismo modo en que muchas mujeres apoyan su tristeza en su codo. Yo me pregunto si ella hizo lo mejor que pudo con lo que le tocó, o si estaba arrepentida porque no fue todas las cosas que quiso ser. Esperanza. Heredé su nombre, pero no quiero heredar su lugar junto a la ventana.

Source: Cisneros, Sandra. "Mi nombre." *La casa en Mango Street*. Trans. Elena Poniatowska. New York: Vintage Books, 1994. 10–11

En la escuela pronuncian raro mi nombre, como si las sílabas estuvieran hechas de hojalata y lastimaran el techo de la boca. Pero en español mi nombre está hecho de algo más suave, como la plata, no tan grueso como el de mi hermanita —Magdalena— que es más feo que el mío. Magdalena, que por lo menos puede llegar a casa y hacerse Nenny. Pero yo siempre soy Esperanza.

Me gustaría bautizarme yo misma con un nombre nuevo, un nombre más parecido a mí, a la de a de veras, a la que nadie ve. Esperanza como Lisandra o Maritza o Zezé la X. Sí, algo así como Zezé la X estaría bien.

¡A ver qué aprendiste!

Paso primero: ¿Qué pasó en la lectura? Contesta las siguientes preguntas sobre el cuento.

1. ¿Le gusta su nombre a la narradora? ¿Por qué sí o no? Haz una lista de las palabras y frases en el cuento que mejor reflejen su opinión.
2. ¿Quién más en su familia se llamaba Esperanza? ¿Qué tipo de persona era?
3. ¿Qué edad parece tener la narradora? ¿Por qué?
4. ¿Qué otros nombres prefiere? ¿Por qué?

Paso segundo: la lectura, la vida y tú. Contesta las preguntas a continuación con dos o tres compañeros de clase. Cada grupo debe elegir a un(a) secretario(a) que apunte los comentarios del grupo.

1. ¿Te gusta tu nombre? ¿Por qué sí o no?
2. ¿Por qué te pusieron ese nombre tus padres?
3. ¿Qué revelan nuestros nombres en cuanto a quiénes somos y de dónde venimos?

Paso tercero: la lectura y la lengua. ¿Cómo es el habla de la narradora del cuento? ¿Habla de manera formal o personal? ¿Qué palabras o frases del texto reflejan este estilo? Contesta estas preguntas con tu grupo.

Lluvia de ideas (*Brainstorming*)

Ante la clase, los secretarios de cada grupo deben presentar los apuntes de la discusión de sus respectivos grupos. En adición, deben considerar las preguntas siguientes: Para tu grupo, ¿qué criterios son más importantes al adoptar un nombre? ¿Por qué? Den una lista de los nombres masculinos y femeninos preferidos del grupo y expliquen por qué les gustan estos nombres. Una vez presentados los apuntes de cada grupo, la clase debe comentar lo siguiente: ¿Qué tienen en común estos comentarios? Un(a) estudiante de la clase debe escribir los resultados de esta conversación en el pizarrón.

¡Vamos más allá! Prepara un breve informe a base de lo siguiente y preséntalo en clase. Al final de la lectura, Esperanza dice, "Me gustaría bautizarme yo misma con un nombre nuevo, un nombre más parecido a mí, a la de a de veras, a la que nadie ve". Si tuvieras la oportunidad de bautizarte a ti mismo(a), ¿qué nombre escogerías? ¿Cuáles de los siguientes criterios o aspectos de tu identidad emplearías al decidir sobre un nuevo nombre?

- tus raíces históricas
- parientes, amigos o personalidades que admiras
- consideraciones religiosas, sociales o políticas
- asociaciones personales (por ejemplo, ideas o recuerdos que conectas con un nombre específico)

Testimonios y trasfondos

La presencia hispana en EE.UU.

Para comenzar...

Datos demográficos. Los hispanos constituyen el grupo étnico de mayor crecimiento en Estados Unidos. Entre ellos, los de origen mexicano son los de mayor representación numérica. ¿Qué tanto sabes tú sobre los hispanos en EE.UU. en general, y los mexicano-americanos en específico? Enriquece tu conocimiento de estos temas al contestar las siguientes preguntas.

1. ¿Aproximadamente cuántos hispanos viven en EE.UU.?
   a. 15 millones
   b. 3 millones
   c. 40 millones
   d. 60 millones

2. ¿Qué cantidad de dinero (en dólares) aportan los inmigrantes hispanos a la economía mexicana anualmente?
   a. 10 millones
   b. 50 millones
   c. 1 billón
   d. 10 billones

3. ¿Cuál es el poder adquisitivo *(buying power)* de los hispanos en EE.UU.?
   a. $500 millones–1 billón
   b. $100–350 billones
   c. $350–450 billones
   d. más de $500 billones

4. ¿Cuántos mexicanos, legales e ilegales, llegan a EE.UU. cada año?
   a. 10–20 mil
   b. 100–350 mil
   c. 350–500 mil
   d. más de 500 mil

5. ¿Qué porcentaje de los hispanos en EE.UU. es de origen mexicano?
   a. 30–40%
   b. 40–50%
   c. 50–60%
   d. 60–70%

6. Ordena (de mayor a menor) las siguientes ciudades americanas en cuanto al tamaño de su población hispana.
   a. Nueva York
   b. Chicago
   c. Los Ángeles
   d. Houston

Mira las respuestas en la parte trasera de este libro. ¿Te han sorprendido algunas? ¿Cuál(es) y por qué? Comenta tus reacciones con tus compañeros de clase. ¿Conoces algún dato adicional sobre los mexicano-americanos que puedas compartir con la clase?

Palabras clave

Rellena los espacios a continuación con la palabra o frase subrayada de la lectura que corresponda en significado a cada definición.

_____ (*inf.*) defender

_____ (*inf.*) nacer o salir como una planta de la tierra

_____ actitud que revela antipatía frente a personas, grupos, razas, nacionalidades, ideas o instituciones

Lectura 2

¡Viva la raza!: Los mexicano-americanos en EE.UU.

Los mexicano-americanos han contribuido muchísimo a la historia, la política, la literatura, el arte, la educación, los deportes y muchos otros aspectos de la vida norteamericana. Aunque las comunidades más numerosas de mexicano-americanos residen al oeste y al suroeste de EE.UU. —en los estados de Arizona, California, Nuevo México y Texas en particular— en los últimos 10 años comunidades mexicano-americanas <u>han brotado</u> también en otras partes del país, tales como Minnesota, Pennsylvania y Maine. Algunos mexicano-americanos famosos son: Henry Cisneros (político), Tomás Rivera (autor), Sandra Cisneros (autora), Edward James Olmos (actor), César Chávez (trabajador y político) y Jaime Escalante (maestro).

"Chicano" es un término que muchas veces se asocia con las personas de origen mexicano cuyas familias llevan muchos años —a veces generaciones— viviendo en EE.UU. Ser chicano tiene un significado político además de cultural. En los años 1960, se estableció un poderoso movimiento político cuyos participantes <u>abogaron por</u> los derechos de la gente de origen mexicano que vivía y trabajaba en EE.UU. y que muchas veces eran víctimas del <u>prejuicio</u> y la discriminación. Según ciertos estudiosos, la palabra misma se deriva de "mexica" (pronunciada "meshica"), que era como se llamaban los aztecas a sí mismos. Mientras mucha gente se identifica por el uso de este término, otros prefieren utilizar términos más globales como "hispano" o "latino" y así distanciarse de las connotaciones políticas específicas que "chicano" representa.

¡A ver qué aprendiste!

Paso primero: ¿Qué pasó en la lectura? Contesta las siguientes preguntas sobre la lectura.

1. ¿Dónde se encuentran las poblaciones mexicano-americanas más grandes?
2. ¿Qué significa el término "chicano"?
3. ¿Tiene un significado político el ser chicano? Explica.

Paso segundo: la lectura, la vida y tú. Contesta las siguientes preguntas con un(a) compañero(a) de clase.

1. ¿Cómo te identificas tú? ¿Por qué? ¿Ves tú alguna conexión política con tu identidad étnica? Explica.
2. ¿Conoces a otros mexicano-americanos famosos? ¿Quiénes? ¿Por qué son famosos?
3. ¿Te gusta el término "chicano"? ¿Por qué sí o no? Si pudieras desarrollar tu propio término para referirte a esta población, ¿qué nombre emplearías? ¿Por qué?

Exploraciones

Exploraciones personales: ¿Cómo quieres que te llamen?
Comenta las siguientes ideas con dos o tres compañeros de clase.

Los latinos en EE.UU. se denominan a sí mismos de muchas maneras diferentes. ¿Cuáles de las siguientes opciones prefieres usar para describirte a ti mismo(a)? Explica tu respuesta. ¿Qué ideas o nociones asocias con el uso de cada nombre?

> hispano
> latino
> mexicano-americano, cubano-americano, argentino-americano, etc.
> mexicano, cubano, salvadoreño, argentino, nicaragüense, etc.
> hispano-americano
> latino-americano
> americano

¿Conoces algunos nombres despectivos que los americanos o hispanos en otros países usan para referirse a los hispanos que viven en EE.UU.?

Exploraciones culturales: Grandes mexicanos y mexicano-americanos en EE.UU.
Con los mismos compañeros, prepara un breve informe para presentar en clase. Los mexicanos y mexicano-americanos han hecho grandes aportes a todas las gamas de la sociedad americana. Escoge uno de los individuos a continuación y prepara una breve ficha biográfica que conteste las siguientes preguntas: ¿Dónde y cuándo nació? ¿Dónde vive (o vivía)? ¿Cuáles han sido sus contribuciones — libros, películas, canciones, etc.? Si pudieras entrevistar a esta persona, ¿qué pregunta le harías? Incluye una foto y cita de la persona. Presenta tu información ante la clase.

Activistas	**Periodistas**
César Chávez	Jorge Ramos
Antonia Hernández	Rubén Salazar
Dolores Huerta	Giselle Fernández

Artistas/músicos
Salma Hayek
Carlos Santana
Edward James Olmos
Thalía

Políticos
Bill Richardson
Antonio Villaraigosa
Federico Peña
Hilda Solís

Directores/productores de cine
Alfonso Cuarón
Guillermo del Toro
Moctesuma Esparza

Escritores
Yolanda Nava
Rodolfo Anaya
Tomás Rivera
Elena María Viramontes
Denise Chávez

Educadores
Susan Castillo
Jaime Escalante
Guadalupe Valdés
Judith Baca (también es artista)

Deportistas
Derek Parra
Nancy López
Lee Treviño
Lisa Fernández

Científicos
Ellen Ochoa
Lidia Villa-Komaroff
Mario Molina

Líderes de negocios
Javier Benito
Mónica Lozano
David Lizárraga
Albert C. Zapanta
Adela Cepeda

El respeto no se hereda, se adquiere.

(Dicho popular)

Online Study Center

Registro

El español "académico" y el español informal: una cuestión de registros

En inglés, la manera de hablar con nuestros amigos íntimos típicamente se distingue de la manera de conversar con nuestros profesores o con otras figuras de cierto "prestigio" en nuestra vida. Considera el siguiente ejemplo de una conversación en inglés entre amigos:

¿Hablarías así con tu profesora de cálculo o con el presidente de la universidad? ¡Por supuesto que no! Una conversación de ese tipo suele ser más formal. En este caso, el hablante muestra más respeto:

En español también usamos diferentes niveles de formalidad e informalidad según el contexto. En la mayoría de los casos, cuando hablamos con gente mayor, como profesores, jefes de trabajo —en fin con personas dignas de mucho respeto— solemos usar un español más formal. Asimismo, al dar una presentación en clase o en el trabajo usamos una forma del español que es distinto del que usamos con nuestros amigos. Esta forma se llama el español "culto" o "académico". Los distintos niveles de formalidad e informalidad con que se comunica en una lengua se llaman **registros lingüísticos**. Hay múltiples registros diferentes entre el más formal y el más informal y todos corresponden de alguna manera u otra a la gran variedad de situaciones en que utilizamos el lenguaje para comunicarnos. Es importante reconocer y utilizar los diferentes registros para comunicarnos bien con las personas a nuestro alrededor. Este capítulo ofrece una introducción a los registros.

Reconociendo registros: presentaciones y saludos

Inventario de palabras

Para poder reconocer y manejar bien los diferentes registros lingüísticos, es importante acumular un vocabulario variado de palabras que se usan tanto en contextos formales como en contextos informales. Considera los siguientes saludos:

El español informal	El español culto
¿Qué pasó? (¿Qué pasa?)	Buenos días.
¿Cómo te va?	¿Cómo le va (a usted)?
¿Cómo estás?	¿Cómo está usted?
¿Qué onda?	

El español informal	El español culto
hombre	señor (señora, señorita)
vato (vata)	doctor(a), profesor(a), etc.
ese (esa)	
nene (nena)	
comadre/compadre	
m'ija/m'ijo	

¡A ver qué tanto sabes ya!

Ejercicio 1: A continuación hay una lista de saludos muy informales (algunos bastante chistosos) que se usan en diferentes partes del mundo hispano. ¿Cuántos de estos has escuchado? ¿Puedes añadir algunos a esta lista?

¿Qué pacha, cucaracha?   ¿Quiubo?

¿Qué pacha, muchacha?   Buen día su señoría.

¿Qué pasa, calabaza?   ¿Qué se cuenta por ahí?

¿Qué transa?   ¿Qué onda?

¡Hola po!   ¿Cómo está el carrete?

¿Cómo va la cosa?   ¡Hablando del rey de Roma!

¿Qué hay hecho?

Ejercicio 2: Clasifica las siguientes expresiones según si se usan como saludos iniciales o como despedidas. Determina también si pertenecen al registro formal, al registro informal o a ambos.

Expresión	saludo	despedida	formal	informal
Qué gusto de verlo(a).	X		X	
¿Qué pasa?				
Buenas tardes/noches.				
Me alegro de verla(o).				
¿Cómo has estado?				
¡Qué placer verte!				
Mucho gusto.				
Hasta la vista.				
¡Tanto tiempo sin verte!				
Chao. (Chau en Argentina)				
¿Qué tal?				
Hasta luego.				
Cuídate.				
Nos vemos.				
¿Cómo le ha ido?				
Tanto tiempo sin verlo.				
Hasta más tarde.				
¿Cómo se encuentra?				

Ejercicio 3: Ahora haz otra lista de saludos formales e informales en inglés. Con tus compañeros, compara esta lista con las de los ejercicios anteriores. ¿Qué tienen en común? ¿Cómo se distinguen? ¿Cómo se refleja la formalidad en las dos lenguas? ¿La informalidad? Por lo que ves en las dos listas, ¿parece más formal una lengua que otra? Comenta tus ideas con tu grupo y después con toda la clase.

Ejercicio 4: Hay un refrán popular que dice: "Buen porte y finos modales abren puertas principales". ¿Puedes expresar la misma idea de cada frase a continuación de una manera más elegante y respetuosa?

1. Metí la pata.
2. Siéntate.
3. Cierra el pico.

4. El viejo estiró la pata.
5. Estoy rabiando por saber quién ganó el juego.

6. Eso no es verdad.

7. Dame acá la sal.

8. ¿Qué quieres?

9. Comió como un puerco.

Gramática

¿Quién inventó todos estos términos complicados?

En el estudio de la gramática y la estructura de un idioma (o sea, la lingüística), se emplea toda una serie de términos técnicos para identificar las palabras, frases y modos de comunicar que todos aprendemos muy rápidamente de niño. Ya sea español, inglés, chino, hebreo o árabe el primer idioma que oyen en casa, los niños aprenden a temprana edad cómo funcionan las palabras y sus múltiples formas mediante el acto diario de hablar. Luego, al ir a la escuela e inscribirse en clases de lengua, empiezan a familiarizarse con la terminología gramatical por medio de un acercamiento más formal. Por supuesto, para la comunicación diaria, es mucho más importante tener un entendimiento práctico de la función de las palabras que conocer los diferentes nombres que los estudiosos han inventado para ellas. Sin embargo, saber estos términos también puede sernos útil si queremos determinar qué tanto sabemos de la lengua que hablamos y qué debemos hacer para mejorar nuestro conocimiento y manejo de ella. De todos modos, si la terminología que se introduce en este libro te suena complicada y un tanto intimidante a primera vista, no te olvides que, en la mayoría de los casos, ya sabes lo que significa y lo pones en práctica cuando hablas. Así que ¡ánimo!

Las sílabas en español

¡A ver qué tanto sabes ya!

Antes de estudiar las reglas del silabeo a continuación, divide estas palabras en sílabas para determinar cuánto sabes y qué te queda por aprender.

1. América
2. número
3. fábrica
4. instrucción
5. dirección
6. irritación
7. caballero
8. desprecio
9. geografía
10. periódico

Mira las respuestas en la parte trasera de este libro. ¿Cómo te fue?

Las reglas del silabeo

1. En español, cuando hay una sola consonante entre dos vocales, ésta se agrupa con la vocal que le sigue, nunca con la vocal que le precede:

A-mé-ri-ca   nu-mé-ri-co

Fíjate que en inglés éste no es siempre el caso: **A-mer-i-ca, nu-mer-i-cal**.

2. Las siguientes combinaciones de consonantes nunca se separan: *pl, bl, fl, cl, gl* y *pr, br, fr, cr, gr, tr, dr*.

pla-ya   **fl**a-ca   hom-**bre**   **tr**o-no

Fíjate que en inglés estas combinaciones a veces se pueden separar: **fab-ri-cate, Af-ri-ca**.

3. Las combinaciones de /s/ y una consonante cualquiera siempre se separan. Fíjate que éste no es siempre el caso en inglés.

español: es-pa-ñol   ins-tru-men-to   pers.pec.ti.va
inglés: Spa-nish   in-stru-ment   per.spec.tive

4. A pesar de que se escriben con dos grafías, las consonantes *ch, rr* y *ll* representan sólo un sonido. De esta manera, estas consonantes nunca se separan.

ca-cha-rro   ca-lle-jón   ba-lle-na

5. Toda sílaba tiene por lo menos una vocal (i). Algunas sílabas tienen dos (ii), y en casos muy raros, hasta tres vocales (iii).

i.	ca-be-za	ma-le-ta	nú-me-ro
ii.	dia-rio	pe-rió-di-co	miér-co-les
iii.	miau	Ca-ma-güey	

6. Dos vocales juntas pueden formar un diptongo o un hiato. Un **diptongo** es una combinación de dos vocales en una misma sílaba, como se ilustra en (i). Cuando las dos vocales están en sílabas separadas se forma un **hiato**, como en (ii).

i.	diá-me-tro	bue-no	Da-nie-la
ii.	le-ón	o-cé-a-no	ma-íz

7. Para que se forme un diptongo tienen que cumplirse dos condiciones:
   a) Una de las vocales tiene que ser *i* o *u*.
   b) La *i* o *u* no puede llevar el acento. Si no se cumplen estas dos condiciones, entonces se forma un hiato.

Palabras con diptongo: pie-dra, diá-me-tro, puen-te, boi-na, fuer-te

Palabras con hiato: ma-es-tra, de-án, o-cé-a-no, frí-o, pe-rí-o-do

Ejemplos de sílabas separadas (hiato)	Ejemplos de una misma sílaba (diptongo)
ae, ao	ai, oi, ei
ea, eo	ia, io, ie
oa, oe	iu, ui
ía, íe, ío, íu, aí, eí, oí, uí	ua, uo, ue
úa, úe, úo, aú, eú	

8. El triptongo es una combinación de tres vocales en un mismo núcleo o sílaba. Este tipo de combinación es muy poco usual en español. Un triptongo se forma cuando hay tres vocales juntas, la primera y la última son cerradas (*i*, *y* o *u*), y ninguna de estas dos vocales lleva el acento.

miau　　　　　Camagüey　　　　　buey

¡A ver qué aprendiste!

Ejercicio 1: Divide las siguientes palabras en sílabas.

1. muñeca
2. verdad
3. mentira
4. derecho
5. espárrago
6. teléfono
7. caballo
8. libreta
9. agnóstico
10. abstracto
11. pacto
12. perejil

Ejercicio 2: Explica por qué cada una de las siguientes palabras tiene un diptongo.

1. gracias
2. cuerpo
3. tiempo
4. diente
5. jaula
6. farmacia
7. fuente
8. boina
9. diámetro
10. miércoles
11. guante
12. siempre

Ejercicio 3: ¿Contienen diptongos las siguientes palabras? De no ser así, escoge entre las siguientes explicaciones de por qué no es posible formar un diptongo:
  a) Una de las dos vocales no es *i* o *u*.
  b) La *i* o *u* lleva el acento.
  c) Aunque hay dos vocales juntas no hay diptongo porque una de las vocales es silente.

1. fiesta
2. caerse
3. oeste
4. león
5. quemar
6. suerte
7. duende
8. toalla
9. seis
10. guerra
11. colección
12. veinte

Las mayúsculas y minúsculas y el uso de los signos de puntuación

Treinta días trae noviembre,
con abril, junio y septiembre.
Veintiocho tiene uno,
y los demás, treinta y uno.

Thirty days hath September,
April, June, and November;
All the rest have thirty-one,
Save February which alone
hath twenty-eight and one day more,
We add that to a year as four.

Febrero 2008

Domingo	Lunes	Martes	Miércoles	Jueves	Viernes	Sábado
					1	2
3	4	5	6	7	8	9
10	11	12	13	14	15	16
17	18	19	20	21	22	23
24	25	26	27	28	29	

¿Qué diferencias notas entre el calendario hispano y el americano?
¿Fue año bisiesto° el 2005?

divisible por cuatro

¡A ver qué tanto sabes ya!

Ejercicio 1: El inglés y el español presentan algunas diferencias importantes en cuanto al uso de las mayúsculas y minúsculas. Usa las oraciones de un periódico o revista de lengua española para determinar si el español usa mayúsculas o minúsculas en cada uno de los siguientes casos. Copia la oración que te sirvió para determinar la respuesta.

1. Nombres de ciudades
2. Nombres de países
3. Nombres propios
4. Nombres de una empresa, compañía o institución
5. Días de la semana
6. Meses del año
7. Estaciones del año
8. Nacionalidades
9. Títulos de libros
10. Títulos de artículos
11. Días feriados

Ejercicio 2: Añade las mayúsculas que sean necesarias. En caso de dudas, puedes utilizar el Internet para ver cómo se escriben estas palabras o palabras similares en artículos electrónicos. Para estar seguro de la respuesta, busca más de un escrito que use el término indicado (o uno equivalente) y asegúrate de usar escritos de fuentes serias, tales como periódicos, sitios oficiales de un gobierno, etc.

1. san salvador
2. irlandés
3. la casa blanca
4. miguel de cervantes saavedra
5. navidad
6. la guerra hispanoamericana
7. los reyes católicos
8. la iglesia católica
9. el siglo xx
10. la primavera
11. La quinta sinfonía
12. la universidad de salamanca
13. don quijote de la mancha
14. el amazonas
15. la habana

Los signos de puntuación

¡A ver qué tanto sabes ya!

Ejercicio: Conecta el signo de puntuación en la columna izquierda con su nombre en la columna derecha.

1. ...
2. ;
3. ¿ ?
4. " "
5. ( )
6. —
7. :
8. ¡ !
9. ,
10. .

a. punto final
b. comillas
c. paréntesis
d. dos puntos
e. punto y coma
f. signos de interrogación
g. coma
h. puntos suspensivos
i. signos de exclamación
j. guión

Las diferencias principales en el uso de los signos de puntuación entre el inglés y el español son:

1. En inglés se usan dos puntos para indicar la hora y en español solo un punto.

   inglés: 10:15, 9:30, 11:00   español: 10.15, 9.30, 11.00

2. El español utiliza dos símbolos interrogativos, ¿ y ?. El primero se usa para marcar el inicio de una pregunta, y el segundo para marcar su final. Las partes de una oración que no forman una pregunta quedan fuera de los signos: *Si no te gusta el teatro, ¿por qué insististe en venir?* Los signos de exclamación se rigen por el mismo principio.

3. En español, el diálogo se demarca mediante el uso del guión. En inglés se usa las comillas para esto.

   ¿Vas a pasar por aquí? —le preguntó.
   —No estoy seguro.
   "Are you coming this way?" he asked.
   "I'm not sure."

4. En español no se usa una coma entre los dos últimos elementos de una serie. En inglés puede o no usarse la coma en este caso.

   Compre un par de zapatos, un juego de toallas, una sartén y una lámpara.
   I bought a pair of shoes, a set of towels, a frying pan, and a lamp.

5. En español la puntuación va fuera de las comillas, mientras en inglés, la puntuación va dentro de las comillas.

   Tengo que memorizar la "Oda al aire" el poema de Neruda.
   I have to memorize Neruda's "Ode to the Air."

¡A ver qué aprendiste!

Escoge la traducción correcta.

1. I'm satisfied, are you?
   a. Estoy satisfecha, y tú?
   b. Estoy satisfecha, ¿y tú?
   c. Estoy satisfecha ¿y tú?

2. We're going to sing "Silent Night."
   a. Vamos a cantar "Noche de paz."
   b. Vamos a cantar "Noche de Paz".
   c. Vamos a cantar "Noche de paz".

3. Merry Christmas!
   a. Feliz navidad!
   b. ¡Feliz Navidad!
   c. ¡Feliz navidad!

4. My favorite book is *One Hundred Years of Solitude*.
   a. Mi libro favorito es *Cien años de soledad*.
   b. Mi libro favorito es *Cien Años de Soledad*.
   c. Mi libro favorito es *Cien Años De Soledad*.

5. "Are you all right?" he asked.
   a. ¿Estás bien?, preguntó.
   b. "¿Estás bien?" preguntó.
   c. ¿Estás bien? —preguntó.

¡Viva México!

Testimonios y trasfondos

A conocer México

Para comenzar...

Palabras clave

Rellena los espacios a continuación con la palabra o frase subrayada de la lectura que corresponda en significado a cada definición.

_____ perteneciente a la agricultura

_____ proviene de *heredar*; los bienes o las características personales que se recibe de los padres

_____ nativos

_____ situado en el oeste

_____ después de la llegada de Cristóbal Colón a las
Américas

_____ *size*

Lectura 3
México en breve

México es el país hispanoamericano que está más cerca de Estados Unidos. De hecho, mucho de lo que hoy en día es parte de nuestro país antes fue tierra mexicana en algún momento. California, Nuevo México y Texas en particular pertenecieron a

México en el pasado, y aún hoy conservan muchas huellas de su herencia cultural. Calles, pueblos, ciudades —hasta los estados mismos— reflejan esta herencia en sus nombres: El Camino Real, Alameda de las pulgas (nombres de calles), Los Ángeles, Nuevo México, etc. Además, la herencia cultural se evidencia en estas zonas en la comida, la música, el arte y la arquitectura, entre otros aspectos de la cultura.

De todos los países de América Latina, sólo Argentina y Brasil son más grandes que México. En total, México abarca unos 1,223,000 kilómetros cuadrados (760,000 millas cuadradas) y tiene un cuarto del tamaño de Estados Unidos. El país tiene un clima y una geografía muy variadas, así como una población muy diversa. Para apreciar bien la historia y la cultura mexicanas, hay que entender los orígenes indígenas del pueblo mexicano. Las culturas indígenas que poblaban el país antes de la llegada de Cristóbal Colón crearon calendarios, alfabetos, matemáticas, métodos agrícolas y modos de pensar que siguen vigentes hoy día no sólo en México sino en muchas otras partes del mundo occidental. Antes y después de la llegada de los españoles, diversas tribus poblaban el territorio mexicano, entre ellas: los olmecas, los toltecas, los mayas y los aztecas. Esta última civilización creó la gran ciudad de Tenochtitlán en una isla en medio del lago Texcoco. Aquella parte del país luego se convirtió en la Ciudad de México, capital de la nación postcolombina. El nombre "México" proviene de la palabra "mexica", palabra que los aztecas usaban para referirse a sí mismos.

¡A ver qué aprendiste!

Paso primero: ¿Qué pasó en la lectura? Contesta las preguntas siguientes sobre la lectura.

1. ¿Qué estados de EE.UU., entre otros, antes eran parte de México?
2. ¿Cuáles son los países más grandes de Latinoamérica?
3. ¿Qué tan grande es México en particular? ¿Cuántas millas cuadradas abarca?
4. ¿Qué contribuyeron a la historia y cultura de México los pueblos indígenas?
5. ¿Qué fue Tenochtitlán? ¿Cómo se llama hoy en día?
6. Nombra tres civilizaciones indígenas que habitaban el país antes de que vinieran los españoles.
7. ¿De dónde proviene el nombre de México?

Exploraciones

Exploraciones culturales: Un anuncio controversial

El siguiente anuncio publicitario para un canal de televisión en español generó mucha controversia en Los Ángeles. ¿Te parece ofensivo? ¿Por qué sí o no? ¿Resultaría efectivo un anuncio de este tipo en tu comunidad?

¡Vamos más allá! México posee un legado arqueológico como pocos otros países en el mundo. A continuación hay una lista de algunos de los sitios arqueológicos mexicanos de mayor importancia. Con dos compañeros de clase, prepara un breve informe sobre uno de estos sitios para presentar ante la clase. Como primer paso, cada grupo debe redactar entre cuatro y seis preguntas sobre el sitio. Después, el grupo debe decidir qué formato va usar para presentar la información recopilada, por ejemplo, una presentación de PowerPoint, un afiche, un folleto, una presentación oral, un escrito, etc. Además de la información recopilada, el grupo debe elegir las mejores fotos a incluir con el informe.

Monte Albán	Palenque
Mitla	Tenam Puente
El Tajín	Jaina
Pirámide de los Nichos	Teotihuacán
Chichén Itzá	Xochitécatl, Tlaxcala
Xochicalco	Filo-Bobos
Uxmal	Dzibanche (Sur de Quintana Roo)
Dzibilchaltún	Cantona

Testimonios y trasfondos

Frida Kahlo (1907–1954)

Frida Kahlo

Para comenzar...

¿Has visto el retrato de esta persona alguna vez? ¿Cuáles de sus características te impresionan más? ¿Cómo es su mirada? ¿Cómo está vestida? A juzgar por el retrato, ¿cómo es la personalidad de esta mujer? Comenta estos aspectos con un(a) compañero(a) de clase.

Palabras clave

autorretratos	*self-portraits*
destacadas	famosas
desahogarse	hacer confidencias una persona a otra; en este caso, significa expresar sentimientos profundos
estrenó	presentó al público
lienzo	tela usada para pintar
vertía (verter)	*to pour*

Antes de leer: Estrategias

La visualización como estrategia de lectura. Busca en el Internet entre cinco y siete de las pinturas de Frida. Vuelve a la lectura y escoge una frase o dos que asocies con una pintura en particular. Recorta la pintura y adjúntale la frase que le corresponda.

Lectura 4

Una artista singular

Una de las artistas más <u>destacadas</u> de México es Frida Kahlo. Esta pintora disfruta de una fama que se extiende de su país natal a Europa y las Américas del Norte y del Sur. Kahlo nació en 1907 en la Ciudad de México, lugar que llegaría a ser su residencia permanente por el resto de su vida. Desde pequeña, era una persona muy extrovertida, creadora y aventurera. A la edad de 18 años, fue víctima de un terrible accidente de autobús que la dejó con múltiples fracturas. Aunque sobrevivió el accidente y logró

andar de nuevo, tuvo que operarse más de 30 veces durante el resto de su vida y sufrió constantemente de horribles dolores y enfermedades.

Durante su larga convalecencia, Kahlo empezó a pintar para pasar el tiempo y para <u>desahogarse</u> del dolor que sufría. Al salir del hospital, un amigo suyo le presentó a los mejores artistas del país, entre ellos a un tal Diego Rivera, otro artista renombrado que vino a ejercer una gran influencia artística y personal en nuestra artista durante su larga y tumultuosa relación con ella. Los dos se casaron en 1929.

Kahlo <u>vertía</u> toda la angustia, todo el sufrimiento físico y emocional, en fin, toda clase de sentimientos profundos en el <u>lienzo</u> de sus retratos. Una característica clave de su estilo son los colores vivos con que siempre pintaba. Pintó varios <u>autorretratos</u> en los cuales representó el vestido tradicional mexicano que siempre llevaba, su gran belleza y sus cejas gruesas. Los temas de su obra incluyen la religión, la mujer, el amor, la búsqueda de la identidad, y la lucha interior de la artista contra su propio dolor. En 1953, Kahlo <u>estrenó</u> sus obras por primera y última vez. Poco después de la exposición, moriría. Sin embargo, esta artista dejó una marca en el mundo que ha permanecido hasta hoy en día.

¡Vamos más allá!

1. Alquila la película *Frida*. Basándote en la información que se presenta, añade dos o tres oraciones a cada uno de los párrafos de la lectura anterior. Se recomienda alquilar el DVD y ver la película en español.
2. Visita el **Online Study Center** para acceder a una bibliografía, una lista de recursos en la red y más información general sobre Frida Kahlo.

¡Sí se puede!

En este capítulo vas a iniciar un portafolio, en el cual vas a archivar tu trabajo a lo largo del semestre. Al final del curso, el portafolio te permitirá examinar tu trabajo y mostrárselo a tu profesora o amigos como prueba de lo que has aprendido. El portafolio puede ser una carpeta o una caja. Si quieres, puedes decorar la portada del portafolio con fotos o dibujos que representen tus gustos, metas, etc. Cada capítulo te ofrecerá dos o más opciones de trabajos que podrás incluir en tu portafolio. Tu profesor te sugerirá cuál de ellas preparar o te dará la opción de escoger.

OPCIÓN 1: **El nombre y sus atributos**

Escribe el nombre "Frida" en forma vertical, poniendo cada letra del nombre en su propia línea. Para cada una de las letras del nombre "Frida", escribe un adjetivo que comience con esa letra y describa algún aspecto de la personalidad de Frida. Haz lo mismo con tu nombre y el nombre de cinco latinos famosos. Utiliza el diccionario para asegurarte de que las palabras que has escogido son adjetivos y también para asegurarte de haberlas escrito bien. Trata de escoger atributos que verdaderamente capten la personalidad de la persona.

OPCIÓN 2: **¿De dónde proviene tu nombre?**

Todos los nombres de pila tienen su propia historia. Algunos provienen de la mitología antigua, otros de personajes bíblicos, aún otros obtienen su significado específico en otra lengua. Por ejemplo, el nombre Patricia proviene de *Patricius*, término que se refería a los descendientes de los primeros senadores de Roma. En latín, este nombre significaba *noble* o *de padre libre*. Hay muchas fuentes de información sobre los nombres de pila. Las bibliotecas universitarias tienen diccionarios etimológicos (históricos) de los nombres de pila. También hay fuentes electrónicas de información sobre este tema. Una de las mejores páginas electrónicas de información sobre los nombres es *www.elalmanaque.com*.

Parte I. Consulta una o dos fuentes de información y prepara una breve reseña sobre tu nombre con la siguiente información: a) lugar de origen, b) significado, y c) personajes históricos con este nombre.

MODELO: Esperanza, el nombre de la narradora de "Mi nombre", proviene del latín *spero* que significa "esperar". En el siglo II, Santa Sofía llamó a sus hijas Fe, Esperanza y Caridad (Faith, Hope, and Charity). Las tres sufrieron el martirio y fueron canonizadas.

Al igual que los nombres de pila, los apellidos tienen su propia historia. Para averiguar la historia de tu(s) apellido(s), consulta los recursos en el **Online Study Center**. ¿De dónde proviene(n) tu(s) apellido(s)? Localiza el lugar de origen de éstos en un mapa. ¿Hay alguna información sobre su significado? Describe o reproduce mediante un dibujo tu escudo de armas.

Parte II. ¿Cómo recibiste tu nombre? Entrevista brevemente a tus padres o a otros dos parientes y hazles las siguientes preguntas: ¿Hay algún pariente que lleve tu nombre? ¿Cómo es o era esta persona? ¿Te pareces a esta persona? ¿Por qué llevas el nombre de esta persona? Si no hay un pariente o amigo que lleve tu nombre, ¿por qué decidieron nombrarte así?

MODELO: Mi nombre es María Margarita. Mis padres me pusieron "María" por mi abuela paterna y "Margarita" por mi abuela materna. Mi abuela María fue una mujer profesional que dedicó su vida a la música. Mi abuela Margarita fue una mujer muy dulce, paciente y cariñosa. De mi abuela paterna yo heredé mi interés por mi profesión y de mi abuela materna mi paciencia.

Parte III. En siglos pasados, en algunos países de habla hispana era costumbre nombrar a los hijos según el santo del día en que nacieron. Esta tradición tenía como consecuencia que muchos bebés recibían nombres tales como Cayo, Eulogio, Fulgencio, Higinio, Onésimo, etc. ¿Sabes cuál es el santo del día en que naciste? Consulta la siguiente página electrónica para obtener información sobre el santo del día de tu cumpleaños: *www.elalmanaque.com.* (**OJO:** Al consultar esta página, ten en cuenta que las fechas en español llevan el día primero y el mes después. Así pues, "6-7" significa el 6 de julio.) Después de consultar esta página, contesta las siguientes preguntas:

¿Cuál es el santo del día de tu cumpleaños?

¿Por qué es famoso el santo de tu fecha de nacimiento?

¿Te habría gustado que tus padres te pusieran este nombre? ¿Por qué sí/no?

Parte IV. Ahora piensa en los nombres que más te gustan. ¿Por qué te gustan estos nombres? ¿Hay alguno que te gustaría llevar? ¿Por qué?

Parte V. Prepara una composición que incluya toda la información recopilada en los ejercicios anteriores. Organiza tu trabajo según el esquema a continuación, dedicándole un párrafo separado a cada punto:

1. Los orígenes históricos de tu nombre y apellido. (I)
2. Cómo recibiste tu nombre. (II)
3. Qué nombre tendrías si tus padres te hubieran dado el nombre del santo de tu nacimiento, y si te hubiera gustado o no tener este nombre. (III)
4. Qué nombre escogerías si tuvieras la oportunidad de bautizarte a ti mismo(a) y por qué razones te gusta este nombre. (IV)

Desfile del día Nacional de Puerto Rico en la ciudad de Nueva York

Los puertorriqueños

Con las venas aculturadas

Metas

En este capítulo vamos a:

a. **explorar varios aspectos de la cultura e historia puertorriqueñas en Estados Unidos y Puerto Rico** *(Orgullo cultural, meta 1)*

b. **examinar las ventajas que representan para los latinos en EE.UU. el hablar dos lenguas y conocer dos culturas.** *(Orgullo cultural, meta 2)*

c. **coleccionar y comentar los dichos de los abuelos.** *(Orgullo cultural, meta 3)*

d. **identificar y practicar diferentes estrategias de la comunicación oral.** *(Registro/Estrategia comunicativa)*

e. **aprender a identificar el tema y el tono en la poesía.** *(Registro/Estrategia de lectura, meta 1)*

f. **usar la lectura en voz alta como estrategia de lectura con el género poético.** *(Registro/ Estrategia de lectura, meta 2)*

g. **aprender y practicar las leyes de acentuación del español.** *(Ortografía)*

h. **examinar el concepto de la variación dialectal en el mundo hispano.** *(Registro)*

i. **redactar una historia oral.** *(Registro/Estrategia de escritura)*

La cultura puertorriqueña en EE.UU. y en Puerto Rico

Piénsatelo

Creo que Puerto Rico puede ser puente de comprensión entre las culturas norteamericana y suramericana. En nuestra condición de ciudadanos americanos que amamos la democracia y hablamos el lenguaje de nuestros vecinos latinoamericanos, podemos servir de lugar de convergencia para las dos culturas.

(Don Luis A. Ferré, Gobernador de Puerto Rico, 1969–1973)

Las banderas estadounidense y puertorriqueña

Paso 1 Como individuo bilingüe y bicultural, ¿qué conocimientos y experiencias personales posees tú que te ayudan a facilitar la comunicación entre los americanos y los latinos? ¿Puedes citar alguna situación en tu vida personal en que esos conocimientos te hayan servido para "ser puente de comprensión" entre tus dos culturas?

Paso 2 ¿Qué conocimiento y comportamiento son necesarios de parte de los líderes y ciudadanos de América para lograr la comunicación y la cooperación entre las naciones de este continente? ¿Cómo pueden los puertorriqueños y otros hispanos en EE.UU. contribuir a este objetivo?

Testimonios y trasfondos

Tato Laviera

Para comenzar...

Tato Laviera (n. 1951)

Sobre el autor y su obra

Tato Laviera es uno de los poetas contemporáneos más populares de EE.UU. Nacido en Nueva York de padres puertorriqueños, Laviera se considera a sí mismo un "Nuyorican" o un "AmeRican", términos que expresan su dualidad puertorriqueña y norteamericana. Para muchos, Laviera es la voz de los puertorriqueños en EE.UU. Esta es una voz que expresa gran orgullo por su herencia puertorriqueña a la vez que confirma sus fuertes raíces norteamericanas, en particular, aquellas que comparte con los ciudadanos afro-americanos.

A continuación vas a leer dos poemas escritos por Laviera. El poema "Nuyorican" ofrece una crítica severa de Puerto Rico, patria que según Laviera ha rechazado a sus ciudadanos más pobres. A la misma vez, esta obra afirma la vitalidad de la cultura puertorriqueña en Nueva York, refugio y centro cultural de los que viven lejos de la isla caribeña. El segundo poema, "My graduation speech", es un lamento bilingüe de la insuficiencia lingüística que muchos puertorriqueños sienten, tanto en inglés como en español.

Antes de leer: Estrategias

La obra de Laviera hace uso del lenguaje mixto que se conoce como "Spanglish" para expresar los dilemas y desafíos que muchos puertorriqueños enfrentan como ciudadanos de dos universos culturales y lingüísticos muy diferentes: EE.UU. y Puerto Rico. Además de emplear un lenguaje híbrido, la poesía de Laviera evoca los ritmos afro-antillanos de la "poesía negroide" (ver **Lectura 2**). Para apreciar esta cadencia es buena idea leer los poemas de Laviera en voz alta. Al leer los poemas, considera las siguientes ideas:

1. **Identificar el *tema* y el *tono*:** ¿Cuál es la idea principal (o sea el **tema**) de cada poema? ¿Cuáles son las emociones (el **tono**) que se destacan en cada poema?

2. **Evaluar el lenguaje:** En el poema "Nuyorican", el poeta cuestiona directamente a Puerto Rico haciendo uso de palabras como *¿verdad?* y *¿sabes?* ¿Cómo impactan estas palabras en el tono del poema? ¿Qué efecto crea el autor al mezclar sus dos lenguas en "My graduation speech"?

Palabras clave

boricua	puertorriqueño (palabra de los taínos, habitantes indígenas de la isla, que significaba *gente valiente*)
despreciar	tratar mal
callejón	*alley*

Lectura 1
La poesía bilingüe de Tato Laviera

Nuyorican

yo soy tu hijo,
de una migración,
pecado forzado,
me mandaste a nacer nativo en otras tierras,
por qué, porque éramos pobres, ¿verdad?
porque tú querías vaciarte de tu gente pobre,
ahora regreso, con un corazón <u>boricua</u>, y tú,
me <u>desprecias</u>, me miras mal, me atacas mi hablar,
mientras comes mcdonalds en discotecas americanas,
y no pude bailar la salsa en san juan, la que yo
bailo en mis barrios llenos de todas sus costumbres,
así que, tú no me quieres, pues yo tengo
un puerto rico sabrosísimo en que buscar refugio
en nueva york, y en muchos otros <u>callejones</u>
que honran tu presencia, preservando todos
tus valores, así que, por favor, no me
hagas sufrir, ¿sabes?

My Graduation Speech

i think in spanish
i write in english

i want to go back to puerto rico
but I wonder if my kind could live
in ponce, mayaguez and carolina

tengo las venas aculturadas
escribo en spanglish
abraham in español
abraham in english
tato in spanish
"taro" in english
tonto in both languages

how are you?
como estas?
I don't know if I'm coming
or si me fui ya

si me dicen barranquitas, yo reply,
"con que se come eso?"
si me dicen caviar, i digo,
"a new pair of converse sneakers."

ahi supe que estoy jodio
ahi supe que estamos jodios

english or spanish
spanish or english
spanenglish
now, dig this:

hablo lo ingles matao
hablo lo español matao
No se leer ninguno bien

so it is, spanglish to matao
what I digo
ay, virgen, yo no se hablar!

¡A ver qué aprendiste!

Paso primero: ¿Qué pasó en la lectura? Contesta las preguntas a continuación.

1. Según Laviera, ¿cómo desprecia Puerto Rico a los que regresan a la isla?
2. ¿Cómo se observan los valores de Puerto Rico en Nueva York?
3. ¿A qué se refiere Laviera al decir "tato in spanish/'taro' in english"?
4. ¿Qué quiere decir el autor con "tonto in both languages"?
5. En sus poemas, Laviera emplea un registro coloquial o callejero. ¿Te parece apropiado el uso de este lenguaje en los dos poemas? ¿Por qué sí o no?

Paso segundo: La poesía, la vida y tú. Contesta las preguntas a continuación con dos o tres compañeros de clase. Cada grupo debe elegir un(a) secretario(a) que apunte los comentarios generales del grupo y los presente ante la clase.

1. ¿Has visitado alguna vez el país hispano de donde proviene tu familia? ¿Cómo te trató la gente? ¿Te sentiste apreciado(a) o despreciado(a)?
2. ¿Se aprecian los valores de tu país de herencia en EE.UU.? ¿Dónde? ¿Cómo?
3. ¿Te gustaría vivir en tu país de herencia? ¿Qué aspectos de la cultura y la vida cotidiana de ese país te gustan? ¿Qué otros te resultan difíciles de aceptar?
4. Laviera critica a Puerto Rico por haber forzado a sus ciudadanos pobres a dejar su tierra natal. ¿Te parece ésta una crítica justa? ¿Tienes tú alguna crítica de tu país de origen?

Paso tercero: La poesía y el habla. ¿Te cuesta trabajo en algunos casos expresarte bien en español o en inglés? En tales situaciones, ¿te consideras "tonto"?

Lluvia de ideas

Toda persona, bien sea monolingüe o bilingüe, en algún momento experimenta ciertas dificultades lingüísticas al intentar comunicarse. A veces, estas dificultades se deben a que el hablante desconoce el vocabulario específico de un tema de conversación. Esto puede suceder, por ejemplo, cuando una persona que no sabe nada de autos intenta explicarle a un mecánico el problema que tiene su auto. En otros casos, las dificultades surgen cuando el hablante desconoce el dialecto o el registro lingüístico de la persona con quien intenta comunicarse.

Si bien es cierto que todo el mundo tropieza con barreras lingüísticas en algún momento, también es cierto que todo hablante tiene su propio repertorio de estrategias que le ayudan a desenvolverse en situaciones lingüísticas difíciles. En este ejercicio vas a pensar en las estrategias que tú has empleado o has visto a otros emplear.

Paso 1: A continuación, se encuentra una lista incompleta de algunas estrategias comunicativas que muchos hablantes emplean cuando se sienten limitados en su capacidad de *expresarse*. Trabajando en grupos de dos o tres, añade otras estrategias a esta lista. Ante la clase, los secretarios de cada grupo presentarán su lista de estrategias.

1. solicitar la ayuda del oyente usando frases del tipo: "¿Cómo se dice...?"
2. ...

Paso 2: Además de utilizar estrategias comunicativas al *hablar*, todo hablante hace uso de estrategias que amplían su habilidad de *comprensión*. La lista a continuación comienza con un ejemplo de este tipo de estrategia. Con tu grupo, añade estrategias adicionales. Ante la clase, los secretarios de cada grupo presentarán su lista de estrategias de comprensión.

1. interrumpir al hablante para preguntar sobre el significado de alguna palabra
2. ...

¡Vamos más allá! Una vez completado el ejercicio anterior, el grupo deberá representar ante la clase una conversación que muestre el uso de dos o más de las estrategias identificadas. Por su parte, la clase deberá identificar las estrategias empleadas.

Testimonios y trasfondos

Luis Palés Matos

Para comenzar...

Sobre el autor y su obra

El poeta puertorriqueño Luis Palés Matos (1898–1959) fue uno de los creadores del género poético afro-negroide, movimiento artístico que se propuso representar la presencia africana en la cultura afro-antillana. Este género poético se desarrolló en conjunción con el llamado Harlem Renaissance, período de alta productividad artística e intelectual en la comunidad afro-americana de EE.UU.

El poema "Danza Negra" contiene muchos términos del dialecto afro-antillano de Puerto Rico. Palés Matos incluye algunas de estas palabras no por su significado, sino por la cadencia, o sea el movimiento rítmico que crean. Este uso de las palabras por su musicalidad, y no por su sentido, es una técnica literaria que se conoce como la **jitanjáfora**. Por ejemplo, las palabras *calabó* y *bambú,* las cuales se refieren a maderas de uso en África, figuran en este poema por su efecto rítmico similar al de tambores. Otra técnica utilizada por Palés Matos es la **onomatopeya**, es decir la imitación de un sonido en una palabra. Un ejemplo de esta técnica se encuentra en el uso la palabra *pru-pru-prú* para representar el gruñir de un puerco.

Antes de leer: Estrategias

Para sentir el efecto rítmico de la jitanjáfora y la onomatopeya de "Danza Negra", es buena idea **declamar el poema en voz alta**.

1. Antes de leer, repasa la pronunciación y el significado de las palabras en el poema que no conoces.

2. Trabaja con dos o tres compañeros de clase. Un estudiante leerá el poema en voz alta, mientras los otros estudiantes marcarán el ritmo simulando tambores o cualquier otro instrumento musical que sea apropiado. Una vez que se haya perfeccionado la declamación del poema, cada grupo representará el poema ante la clase.

Palabras clave

cocoroco y botuco	palabras africanas que se refieren a una persona de importancia social o política
Fernando Póo	antigua colonia española en África, actualmente Isla de Bioko
gongos y junjunes	instrumentos africanos de percusión
mariyandá	baile de origen africano

papiamentosas	(de *papiamento*) lengua criolla de la isla de Curazao
patualesas	(de *patuá*) dialecto
son	melodía
Tombuctú	*Timbuktu*, ciudad en África

Lectura 2
La poesía negroide por Luis Palés Matos
Danza negra

Calabó y bambú.
Bambú y calabó.
El Gran Cocoroco dice: tu-cu-tú.
La Gran Cocoroca dice: to-co-tó.
Es el sol de hierro que arde en Tombuctú.
Es la danza negra de Fernando Póo.

El cerdo en el fango gruñe: pru-pru-prú.
El sapo en la charca sueña: cro-cro-cró.
Calabó y bambú.
Bambú y calabó.

Rompen los junjunes en furiosa ú.
Los gongos trepidan con profunda ó.
Es la raza negra que ondulando va
en el ritmo gordo del mariyandá.
Llegan los botucos a la fiesta ya.
Danza que te danza la negra se da.

Calabó y bambú.
Bambú y calabó.
El Gran Cocoroco dice: tu-cu-tú.
La Gran Cocoroca dice: to-co-tó.

El Baile de Loíza Aldea por Antonio Brócoli Porto (Puerto Rico)

Pasan tierras rojas, islas de betún:
Haití, Martinica, Congo, Camerún;
las papiamentosas antillas del ron
y las patualesas islas del volcán,
que en el grave son
del canto se dan.

Calabó y bambú.
Bambú y calabó.
Es el sol de hierro que arde en Tombuctú.
Es la danza negra de Fernando Póo.
Es alma africana que vibrando está
en el ritmo gordo del mariyandá.

Calabó y bambú.
Bambú y calabó.
El Gran Cocoroco dice: tu-cu-tú.
La Gran Cocoroca dice: to-co-tó.

¡A ver qué aprendiste!

La lectura y la lengua. Contesta las preguntas a continuación con dos o tres compañeros de clase.

1. ¿Qué elementos de este poema se asemejan a una danza?
2. ¿Qué imágenes te vienen en mente al leer el poema?
3. Además de *calabó* y *bambú*, ¿hay otros usos de la jitanjáfora en el poema?
4. Además de *pru-pru-prú*, ¿hay otros ejemplos de onomatopeya en el poema?
5. En tu opinión, ¿logra representar el autor el ritmo de una danza negra?
6. La obra de Palés Matos tuvo mucha influencia en la formación poética de Tato Laviera. ¿Qué elementos del estilo de Palés Matos se vislumbran en la poesía de Tato Laviera?
7. ¿Qué estrategias lingüísticas te ayudaron a entender este poema?

Lluvia de ideas

Contesta las preguntas a continuación en grupos de tres o cuatro. Cada grupo deberá elegir un secretario que anote las respuestas del grupo y más tarde las reporte a la clase.

El inglés y el español hacen uso de palabras onomatopéyicas. ¿Cuáles son las palabras que cada lengua emplea para los siguientes sonidos? ¿Hay otras palabras que se puedan añadir a esta lista? Si estas palabras pretenden representar la realidad oral objetiva, ¿cómo se explica el hecho de que las dos lenguas difieren tanto en cuanto al sonido de la palabra que emplean?

1. el ladrido de un perro
2. el piar de un pollito
3. el cantar de un gallo
4. el sonido de un objeto que se cae
5. una explosión

¡Vamos más allá! Muchos traductores profesionales opinan que la poesía es uno de los géneros lingüísticos más difíciles de traducir. ¿Qué dificultades lingüísticas y culturales se presentan al tratar de traducir un poema como "Danza Negra" al inglés? ¿Qué estrategias usarías para superar estas dificultades? ¿Preservarías los sonidos o los modificarías?

Trabaja en grupos de tres o cuatro estudiantes para crear la mejor traducción inglesa posible de la primera estrofa de "Danza Negra". Cada grupo representará su trabajo ante la clase. Una vez que se hayan presentado todas las traducciones, la clase elegirá la mejor traducción de la estrofa, basando su decisión en consideraciones tales como: ¿Qué tan bien se han reproducido el **tono**, el **ritmo** y el **sentido** del poema original?

Puentes

El lenguaje en uso

Online Study Center

Registro

La variación lingüística

Todas las lenguas muestran variación regional. La lectura a continuación explora varios temas relacionados con la variación lingüística en el mundo de habla hispana.

Antes de leer: Estrategias
Utilizar el conocimiento previo y anticipar el vocabulario. Antes de comenzar una lectura técnica como ésta es buena idea considerar el conocimiento general que uno ya tiene acerca del tema. También es útil anticipar y preparar el vocabulario necesario para entender la discusión del tema. Los siguientes dos ejercicios te ayudarán con estas dos estrategias de prelectura.

1. ¿Puedes dar ejemplos de cómo varían las palabras y la pronunciación del inglés de una zona a otra? ¿Has notado algunas diferencias en el español de tu país de origen y el de los hispanos de otros países?
2. Estudia el significado de las siguientes palabras clave. Subraya estas palabras en la lectura y escribe su significado en el margen de la lectura:

el léxico	las palabras, el vocabulario
la fonología	la pronunciación
la morfología	las reglas de formación de palabras (p. ej. cómo formar el plural, conjugar los verbos, etc.)
la sintaxis	las reglas de formación de oraciones (p. ej. el orden de las palabras en una oración)

La diversidad lingüística en el mundo hispano

Todas las lenguas varían según el lugar donde se hablan. Así pues, el español de Puerto Rico no es exactamente igual al español de México o al de España. En el campo de la lingüística, las variantes regionales de una misma lengua se conocen como **dialectos**. Es importante subrayar que entre lingüistas la palabra *dialecto* no tiene ningún significado negativo, sino que se refiere simplemente a las propiedades lingüísticas más comunes del habla de una región específica.

El **léxico** y la **fonología** son los componentes de la lengua española que más varían de una zona dialectal a otra. Por supuesto, esto no quiere decir que no haya variación **sintáctica** o **morfológica** en el mundo de habla hispana, sino que las palabras y la pronunciación son las características lingüísticas que más diferencian un dialecto de otro en el mundo hispano.

En general, el léxico es el módulo del lenguaje que más interfiere con la comunicación entre hablantes de diferentes zonas dialectales. A veces, una palabra de uso común en cierto lugar puede ser completamente desconocida o tener un significado completamente diferente en otro lugar. En algunos casos, una palabra perfectamente aceptada en ciertos dialectos puede hasta tener un significado tabú en otros dialectos. Por ejemplo, *coger*, un verbo de uso común en muchos países de habla hispana, se considera una mala palabra en países como Argentina y México. Esta misma situación se constata también en otras lenguas. En inglés, por ejemplo, la palabra *fanny* puede o no tener un significado tabú, según la zona geográfica donde se use.

A pesar de éstas y otras diferencias, es importante recordar que los puntos de divergencia entre los dialectos del español son relativamente pocos. Por esta razón, dos hablantes del español de zonas dialectales muy distantes pueden usualmente comunicarse con bastante facilidad.

¡A ver qué tanto sabes ya!

Ejercicio 1: ¿De cuántas maneras diferentes se dicen estas palabras en los dialectos del español representados en clase? Para cada término en inglés a continuación, entrevista a dos o tres compañeros de clase y toma nota de las palabras que usan para ese término. Asegúrate también de anotar sus países de herencia. Una vez que se hayan explorado todas las variantes representadas en la clase, entrevista a cinco personas de tu comunidad o de la universidad para obtener otras formas de traducir estas palabras.

	Términos	Lugares de origen de las personas entrevistadas
turkey	_____	_____
stapler	_____	_____
(eye)glasses	_____	_____
blond	_____	_____
brunette	_____	_____
good-looking (said of a male)	_____	_____
bus	_____	_____
parking lot	_____	_____
peas	_____	_____
beans	_____	_____
hot pepper	_____	_____

apartment _____ _____

pool _____ _____

Ejercicio 2: Al igual que el español, el inglés muestra gran variación dialectal en su léxico. Trabaja con dos o tres compañeros de clase para formar una lista de palabras en inglés que muestren variación dialectal. Comparte la lista del grupo con la clase.

Modelo: elevator (U.S.)   lift (Great Britain)

Ejercicio 3: Como hemos visto, la importación de esclavos africanos aportó muchas palabras al léxico puertorriqueño. En general, ¿qué factores impulsan el cambio lingüístico? Da un ejemplo, bien de tu propia experiencia o inventado, que demuestre cómo cada uno de los siguientes factores puede hacer que se creen o adopten nuevas palabras en una lengua o que cambie el significado de las palabras en uso.

1. diferencias entre las generaciones
2. invenciones y descubrimientos
3. el comercio internacional
4. fluctuaciones en la moda y los gustos
5. tabúes sociales

Ejercicio 4: ¿Es el cambio lingüístico y la variación dialectal algo que empobrece o enriquece a una lengua? En grupos de dos o tres, desarrollen por lo menos tres argumentos específicos a favor de uno de estos postulados. Cada grupo presentará a la clase sus dos argumentos más convincentes. Una vez que todos los grupos hayan hecho sus presentaciones, la clase votará a favor de uno de los postulados.

Ortografía

¡A la conquista de los acentos!

Muchos estudiantes hispanos consideran que el aprendizaje de las reglas de acentuación es uno de los temas más importantes de un curso de español como éste. Sin embargo, si bien es cierto que la escritura formal se caracteriza por la colocación correcta de los acentos ortográficos, es importante recordar que la falta de acentos raramente interfiere con la comunicación. Es igualmente importante notar que el aprendizaje de las reglas de acentuación es un proceso largo que requiere mucha práctica y corrección antes de convertirse en algo automático y fácil de manejar.

Para dominar los acentos ortográficos hay que manejar dos destrezas o habilidades diferentes. **La primera destreza** necesaria es poder oír o detectar la situación del **acento prosódico** (el acento *oral*). **La segunda destreza** necesaria es conocer **las reglas ortográficas** (de escritura) que rigen la acentuación de las palabras en español. El último paso para dominar los acentos consiste en automatizar la aplicación de las reglas de ortografía mediante la práctica constante de ejercicios de acentuación. En este capítulo presentaremos una introducción general a las dos destrezas. A partir de ahí, cada capítulo de este libro se enfocará en repasar una o más de estas destrezas con el fin de lograr un dominio sólido de los acentos al final del curso.

1. Primera destreza: Localizar el acento prosódico

Todas las palabras del español tienen una sílaba que se pronuncia con más energía acústica que las otras. Esta sílaba se conoce como **la sílaba tónica**. Muchos estudiantes hispanos se quejan de que a menudo se les dificulta reconocer la sílaba tónica en las palabras españolas.

Hay varias técnicas o trucos que facilitan la percepción del acento tónico. Una consiste en dar un golpe o hacer un gesto al pronunciar la palabra en cuestión. Este gesto o golpe siempre está sincronizado con la sílaba tónica. Otra técnica muy eficaz consiste en exagerar la pronunciación de la palabra como si uno intentara comunicarse con alguien que está muy lejos o que por diferentes motivos no oye bien. Aún otra técnica consiste en alargar la pronunciación de la palabra. La sílaba tónica se destaca por ser más larga que las otras. Haz uso de una o más de estas tácticas para completar los ejercicios a continuación.

La clasificación de las palabras según la situación del acento prosódico

Por regla general, en español, el acento prosódico se encuentra en sólo tres posiciones silábicas: a) en la **última sílaba** de una palabra, b) en la **penúltima** (*second-to-last*) sílaba y c) en la **antepenúltima** (*third-to-last*). Las palabras que llevan el acento en la última sílaba se conocen como **agudas** (merced). Las palabras que llevan el acento en la penúltima sílaba se conocen como **llanas** o **graves** (poco). Las palabras que llevan el acento en la antepenúltima sílaba se conocen como **esdrújulas** (lámpara).

¡A ver qué aprendiste!

Ejercicio 1: Subraya la sílaba tónica de cada palabra.

pescado	tiburon	colibri	hospital
inocente	cerebro	instructor	esperanza
relampago	almohada	algebra	camara
estampa	habilidad	libreta	mariposa
platillo	nacion	actualidad	arbol
numero	silaba		

Ejercicio 2: Divide en sílabas las palabras del ejercicio anterior siguiendo las reglas de silabeo presentadas en el capítulo anterior. Después, clasifica estas palabras según la posición de su sílaba tónica.

Agudas	Llanas/Graves	Esdrújulas

Ejercicio 3: Contesta las siguientes preguntas.

1. ¿Cuáles de las siguientes palabras son esdrújulas?

hospital	entero	numeracion
fabrica	numerador	ultimo
esperanza	espiritu	

2. ¿Cuáles de las siguientes palabras son llanas o graves?

telefono	manzana	pantalon
regalo	cabello	despertador
bandera	emperador	

3. ¿Cuáles de las siguientes palabras son agudas?

despertador	oracion	pregunta
platillo	galleta	exclamacion
colibri	margarita	

2. Segunda destreza: Conocer las reglas ortográficas

Antes de presentar las reglas de acentuación conviene recordar tres ideas centrales. Primero, en español, sólo las vocales pueden llevar el acento ortográfico. Es decir, las consonantes nunca llevan un acento escrito. Segundo, en español hay sólo un acento ortográfico por palabra. Tercero, el acento escrito (la diéresis) sólo puede colocarse sobre la sílaba que lleva el acento oral. Así pues, las palabras agudas sólo pueden llevar el acento escrito en la última sílaba, y las esdrújulas sólo pueden llevar el acento escrito en la antepenúltima sílaba.

Cada palabra a continuación muestra una violación de uno de los tres puntos anteriores. Identifica la violación:

pajáro	arból
jarroń	periódicó

Las reglas ortográficas de acentuación del español son relativamente simples. En este capítulo nos vamos a centrar en las siguientes tres reglas. Más adelante exploraremos las reglas de acentuación referentes a los diptongos:

a. Las palabras **esdrújulas** siempre se acentúan: durmiéndose.
b. Las palabras **agudas** que terminan en vocal, *n* o *s* siempre se acentúan: refrán.
c. Las palabras **llanas** o **graves** que terminan en una consonante que no sea *n* o *s* se acentúan: mármol.

¡A ver qué aprendiste!

Ejercicio 1: Todas las palabras a continuación son **llanas**. Divide cada palabra en sílabas y coloca el acento ortográfico en las palabras que lo necesiten. Justifica tu respuesta haciendo referencia a la regla de acentuación apropiada. En cada caso, ofrece una explicación.

1. palabra
2. joven
3. lapiz
4. consonante
5. experta
6. agil
7. automovil
8. libreta
9. dosis
10. angel
11. tierra
12. carcel
13. mariposa
14. crisis

Ejercicio 2: Todas las palabras a continuación son **agudas**. Coloca el acento ortográfico en las palabras que lo necesiten y justifica tu respuesta.

1. compas
2. millon
3. papel
4. vendera
5. papa
6. reloj
7. terror
8. verdad
9. cancion
10. frances
11. refrigerador
12. ire
13. amen
14. virtud

Ejercicio 3: Todas las palabras a continuación son **esdrújulas**. Así pues, todas llevan un acento ortográfico. Coloca el acento ortográfico sobre la vocal apropiada.

1. esdrujula
2. metropoli
3. algebra
4. maquina
5. politico
6. medico
7. pajaro
8. sotano
9. animo
10. tetano
11. despota
12. cañamo
13. prestame
14. regimen

La acentuación de las monosílabas

Para un pequeño grupo de palabras en español, el acento sirve para distinguir entre dos o más posibles significados. Por ejemplo, **té** (con acento) significa *tea*, y **te** (sin acento) es un pronombre de segunda persona, *you*.

¡A ver qué tanto sabes ya!

Ejercicio 1: En una revista, periódico o libro en español, busca oraciones que contengan las siguientes palabras y copia la oración en el espacio indicado en la tabla. En base a estas oraciones, determina cuál de los dos significados lleva acento. Justifica tu respuesta. Recuerda que además de fuentes escritas, puedes usar los recursos de la red.

Palabra	Significado 1	Significado 2	Oración
mi	*me*	*my*	
te	*you*	*tea*	
se	*pronoun*	*I know*	
si	*yes*	*if*	
de	*give*	*of*	
tu	*your*	*you*	
el	*he*	*the*	
mas	*more*	*but*	
aun	*still, even*	*not yet*	

Ejercicio 2: ¿Has oído alguno de estos dichos? Coloca los acentos que hagan falta y provee una breve explicación del significado de cada uno.

1. Los celos se parecen a la pimienta, que si es poca da gusto y si es mucha te quema.
2. A la cama no te iras sin saber una cosa mas.
3. Si mi abuelita tuviera ruedas, seria bicicleta.
4. Hoy por ti, mañana por mi.
5. Solo se que nada se y ni aun de eso estoy seguro.
6. Amistad fuerte, llega mas alla de la muerte.
7. Amistad por interes no dura ni un solo mes.
8. Consejo vendo, y para mi no tengo.
9. Hay gente tan pobre, que solo tiene dinero.
10. De tus hijos solo esperes lo que con tu padre hicieres.

Ejercicio 3: Escoge la opción correcta. En caso de dudas, consulta un diccionario.

1. a. Yo solo queria que me trataran con respeto, ¿y tú?
   b. Yo sólo quería que me trataran con respeto, y tu?
   c. Yo sólo quería que me trataran con respeto, ¿Y tú?
   d. Yo sólo quería que me trataran con respeto, ¿y tú?

2. a. Esta ves se que si va a acertar.
   b. Esta vez se que sí va a acertar.
   c. Esta vez sé que sí va acertar.
   d. Esta vez sé que sí va a acertar.

3. a. Para mi, vale mas el tiempo que el dinero.
   b. Para mí, vale más el tiempo que el dinero.
   c. Para mí, vale mas el tiempo quel dinero.
   d. Para mí, vale más él tiempo que el dinero.

4. a. De sólo lo acordado y ni un centabo más ni menos.
   b. Dé solo lo acordado y ni un sentavo más ni menos.
   c. Dé sólo lo acordado y ni un centavo más ni menos.
   d. De sólo lo acordado y ni un sentavo más ni menos.

5. a. Aún afirma que él es inocente.
   b. Aun afirma que él es inosente.
   c. Aun afirma que el es innocente.
   d. Aún afirma que él es innocente.

Puerto Rico: La Isla del Encanto

Vista aérea de San Juan, Puerto Rico

Testimonios y trasfondos

A conocer Puerto Rico

Para comenzar...

Palabras clave

Rellena los espacios a continuación con la palabra o frase subrayada de la lectura que corresponda en significado a cada definición.

_____ dio

_____ influencias

_____ se notan

_____ acuerdo, arreglo, pacto

_____ fortificaciones, edificios de defensa

_____ desapareció

_____ muro

_____ más tarde

_____ *the target of*

Lectura 3
Puerto Rico en breve

Datos generales

Nombre: Estado Libre Asociado de Puerto Rico

Area: 8.959 km2 (3.459 millas cuadradas)

Población: 3.808.610 (Censo 2000)

Capital: San Juan

Geografía: Es una isla localizada al este de la República Dominicana y al oeste de las Islas Vírgenes Británicas. Puerto Rico tiene bajo su jurisdicción las islas de Vieques, Culebra y Mona. Ponce, Mayagüez, Bayamón y Caguas son algunas de las ciudades más importantes.

Idiomas: Español e inglés

Religión: 85% católicos

Gobierno: Las elecciones generales se llevan a cabo cada 4 años cuando se elige al gobernador y a los integrantes de la Cámara de Representantes y el Senado. A pesar de ser ciudadanos americanos, los puertorriqueños no pueden votar en las elecciones presidenciales en EE.UU.

La historia de Puerto Rico

Cristóbal Colón llegó a Puerto Rico en 1493, durante su segundo viaje al Nuevo Mundo. Durante los primeros dos siglos de dominación española, Puerto Rico fue el blanco de numerosos ataques de piratas y bucaneros así como también de expediciones inglesas, holandesas y francesas. Para hacer frente a estas invasiones, los españoles construyeron dos fuertes, San Cristóbal y San Gerónimo, y el Castillo del Morro. Posteriormente, también construyeron una muralla que rodeaba toda la ciudad de San Juan.

En la historia de la Isla se destacan cuatro corrientes culturales muy diferentes que a través de los años han venido a formar la esencia puertorriqueña: los indios taínos, los esclavos africanos, España y EE.UU.

La conquista de Puerto Rico resultó en la esclavitud de su población nativa, los indios taínos, los cuales fueron forzados a trabajar en las minas de oro de la Isla. Los abusos y las enfermedades que trajeron los conquistadores causaron la muerte de muchos taínos. Sin embargo, en contraste con otras partes del Caribe, la población indígena de Puerto Rico no se extinguió, sino que sobrevivió.

A principios de los años 1800, se inició la época de las grandes plantaciones de café y azúcar en Puerto Rico. Durante esta época, la importación de esclavos africanos llegó a su punto más alto. Sin embargo, la esclavitud en Puerto Rico nunca alcanzó la escala de otras colonias europeas. Mientras que los esclavos africanos llegaron a formar un 90% de la población de Haití y un 85% de la población de Jamaica, según el censo de 1834 de Puerto Rico los esclavos constituían el 11% de la población de la Isla. La esclavitud quedó abolida en Puerto Rico en 1873.

Este mismo año, España concedió a Puerto Rico su autonomía y los isleños celebraron la elección libre de su primer gobierno. Sin embargo, algunos meses más tarde, la Isla fue invadida por el Ejército Americano. En 1898, el Tratado de París dio fin a la Guerra Hispanoamericana y concedió la Isla a Estados Unidos.

Los puertorriqueños se convirtieron en ciudadanos de EE.UU. en 1917 y en 1952 la Isla pasó a ser un Estado Libre Asociado de Estados Unidos. Hoy en día se sigue debatiendo si Puerto Rico debe buscar la independencia, mantener su condición actual o convertirse en el Estado número 51 de EE.UU.

¡A ver qué aprendiste!

¿Qué pasó en la lectura? Contesta las siguientes preguntas sobre Puerto Rico.

1. ¿Por qué se construyeron murallas y fuertes en Puerto Rico?
2. ¿Cómo murieron muchos indios taínos?
3. ¿Cuándo llegó a su auge la importación de esclavos a la Isla?
4. ¿Cuándo se hizo Puerto Rico un Estado Libre Asociado de EE.UU.?
5. ¿Cuáles son las tres posibilidades que se presentan en cuanto al futuro estado político de Puerto Rico?

¡Vamos más allá! Añade una oración o dos a la lectura anterior, en base a la información en el gráfico siguiente. ¿En qué párrafo vas a añadir esta información? Dentro de este párrafo, ¿dónde? Justifica tus respuestas.

Exploraciones

Exploraciones turísticas

Con sus playas hermosas, sus tesoros históricos y su rica herencia cultural, Puerto Rico atrae a millones de turistas cada año. A continuación, se ofrecen dos anuncios de hoteles puertorriqueños. Compara y contrasta los dos negocios en cuanto a 1) la imagen que quieren proyectar, 2) el tipo de turista al que pretenden atraer y 3) el tipo de vacaciones que promueven. Personalmente, ¿a cuál de los dos hoteles preferirías ir? ¿Por qué?

Hotel Bélgica

Hotel Bélgica En el centro de la zona histórica de Ponce. Habitaciones con balcones al estilo tradicional español. Al lado de la Plaza de Las Delicias y los museos. En la ruta de los trolley (para una gira por Ponce). Administrado por sus dueños.
Tel.: 787-844-3255, Fax: 787-844-3255
C/ Villa nº 122

El Caribbean Paradise

El Caribbean Paradise El Caribbean Paradise es un hotel pequeño e íntimo por excelencia de la costa sudeste de Puerto Rico. Una perla que brincó del mar Caribe a la Esmeralda del Sur (Patillas), a sólo 90 minutos de San Juan. Con sólo el viaje hasta aquí comienza ya su grata experiencia. Disfrute del recorrido panorámico atravesando plantaciones de guineos y antiguos cañaverales con sus aún erigidos ingenios. Por la ruta 901 disfrutará de magníficas vistas donde las verdes montañas "desembocan" en el azul Caribe, en un espectáculo único en Puerto

Rico. El faro de Maunabo y arenosas playas añaden color a este hermoso paisaje. Ya llegado a nuestras facilidades no tiene que hacer más que observar el mar y respirar tranquilidad. Contamos con 24 cómodas habitaciones con acondicionadores de aire, televisores y balcones con vista al mar Caribe. Diseñado para crear un ambiente tranquilo y familiar, nuestra meta es asegurarnos que su estadía con nosotros sea una experiencia inolvidable.

Exploraciones políticas: El estatus político de Puerto Rico

En grupos de tres o cuatro estudiantes, exploren el Internet (visiten el **Online Study Center** para acceder a una lista de recursos) para encontrar información en cuanto a los tres posibles estados políticos de Puerto Rico: la independencia, la estadidad y su estado actual. Haz una lista de los pros y contras de cada una de estas opciones. Una vez recopilados estos datos, cada grupo votará por una de las opciones y explicará su decisión ante la clase, usando la información obtenida en los sitios sugeridos en el **Online Study Center**.

Exploraciones lingüísticas: Breve diccionario del español puertorriqueño

¿Conoces algunas palabras del habla puertorriqueña? Aquí tienes un breve léxico del habla puertorriqueña que sigue un formato popular de uso en el Internet. ¿Conocías algunos de estos términos? ¿Tienes términos similares en tu variante del español?

El puertorriqueño no se cae: se da una matá.
El puertorriqueño no resbala: se patina.
El puertorriqueño no se burla: se gufea.
El puertorriqueño no convence: coge de sángano.
El puertorriqueño no se lanza: se tira.
El puertorriqueño no se baña: se da un duchazo.
El puertorriqueño no llena el estómago: se jarta.
El puertorriqueño no se molesta: se enfogona.
El puertorriqueño no te golpea: te da un bombaso.
El puertorriqueño no te ordena: te manda.
El puertorriqueño no tiene amantes: tiene chillas.
El puertorriqueño no fracasa: se chava.
El puertorriqueño no sale corriendo: sale embala'o.
El puertorriqueño no se viste: se muda de ropa.
El puertorriqueño no encuentra: jalla.
El puertorriqueño no comparte en grupo: hace corillo.
El puertorriqueño no trepa: se encarama.
El puertorriqueño no toma siestas: echa ñapitas.
El puertorriqueño no se trepa: se sube.
El puertorriqueño no se baja: se apea.
El puertorriqueño no ríe hasta más no poder: se muere de la risa.
El puertorriqueño no se va: se retira, se larga.
El puertorriqueño no muere: engancha los zapatos.
El puertorriqueño no balbucea: gaguea.
El puertorriqueño no va rápido: va como bala, como alma que lleva el diablo.

Bonifacia Vidot Soto

Para comenzar...

Antes de leer: Estrategias

La historia oral es un relato que presenta información sobre la vida de alguna persona, o sobre algún acontecimiento, según el punto de vista de un narrador que tiene conocimiento personal del tema. En general, la historia oral emplea el registro informal y conversacional. En la siguiente historia oral, la narradora se propone mostrar el carácter fiero y justo de su abuela. A la misma vez, ella presenta algo sobre su propia personalidad.

Palabras clave

Rellena los espacios a continuación con la palabra o frase subrayada de la lectura que corresponda en significado a cada definición.

_____ temperamento

_____ *stood up to someone*

_____ pegar golpes

Lectura 4
La historia oral de Bonifacia Vidot Soto
Narrada por su nieta Elizabeth Figueroa de Puerto Rico

**Elizabeth
Figueroa**

Esto es una historia que me han contado mis padres. En particular, una historia que me contaba mi mamá—que todavía me cuenta mi mamá y es de mi abuela Bonifacia Vidot Soto y que era una señora de mucho <u>carácter</u>, mucho genio, y siempre cuando yo enseño carácter me dicen que me parezco a mi abuela.

Listo en particular, que se me queda vibrada en el cerebro, es que mi abuelita en estos días en Espinal había mucho racismo en la isla. Ella siendo bien negrita no quería que nadie maltratara a sus hijos. Ella era muy protectora de sus hijos. El nene de ella, Gollo, mi tío, llegó a la casa esa tarde llorando y ella le preguntó por qué, ¿qué le había pasado? Y él dice que en la playa pescando un hombre lo había llamado "Negrito Mateo". Y ella dijo, pues vamos a la playa y vamos a ver quién fue que te llamó "Negrito Mateo". Y fue corriendo ella a playa y ella le dice a Gollo "Enséñame quién te dijo Negrito Mateo". Y él fue, lo apuntó y mi abuela cogió y se <u>enfrentó</u> a este hombre quien era bastante más alto que ella y le dice "¿Quién eres tú para llamar a mi hijo Negrito Mateo?" Y que el hombre se le <u>enfrentó</u>. "A nadie, ningún desgraciado llama a mi hijo Negrito Mateo". Y ella empezó a <u>bofetearlo</u> en la cara y que el hombre no supo qué hacer y no se defendió.

Y esa historia es típica de lo que era mi abuela. Una mujer que —creo yo como soy yo también— que no permite la injusticia, no permitía la injusticia como yo también no permito la injusticia, que no permitía el racismo y yo no permito el racismo, que era protectora de familia y de cualquier persona que yo creo que sufre de racismo y de injusticia.

¡A ver qué aprendiste!

La lectura, la vida y tú. Marca en la lectura una o dos oraciones que en tu opinión presentan la idea central de esta historia oral. Basándote en esta información, describe en tus propias palabras cuál es el tema, o idea central, de esta lectura. Por último, explica el impacto que la lectura tiene en ti, como lector.

1. Oración clave:
2. Tema de la lectura:
3. Lo que sientes al leer este relato:

¡Vamos más allá! En el capítulo anterior y en éste hemos leído sobre dos abuelas extraordinarias. En tu opinión, ¿son así de luchadoras las abuelas latinas? ¿Qué papel o rol desempeñan las abuelas en la familia latina? ¿y en la familia americana?

OPCIÓN 1: **Los dichos de los mayores**

Los abuelos y otras personas mayores frecuentemente usan dichos y proverbios con el fin de comunicar algún mensaje o lección importante sobre la vida. Haz una lista de dichos y proverbios que has escuchado de personas mayores. Comparte tus dichos con tus compañeros y anota los dichos que más te gusten. Usa la red para buscar otros dichos, proverbios y aforismos que te inspiren. Una vez que hayas recopilado entre 30 y 50 de estas expresiones, usa tu creatividad para organizar, decorar y anotar tu colección.

OPCIÓN 2: **La historia oral**

Para este ejercicio, vas a preparar la historia oral de alguna persona de importancia en tu vida. Antes de comenzar el relato, es buena idea seguir un plan organizativo. Contesta las preguntas a continuación:

1. ¿A quién vas a presentar? (Ejemplos: *mi abuela, mi papá*)
2. ¿Cuál es la idea central que quieres presentar o destacar? (Ejemplos: *la inteligencia de mi abuela, las dificultades que ha superado mi papá*)
3. ¿Qué cuento o situación vas a utilizar para demostrar el punto 2? (Ejemplos: *el día que mi abuela me llevó al hospital y logró comunicarse con los médicos sin saber inglés; cómo mi papá arregló un carro viejo sin saber mucha mecánica*)
4. ¿Hay palabras o expresiones que no conoces muy bien que vas a necesitar en tu relato? Busca estas palabras en un diccionario o solicita la ayuda de un(a) amigo(a).
5. ¿Vas a usar un registro lingüístico formal o uno informal? ¿Por qué? ¿Vas a incluir palabras del dialecto de tu país de herencia? ¿Por qué sí o no?
   Una vez que hayas completado los pasos anteriores, presenta tu historia oral ante la clase. Como parte de tu presentación, puedes incluir fotos, dibujos o cualquier tipo de material audiovisual.

Prepara un primer borrador de tu historia oral siguiendo los pasos del ejercicio anterior. Presenta tu primer borrador a dos compañeros de clase y pregúntales si has organizado tus ideas claramente y si se entienden bien los puntos que quieres destacar. Tomando en cuenta las sugerencias de tus compañeros, escribe tu segundo borrador. Esta vez, pídeles a tus compañeros que, además de fijarse en la organización de tu narración, se fijen también en el uso de los acentos y la ortografía. Una vez que hayas completado este paso, prepara la versión final de tu composición. Si quieres, puedes añadir fotos, dibujos o cualquier otro tipo de información a tu historia oral. Una vez que estés satisfecho(a) con tu trabajo, incorpóralo a tu portafolio. No te olvides de compartir el trabajo final con tus compañeros de clase.

Mural Cerámico Bavaro Beach, 1985

De Quisqueya la Bella a Washington Heights

La República Dominicana y los dominicanos en EE.UU.

Metas

En este capítulo, vamos a:

a. explorar *el pluriculturalismo* como parte íntegra de la vida, el trabajo, la política y la economía en las comunidades dominicanas en Estados Unidos. *(Orgullo cultural, meta 1)*

b. investigar la realidad política, histórica y cultural de la República Dominicana y las diversas relaciones entre Quisqueya y diferentes generaciones de dominicano-americanos. *(Orgullo cultural, meta 2)*

c. estudiar las terminaciones más comunes de los sustantivos y adjetivos. *(Gramática, meta 1)*

d. estudiar los sustantivos que pueden cambiar de género y la formación del plural de los sustantivos. *(Gramática, meta 2)*

e. examinar el fenómeno lingüístico del cambio de códigos *(code-switching)* entre español e inglés y cómo se emplea en diversos contextos y registros. *(Registro)*

f. establecer correspondencias ortográficas entre el inglés y el español y aprender a distinguir entre algunos homófonos. *(Ortografía)*

g. estudiar conceptos relacionados al tema y el tono en la poesía y la prosa. *(Estrategia de lectura)*

h. redactar un ensayo personal al estilo informal. *(Estrategia de escritura, meta 1)*

i. utilizar el Internet como herramienta de la investigación. *(Estrategia de escritura, meta 2)*

Identidades

La cultura dominicana en EE.UU.

Piénsatelo

A veces, cuando camino por las calles del Alto Manhattan y veo la gente leer *El Nacional*, comer pastelitos, jugar dominó y beber la cerveza Presidente, me siento un poco confundido y me pregunto: ¿Dónde estoy? Porque, para decirles la verdad, en la esquina de la calle 145 y Broadway, pienso que estoy en Los Minas, sólo que aquí lo dicen en inglés y lo llaman la parte alta de la ciudad.

(Dr. Leonel Fernández, ex-presidente de la República Dominicana,
II Conferencia sobre Asuntos Dominicanos de Nueva Jersey)

¿Hay semejantes comunidades culturales en la ciudad donde tú vives? ¿Cómo son similares y/o distintas de la comunidad mayor? ¿Cómo son similares y/o distintas de otras comunidades como las de Chinatown en San Francisco o Little Italy en Nueva York? En términos económicos, lingüísticos, culturales y políticos, ¿cómo enriquecen la comunidad mayor en que se encuentran?

Testimonios y trasfondos

Jadrien Ellison

Para comenzar...

Palabras clave
Rellena los espacios a continuación con la palabra o frase subrayada de la lectura que corresponda en significado a cada definición.

_____ sopa

_____ pez cuya carne es el ingrediente principal en varios platos

_____ fiesta

_____ campos de estudio, materias (biología, español, historia, etc.)

_____ ¡Olé!, ¡Orale!, ¡Vaya!, *all right!*

_____ *major in*

_____ (*inf.*) retirarse del trabajo al llegar a cierta edad (en EE.UU. 65 años)

_____ la ciencia de la computación (*computer science*)

_____ baile típico de la República Dominicana

_____ representativo de más de una cultura

_____ nombre que los taínos pusieron a la isla en la que la República Dominicana y Haití se sitúan; significa *Madre de todas las tierras*

_____ plato popular dominicano que contiene (entre otras cosas) carne de cerdo, jamón, carne de res, pollo, cebolla, ajíes, cilantro y tomate

_____ área que rodea el límite entre una región y otra

Lectura 1
Entre dos mundos: Una visita con Jadrien

¿Qué pasa, muchachos? Mi nombre completo es Jadrien Omar Ellison Pichardo, pero todos mis amigos me llaman Jay. Tengo veinte años, y soy de Paterson, New Jersey. Mi mamá se llama Esperanza Emilia Pichardo. Ella nació en Barahona en la República Dominicana. Mis abuelos vivieron en los Estados Unidos por más de veinte años, y después volvieron a Quisqueya cuando se jubilaron. Ahora viven con sus hermanos, primos y sobrinos en San José de Ocoa, un pueblo chiquito en los montes. Yo los visito cada año. Mi papá, Curtis James Ellison, es afro-americano y originario de Reading, Pennsylvania. Allí viven mi abuela, mis tíos y mis primos del lado de mi papá.

Jadrien Ellison

Soy estudiante de último año en Lafayette College, una pequeña universidad en la zona fronteriza entre New Jersey y Pennsylvania. La mayoría de mis compañeros se especializan en asignaturas tales como matemáticas, ciencias políticas e ingeniería. Pero yo soy diferente. Desde muy chiquito, me ha gustado inventar cosas. Por eso, mi *especialidad académica* es algo que yo mismo inventé. Se llama *Science, Technology, Culture, and Society* o *Ciencias, tecnología, cultura y sociedad*. Esta especialidad es una combinación de todas las asignaturas que me fascinan—la informática, la sociología, la historia y, como no, ¡el español!

Tengo un montón de pasatiempos. En particular, me encanta bailar. Soy capitán del grupo de baile de Lafayette, y soy experto en merengue. También me gusta cocinar. Creo que soy un cocinero muy bueno. ¡Hay pocas cosas que no sé cocinar! Sobre todo, mis platos favoritos dominicanos: plátanos con bacalao y asopao de pollo. También me gusta el sancocho. ¡Pero nadie lo hace mejor que mi mami!

Aquí estoy en una foto de una bachata que organicé con el club hispano de mi universidad. Estoy enseñándoles a mis compañeros a bailar merengue. ¡Epa!

Deseo muchísimo ser famoso algún día. Quizás como Guillermo Linares, primer político dominicano elegido al Concilio de la Ciudad de Nueva York/New York City

Jadrien dando una clase de salsa

Council, u Óscar de la Renta, famoso diseñador de ropa, o inclusive Juan Luis Guerra, gran músico y compositor de merengue que ganó dos Premios Grammy en la presentación inaugural del Grammy Latino en el año 2000. Tal vez seré comentarista en la radio o en la televisión. Yo sé que voy a realizar mis metas cuando me gradúe porque Dios me ha bendecido con gran inteligencia. Es por Él y mi familia que yo he llegado a este punto.

Me gusta ser una persona <u>pluricultural</u> porque de esta manera uno disfruta de muchos beneficios. Yo sé leer, escribir, hablar y entender dos idiomas y así puedo entender el mundo mejor. Pienso que es un honor ser parte de dos culturas. Me encantan la música, la comida y las costumbres tanto de Norteamérica como de Quisqueya la Bella. Es todo parte de quién soy.

¡A ver qué aprendiste!

Paso primero: ¿Qué pasó en la lectura? Contesta las preguntas siguientes sobre la lectura.

1. ¿De dónde es Jay? ¿Y sus padres?
2. ¿Dónde vive Jay?
3. ¿Qué estudios cursa en la universidad?
4. ¿Cuáles son sus pasatiempos favoritos?
5. ¿Cuáles son sus metas para el futuro?

Paso segundo: La lectura, la vida y tú. Busca una oración en la lectura que te haga pensar en algo en tu propia vida. Explica la conexión entre la frase de Jay y tus experiencias personales. Comparte tu explicación con dos compañeros de clase.

Paso tercero: La lectura y la lengua. Jay indica que su especialidad académica se llama "*Science, Technology, Culture, and Society* o *Ciencias, tecnología, cultura y sociedad*". ¿Por qué utiliza inglés y español en su descripción? ¿Te encuentras a veces en situaciones en que tienes que hacer lo mismo? Explica. Coméntalo con dos o tres compañeros de clase.

Paso cuarto: Hacer inferencias. Con dos o tres compañeros de clase, considera las siguientes oraciones. En base a ellas, ¿qué puedes inferir sobre la personalidad de Jay?

> *Yo sé que voy a realizar mis metas cuando me gradúe porque Dios me ha bendecido con gran inteligencia. Es por Él y mi familia que yo he llegado a este punto.*
>
> *Aquí estoy en una foto de una bachata que organicé con el club hispano de mi universidad. Estoy enseñándoles a mis compañeros a bailar merengue.*

Julia Álvarez

Para comenzar...

Sobre la autora y su obra

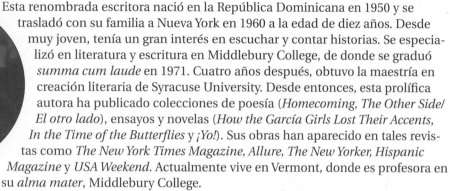

Julia Álvarez

Esta renombrada escritora nació en la República Dominicana en 1950 y se trasladó con su familia a Nueva York en 1960 a la edad de diez años. Desde muy joven, tenía un gran interés en escuchar y contar historias. Se especializó en literatura y escritura en Middlebury College, de donde se graduó *summa cum laude* en 1971. Cuatro años después, obtuvo la maestría en creación literaria de Syracuse University. Desde entonces, esta prolífica autora ha publicado colecciones de poesía (*Homecoming, The Other Side/ El otro lado*), ensayos y novelas (*How the García Girls Lost Their Accents, In the Time of the Butterflies* y *¡Yo!*). Sus obras han aparecido en tales revistas como *The New York Times Magazine, Allure, The New Yorker, Hispanic Magazine* y *USA Weekend*. Actualmente vive en Vermont, donde es profesora en su *alma mater*, Middlebury College.

A continuación vas a leer un poema escrito por Julia Álvarez. "Papi Working" se enfoca en la necesidad que muchos inmigrantes sienten de preservar la conexión con su herencia cultural mediante el uso de su lenguaje nativo. El poema pertenece a una colección titulada *The Other Side/El otro lado* en la que Álvarez explora temas como la etnicidad, el ser extranjero, el lenguaje, la sexualidad, la familia, la comunidad y la llegada a la mayoría de edad. Como todas sus obras, ésta se escribe desde la perspectiva de una mujer de origen dominicano que vive entre dos mundos, el de su país de origen y su país adoptado.

Antes de leer: Estrategias

Como se notará, "Papi Working" está escrito en inglés pero contiene varias palabras en español. Al leer el poema, prepárate para contestar las siguientes preguntas.

1. ¿Cuál es la idea principal (o sea **el tema**) del poema? ¿Cuáles son las emociones (**el tono**) que los versos hacen resaltar?
2. ¿Qué impacto tiene el uso de dos idiomas en el tema y el tono del poema?

Lectura 2
"Papi Working" por Julia Álvarez

The long day spent listening
to homesick hearts,
the tick tock of the clock—
the way Americans mark time,
long hours, long days.
Often they came only to hear him
say *nada* in their mother tongue.
I found nothing wrong.

To dole out *jarabe* for the children's coughs,
convince the *doña* to stay off that leg.

In his white *saco* Mami ironed out,
smoothing the tired wrinkles
till he was young again,
he spent his days, long days
tending to the ills of immigrants,
his own heart heavy with what was gone,
this new country like a pill
that slowly kills but keeps you
from worse deaths.
What was to be done?
They came to hear him say
nada in their mother tongue

¡A ver qué aprendiste!

Paso primero: ¿Qué pasó en la lectura? Contesta las siguientes preguntas sobre el poema.

1. ¿A qué se dedica el padre de la narradora poética?
2. ¿Qué importancia tiene para los pacientes de Papi el español?
3. ¿Cuál es el estado emocional de Papi? ¿Y sus clientes? ¿Por qué se sienten así?

Paso segundo: La lectura, la vida y tú. Contesta las preguntas a continuación con dos o tres compañeros de clase. Cada grupo debe elegir un(a) secretario(a) que apunte los comentarios del grupo para después presentarlos a la clase.

1. ¿Cuál es el tema básico del poema? Intenta escribirlo en una frase.
2. ¿Cuál es el tono emocional del poema (p. ej. alegre, triste, cansado, agridulce, amargo, enojado, o una combinación de varias emociones)? Haz una lista de un mínimo de cinco palabras en el poema que mejor reflejen las emociones que éste expresa.
3. Un **símil** es una comparación que utiliza la palabra **como** en español y *like* o *as* en inglés. ¿Cuál es el símil que se encuentra en este poema y qué significa? ¿Cómo se traduce al español?
4. ¿Has leído otros escritos que emplean más de un idioma? ¿Cómo reaccionas al leer un poema u otro escrito en inglés que contiene palabras en español? ¿Utilizas español e inglés al mismo tiempo a veces? ¿Cuándo?
5. ¿Cómo se manifiesta el pluriculturalismo en este poema?

¡Vamos más allá! Este ejercicio tiene como propósito recopilar una lista de conceptos importantes que los trabajadores de salud en EE.UU. deben tomar en consideración al tratar con pacientes latinos. Con este fin, la clase deberá discutir las preguntas a continuación. Después, los estudiantes trabajarán en grupos para generar observaciones, recomendaciones y otras ideas al propósito. Cada grupo presentará sus ideas ante la clase. En base a la información presentada, la clase preparará una lista de las ideas más importantes.

1. Los latinos difieren mucho de los americanos en cuanto a sus opiniones y actitudes en cuestiones de salud. ¿Cuáles son las diferencias principales entre los dos grupos en cuanto a los siguientes factores?

   - el uso de medicamentos y remedios caseros
   - la manera de hablar o comunicarse con médicos y otros especialistas
   - la frecuencia con que se visita al médico
   - la participación de los familiares en asuntos de la salud de un miembro de la familia
   - la privacidad del paciente
   - el pudor/la desnudez
   - otro…

2. ¿Has servido alguna vez de intérprete entre un paciente de habla hispana y un(a) doctor(a) de habla inglesa? ¿Qué dificultades se te presentaron? ¿Aprendiste algo de esta experiencia que puedas relacionar a esta actividad?

Testimonios y trasfondos

Los dominicanos en EE.UU.

Para comenzar…

Antes de leer: Estrategias

Tomar apuntes ¿Qué tanto sabes de la cultura dominicana y su presencia en EE. UU.? Después de participar en este juego, ¡vas a ser experto! La clase se dividirá en grupos de tres, asignándole a cada persona en el grupo uno de los segmentos de la siguiente lectura. Cada miembro del grupo leerá su segmento en voz alta mientras que sus compañeros escuchan y toman apuntes *sin mirar el texto escrito*. Una vez que cada persona haya leído su segmento, el grupo deberá reconstruir la mayor cantidad de información posible usando sólo los apuntes. Los grupos recibirán un punto por cada dato de información que recuerden y apunten correctamente. El grupo que acabe con el puntaje (*score*) más alto ganará el título de experto. Al terminar el juego, todos deben repasar los segmentos para determinar cuáles datos se perdieron.

Antes de comenzar la lectura en voz alta es recomendable que cada estudiante practique bien la lectura de su párrafo en voz alta. Además, todos los estudiantes deberán repasar estas palabras clave.

Palabras clave

abogar por	defender, proteger
Asamblea estatal	el Congreso del estado
bodega	lugar donde se hace y se vende vino

Consejo de escuela	junta que se encarga de dirigir la escuela pública
demográfico	relacionado con la población o con la demografía
empresario	dueño o dirigente de un negocio
junta directiva	un grupo de personas elegidas para dirigir algo
predecir	pronosticar el futuro
producto bruto interno	*gross national product*
propietario	dueño
remesadora	lugar de donde se puede enviar dinero de un lugar a otro

Lectura 3

La presencia dominicana en EE.UU.

Segmento uno: Perfil demográfico

La gran ola de inmigración dominicana a EE.UU. comienza en la década de los 1960 y llega a su punto culminante en los años 1990, cuando el número de dominicanos en este país se duplicó a más de un millón. Hoy en día, los dominicanos son el cuarto grupo latino en población en EE.UU., después de los mexicanos, puertorriqueños y cubanos. En su gran mayoría, los dominicanos residen en el estado de Nueva York, y dentro de este, en Washington Heights, un barrio de Manhattan, popularmente conocido como "Quisqueya Heights" en referencia a su gran población dominicana. Otras zonas norteamericanas donde se encuentran grandes poblaciones dominicanas son: Nueva Jersey, Boston y la Florida. Los estudios demográficos más recientes predicen que para el año 2010, los dominicanos se convertirán en el grupo latino más grande en todo el noreste del país.

Segmento dos: Economía y comercio

En Nueva York, los dominicanos son los propietarios de unas 20.000 empresas. Éstas incluyen pequeños mercados latinos, bodegas, taxis y remesadoras.

Cada año, los dominicanos envían más de un billón y medio de dólares a sus parientes en la República Dominicana por medio de remesadoras. Esta contribución corresponde a casi el 15% del producto bruto interno de la República Dominicana.

En 1985, el primer banco comercial dominicano en EE.UU., The Dominican Bank, fue establecido por Alejandro Grullón y Geovanny Sepúlveda. El éxito de estos empresarios, en conjunto con el de tales figuras dominicanas como Óscar de la Renta y un creciente número de jugadores de béisbol como Sammy Sosa y Alex Rodríguez, están convirtiendo a la comunidad dominicana en una poderosa fuerza económica y social en EE.UU.

A pesar de esto, es importante reconocer que los dominicanos son uno de los grupos latinos más pobres y de menos nivel educativo en este país.

Segmento tres: La política

En las últimas décadas del siglo veinte, las comunidades dominicanas en EE.UU. empezaron a conseguir una voz política dentro del país. Esto se revela más claramente en Nueva York, donde dominicanos como Guillermo Linares, María Luna y Adriano Espaillat han sido elegidos a juntas directivas como el Concilio de la ciudad de Nueva York, el

Consejo de escuela y la Asamblea estatal. Los dominicanos también han fundado varias organizaciones municipales en la ciudad, como El Centro Educacional del Caribe (CEDUCA) y Alianza Dominicana. Estas organizaciones abogan por los derechos de los inmigrantes y se esfuerzan por fomentar conexiones más profundas entre la comunidad dominicana y el Partido Democrático. Mientras muchos dominicanos mayores siguen participando desde este país en la política de la República Dominicana, los jóvenes en su mayor parte prefieren concentrar sus esfuerzos en la política local para afianzar a la comunidad dominicana en Estados Unidos, el país donde esperan crear su futuro.

Exploraciones

Exploraciones culturales: Características sociales y económicas de los latinos en EE.UU.

La tabla a continuación proviene de un estudio realizado por el Lewis Mumford Center de la Universidad de Albany. ¿Qué información de la lectura anterior se ve representada en esta tabla? Redacta una oración para añadir a uno de los segmentos de la lectura usando uno o más de los datos representados. ¿Dónde vas a colocar la oración? ¿Por qué?

Modelo: *Oración original:* De hecho, un 36% de esta población está viviendo en pobreza.
Dónde se añade: Segmento dos, párrafo cuatro, después de la primera línea.

Características sociales y económicas de los latinos en EE.UU. clasificadas según el país de origen

	% nacidos fuera de EE.UU.	% recién llegados**	Años de escuela	Salario medio	% viviendo en pobreza	% sin empleo	% en asistencia pública
latinos en total	38.5%	44.8%	10.7	$9,432	25.2%	6.8%	3.0%
mexicanos	36.5%	49.3%	10.2	$8,525	26.3%	7.0%	2.6%
puertorriqueños	1.3%	26.7%	11.4	$9,893	30.4%	8.3%	7.3%
cubanos	68.0%	26.7%	11.9	$13,567	18.3%	5.8%	2.2%
dominicanos	62.7%	45.3%	10.8	$7,883	36.0%	8.6%	8.2%
centroamericanos en total	71.3%	48.2%	10.3	$9,865	22.3%	6.4%	2.4%
salvadoreños	69.6%	45.9%	9.7	$9,631	20.8%	5.1%	2.4%
guatemaltecos	74.8%	56.1%	9.8	$9,204	27.1%	7.9%	1.8%
hondureños	69.0%	50.2%	10.4	$10,244	27.2%	10.8%	2.5%
nicaragüenses	72.5%	42.7%	12.0	$10,506	17.4%	4.0%	1.9%
suramericanos en total	73.6%	44.4%	12.6	$13,911	13.6%	4.3%	0.8%
colombianos	71.7%	38.4%	12.4	$11,759	16.4%	4.8%	1.4%
ecuatorianos	71.1%	48.9%	11.8	$11,848	19.0%	5.8%	0.7%
peruanos	73.0%	51.5%	12.7	$11,996	11.7%	3.0%	0.2%

El lenguaje en uso

Registro

El cambio de códigos entre español e inglés

Todo depende if I had a good night sleep o no
Pero normalmente me despierto a las five thirty or six
My coach suggests que haga ejercicios for my back antes de levantarme
So I turn the television on para distraerme and exercise
Después me levanto a hacer a whole pot of coffee.
Me gusta tomarlo por la mañana while I'm working on my computer.
Me baño, get dressed y a la escuela to learn los acentos y esdrújulas

(Eduardo Zubia, estudiante mexico-americano en California State University, Long Beach)

¿Te expresas así de vez en cuando? Si contestas que sí, ¡no eres el único! El uso de dos idiomas en una conversación es muy común entre los hablantes bilingües. El **cambio de códigos**, o *code-switching*, es uno de los fenómenos más estudiados por los lingüistas. Los estudios demuestran que este fenómeno obedece a reglas gramaticales y sociales de gran complejidad. Los bilingües cambian de código por muchas razones, entre ellas:

1. cuando un término sólo existe en uno de los idiomas y por tanto tiene que ser prestado al otro

2. en función del contexto social en que se encuentran (p. ej. trabajo, conversaciones de familia, religión, etc.)

3. para señalar la identidad cultural (p. ej. cuando alguien usa expresiones tales como "órale" o "chévere" o "che" inclusive en una conversación en inglés para indicar su conexión con la cultura hispana)

4. como proceso estilístico (p. ej. cuando un poema escrito en español también incluye palabras en inglés o viceversa)

Dependiendo de la comunidad, hay diferentes condiciones que determinan cuándo es apropiado comunicarse en un idioma u otro. Los niños bilingües aprenden a distinguir las reglas que rigen el cambio de códigos desde una edad muy joven. Por ejemplo, en ciertas comunidades, se habla español en casa y se habla inglés en la escuela o en el trabajo. En otras comunidades, se habla español con miembros de la familia y con amigos íntimos pero se habla inglés con conocidos menos íntimos. Además, mientras algunas comunidades permiten la alternancia entre un idioma y otro, otras resisten a todo costo la interferencia del segundo idioma en el habla nativa.

A veces tenemos que cambiar de códigos si nos falta el vocabulario suficiente para expresarnos claramente en un idioma. Sin embargo, es importante señalar que el cambiar de códigos no es una señal de insuficiencia lingüística. Al contrario, el cambio de códigos entre dos idiomas representa un evento lingüístico complejo que puede enseñarnos mucho no sólo sobre nuestro manejo de los idiomas sino sobre el modo de ver el mundo también.

En "Papi Working", Julia Alvarez utiliza el cambio de códigos como una técnica retórica que comunica la identidad cultural y los sentimientos de nostalgia que uno siente a veces cuando vive fuera de su país de origen. De esta manera, Alvarez cambia de códigos deliberadamente para aprovecharse de las particularidades de cada idioma y así crear imaginería poética más intensa.

¡A ver qué tanto sabes ya!

Ejercicio 1: Estudia los ejemplos siguientes del cambio de códigos lingüísticos. ¿Qué función(es) tiene el cambio en cada caso?

1. Jay says he's going to dance merengue all night. *¡Epa!*
2. No puedo recordar mi *social security number*.
3. Cuando sonó la trompeta, estuvo
   todo preparado en la tierra
   y Jehová repartió el mundo
   a *Coca-Cola Inc.*, Anaconda,
   Ford Motors, y otras entidades…

   (Canto a la United Fruit Co., Inc. Pablo Neruda)

4. Para esa clase, tuve que escribir un *term paper* sobre la historia de China…

Ejercicio 2: Con un(a) compañero(a), representa ante la clase una conversación imaginaria que muestre el cambio de códigos.

Ejercicio 3: En la próxima conversación que tengas con tu familia o con tus amigos hispanos, anota cuándo se cambia de códigos y por qué. Para cada ocasión en que se nota la alternancia entre español e inglés, intenta determinar cuál de las cuatro razones arriba señaladas explica el cambio. Trae los resultados de tu investigación a clase y coméntalos con tus compañeros de clase.

Ejercicio 4: Un turista americano en Santo Domingo anda sacando fotos sin darse cuenta de que está a punto de llover. Para evitar que se moje, un joven se le acerca y le dice:

Mr., between and drink a chair, because the waterzero is coming soon.

¿Qué es lo que quiere decir este joven? ¿Cómo es que produjo este mensaje? ¿Es éste un ejemplo del cambio de códigos? ¿Por qué sí/no?

Clases de palabras: los sustantivos y los adjetivos

Estudia bien estas definiciones con el fin de rellenar las tablas a continuación.

Sustantivo o nombre: un tipo de palabra que se refiere a una cosa, animal, persona o concepto. En español, los sustantivos poseen género (masculino o femenino) y número (singular o plural).

Adjetivo: un tipo de palabra que modifica un sustantivo. En español, los adjetivos concuerdan en género y número con el sustantivo que modifican: el niño alto, las niñas altas.

¡A ver qué tanto sabes ya!

Ejercicio 1: Pon una marca en la categoría gramatical a la cual pertenece cada palabra.

	sustantivo	adjetivo	otro
comer			
trabajador			
bondad			
con			
de			
destrucción			
hablaba			
tenedor			
experto			
para			
por			
estoy viendo			
hay			
rápidamente			
importante			
dirás			
has estado			
pensamiento			

Ejercicio 2: Añade tres sustantivos con cada sufijo indicado. En cada caso provee un artículo, como se ilustra en la segunda columna. Asegúrate de colocar los acentos necesarios. En caso de dudas, consulta un diccionario.

-dad	la verdad			
-ción	la canción			
-sión	la tensión			
-ud	la virtud			
-cito	el camioncito			
-sis	la dosis			
-ma	el tema			
-gía	la geología			
-al	el cereal			
-ólogo(a)	el antropólogo			
-aje	el mensaje			
-tor(a)	la inventora			
-ante	el gobernante			
-ista	el (la) periodista			
-ura	la dulzura			
-ez	la estupidez			
-ario	el millonario			
-ismo	el periodismo			
-miento	el movimiento			
-ino(a)	la vecina			

Ejercicio 3: Añade las terminaciones apropiadas. OJO con los acentos.

1. El autor hablaba un lengua_____ completamente rebuscada.

2. El metereo_____ pronosticó lluvia.

3. La arqueolo_____ es una rama de las ciencias naturales.

4. El poder judici_____ es una de las ramas del gobierno federal americano.

5. Su reac_____ sospechosa hizo que la policía tomara nota de él.

6. El raton_____ se comió todo el queso pero dejó la zanahoria.

7. La doctora no es intern_____, sino patól_____.

8. Se sienten muy deprimidos porque están pasando por una cri_____ muy dura.

9. El ajedr_____ es un juego fascinante.

10. ¿Qué abreviatura utilizan los diccionarios de lengua española para los nombres o sustantivos? ¿Cómo marcan los diccionarios el género de los sustantivos?

Ejercicio 4: Añade tres adjetivos con cada sufijo indicado, como se ilustra en la segunda columna de la tabla. En cada caso provee un artículo. Asegúrate de colocar los acentos necesarios. ¿Qué abreviatura usan los diccionarios en español para los adjetivos?

–ivo	legislativo			
–az	audaz			
–or(a)	trabajador			
–oso(a)	goloso			
–és	francés			
–ico	dinámico			
–ísimo(a)	lindísimo			
–ón(a)	comelón			
–ante	impactante			
–able	imperdonable			
–ado	nevado			

Ejercicio 5: Los antónimos son palabras que tienen significados opuestos. Forma antónimos de los siguientes adjetivos por medio del uso de un **prefijo** (p. ej. *in-*, *des-*, etc.). En la última columna, escribe el par de antónimos correspondiente en inglés.

Palabra	Antónimo	Términos ingleses
tolerable	*intolerable*	*tolerable/intolerable*
posible		
apropiado		
poblado		
legal		
seguro		
conocido		
interesado		
probable		
legible		
responsable		
cómodo		
real		
perdonable		
organizado		

Ejercicio 6: Escoge la respuesta correcta, basándote en la información recopilada en los ejercicios anteriores.

1. La terminación *-es* es . . .
   a. siempre singular.
   b. siempre plural.
   c. singular o plural.

2. La terminación *-ma* es . . .
   a. siempre femenina.
   b. siempre masculina.
   c. masculina o femenina.

3. Las terminaciones *-ista, -ólogo* y *-or* se refieren a . . .
   a. seres humanos.
   b. campos de estudio.
   c. conceptos abstractos.

4. Las terminaciones *-ismo, -dad* y *-ud* . . .
   a. se refieren a campos de estudio.
   b. se refieren a nombres abstractos.
   c. llevan acento.

5. La terminación *-ísimo* se usa para formar . . .
   a. diminutivos.
   b. superlativos.
   c. sustantivos que se refieren a conceptos abstractos.

6. Las terminaciones *-ción* y *-sión* . . .
   a. pueden ser masculinas y femeninas.
   b. no se pueden pluralizar.
   c. son sólo femeninas.

El género de los sustantivos

La mayoría de las palabras tienen género fijo, es decir, no cambian de género. Sin embargo, algunas palabras pueden ser femeninas o masculinas, con dos significados diferentes.

Algunas palabras cambian de significado al cambiar de género:

el orden: *order, neatness*	la orden: *command;* or *religious order*
el margen: *margin*	la margen: *riverbank*
el cólera: *cholera*	la cólera: *anger*
el coma: *coma*	la coma: *comma*
el cura: *priest*	la cura: *cure*
el Papa: *the Pope*	la papa: *potato*
el corte: *cut*	la corte: *court*
el capital: *money*	la capital: *capital city*
el moral: *mulberry tree*	la moral: *moral; morale*

Muchos nombres de frutas son femeninos, y los nombres de sus árboles son masculinos.

masculino—árbol	femenino—fruta
el banano	la banana
el manzano	la manzana
el naranjo	la naranja
el cerezo	la cereza
el papayo	la papaya
el ciruelo	la ciruela
el almendro	la almendra
el avellano	la avellana
el castaño	la castaña

Las palabras que se refieren a seres humanos o animales pueden tener género femenino o masculino, según su referente. A veces, el femenino y el masculino se distinguen solamente por el uso del artículo:

el estudiante   la estudiante   el joven   la joven
el dibujante   la dibujante   el intérprete   la intérprete

Otras veces, cada género tiene una terminación diferente o una palabra diferente.

el gallo   la gallina   el padre   la madre
el pintor   la pintora   el varón   la hembra
el actor   la actriz   el yerno   la nuera

Con los animales salvajes, las palabras "macho" y "hembra" sirven para distinguir entre los sexos.

la rana macho   la rana hembra
la ardilla macho   la ardilla hembra
el puma macho   el puma hembra

El plural

Por regla general, en español se forma el plural añadiendo una -s a las palabras que terminan en vocal, y una -es a las palabras que terminan en consonante:

el niño   los niños   el camión   los camiones
la casa   las casas   el roedor   los roedores

Sin embargo, hay algunas excepciones notables:

1. En la lengua formal, las palabras que terminan en *í* o *ú* forman el plural añadiendo -es.

    el maniquí → los maniquíes; el rubí → los rubíes; el tabú → los tabúes

2. Las palabras que terminan en *s* y **no** llevan el acento en la última sílaba no cambian en la forma plural.

   el lunes → los lunes; la dosis → las dosis
   PERO el autobús → los autobuses; el francés → los franceses

3. Los apellidos no se pluralizan:

   los Pérez, los Flor, los Menéndez.

4. Para formar el plural de las palabras que terminan en *z*, hay que cambiar esta letra a *c* antes de añadir *-es*.

   esta vez → estas veces; la luz → las luces

¡A ver qué aprendiste!

Ejercicio 1: Corrige los errores.

1. Este año la naranja no ha dado muchas frutas.
2. No tenemos la capital para invertir en un negocio de esa magnitud.
3. El enfermo pidió hablar con una cura.
4. Por favor, coloca todos tus comentarios en la margen del papel.
5. Muchos postres navideños tienen almendros y castaños.
6. La orden del corte fue transmitida inmediatamente a los soldados.
7. Los médicos no esperan que despierte de la coma en ningún momento.

Ejercicio 2: Cambia el género de las siguientes palabras. En caso de dudas, consulta con un diccionario.

1. el actor
2. el toro
3. el caballo
4. el jirafa
5. el profesor
6. la pediatra
7. el director
8. el gallo
9. la princesa
10. el yerno
11. el turista
12. la heroína
13. el artista
14. el intérprete
15. la novelista

Ejercicio 3: OJO: Algunas profesiones tienen mas de una opción y otras presentan dudas o problemas. Usa el diccionario o el Internet para explorar las diferentes posibilidades que se presentan. ¿Por qué existe tanta ambigüedad en torno a estos términos?

1. el general
2. el técnico
3. el policía
4. el juez
5. el soldado
6. el químico
7. el presidente
8. el torero
9. el ministro
10. el obispo
11. el poeta
12. el detective privado

Ejercicio 4: Da el plural de los siguientes sustantivos. OJO con los acentos.

1. el holandés
2. el bisturí
3. el jueves
4. la tos
5. el pez
6. el zulú
7. la crisis
8. la paz
9. el dolor
10. el bebé

Ortografía

Conexiones sociolingüísticas

¡A ver qué tanto sabes ya!

Ejercicio 1: Este ejercicio te ayudará a establecer algunas correspondencias ortográficas entre el inglés y el español. Utiliza la información recopilada y las destrezas adquiridas en la sección anterior para completar la tabla. Como siempre, ¡cuidado con los acentos!

Terminación inglesa	Ejemplos	Terminación equivalente en español	Ejemplos
-age	*message, language*		
-tion	*computation, nation*		
-(s)sion	*mansion, passion*		
-ology	*pathology, biology*		
-ologist	*archaeologist, biologist*		
-ous	*numerous, mountainous*		

Ejercicio 2: Rellena los espacios en blanco con la consonante o terminación adecuada.

ten_____ión   antropó_____   dimen_____ión

percu_____ión   homena_____e   distribu_____ión

pasa_____e   men_____ión   filó_____

cosmetólo_____   trac_____ión   geolo_____

Los homófonos: *así* y *a sí*; *así mismo*, *a sí mismo* y *asimismo*

¡A ver qué tanto sabes ya!

Estudia la siguiente tabla y rellena los espacios en blanco en las oraciones a continuación con uno de estos términos.

así	this way, like that, so, as
a sí (mismo/a)	(to) himself/herself
así mismo	just like this (that)
asimismo	likewise, in like manner (used as a connector in writing)

1. No se hace _____.

2. El que no se conoce bien _____ nunca será feliz.

3. Lo hizo _____ como se reportó en el periódico.

4. El dictador sólo se escucha _____.

5. Entrégalo _____, ya que está perfecto.

6. Hoy en día son pocas las personas que ahorran dinero para su jubilación. _____ son pocos los que tienen un testamento.

7. ¡_____ que quieres ser traductor! Vas a tener que estudiar mucho.

Quisqueya la Bella: La República Dominicana

A conocer la República Dominicana

El esclavo soporta su suerte
Aunque oprobia su triste vivir,
Pero el libre prefiere la muerte
Al oprobio de tal existir.

(*Juan Pablo Duarte, padre de la República Dominicana*)

Para comenzar...

Lectura 4

La República Dominicana: Una breve historia

Al mirar el calendario de la República Dominicana, notamos mes a mes un sinnúmero de fechas patrióticas. Mientras algunos creen que esto es producto del amor de los dominicanos por la fiesta, resulta que realmente éste es un país con mucha histo-

Source: http://www.dominicana.com.do/

ria. Celebraciones como el cumpleaños de Juan Pablo Duarte y el Día de la Restauración señalan un pasado turbulento donde ahora sólo existe un tranquilo retiro tropical.

La República Dominicana fue descubierta por Cristóbal Colón el 5 de diciembre de 1492 durante su primer viaje al Nuevo Mundo. En ese momento la isla de La Española (como la denominó Colón) era llamada "Quisqueya" por los indios taínos que la habitaban. Con una población estimada de alrededor de 600.000 habitantes, los taínos (que significa "los buenos") fueron pacíficos y hospitalarios con Colón y su tripulación de españoles. Colón mismo cultivó una afición por La Española, al describirla en su diario como "una bella isla paradisíaca con altas montañas boscosas y grandes valles y ríos".

La isla de La Española permaneció bajo control español hasta 1697 cuando la parte occidental de la isla se convirtió en una posesión francesa. (En 1804, la parte occidental se transformó en la República de Haití). Esta área, que los franceses llamaban "Saint Domingue", devino la colonia más rica en el mundo gracias a las grandes plantaciones de azúcar en las cuales trabajaban cientos de miles de esclavos traídos de África. En 1791 una revuelta esclava tuvo lugar en Saint Domingue. Por temor a perder su colonia en manos esclavas, los franceses abolieron la esclavitud en 1794. Con la calma de Saint Domingue, los franceses pudieron concentrarse en reducir a los españoles al lado oriental de la isla, quienes posteriormente terminaron perdiendo el poder.

En 1809 la parte oriental de la isla regresó al dominio español. En 1821 las poblaciones españolas declararon un estado independiente pero luego, semanas más tarde, las fuerzas haitianas invadieron la parte oriental de la isla, asumiendo a Santo Domingo como suya. En los próximos 22 años la isla entera estuvo bajo el control haitiano. Sin embargo, impulsados por la pérdida de control político y económico, la antigua clase dirigente española desarrolló un grupo de resistencia clandestina dirigido por Juan Pablo Duarte, llamado "La Trinitaria". Luego de varios ataques de La Trinitaria contra el ejército haitiano, éstos se retiraron. El 27 de febrero de 1844, la parte oriental de la isla declaró su independencia y tomó el nombre de "República Dominicana".

Los 70 años que siguieron se caracterizaron por descontentos y guerras civiles, debido principalmente a la lucha por el liderazgo entre los dominicanos más fuertes. Las disputas continuaron con Haití y el poder regresó a España por un corto período (el Día de la Restauración celebra el día en que comenzó la guerra nacional de "restauración", que reestableció la independencia de la República Dominicana en 1865).

La confusión de los tardíos años de 1900 condujo a la intervención norteamericana. En 1916 las tropas de Estados Unidos ocuparon el país y permanecieron hasta 1924 cuando un gobierno dominicano fue democráticamente elegido. Sin embargo, la cabeza del ejército durante la ocupación americana, Rafael Leonidas Trujillo, utilizó su poder para bloquear las reformas gubernamentales y tomar control posteriormente del poder absoluto, en forma de una represiva dictadura. Su gobierno duró hasta 1961 cuando su caravana presidencial fue emboscada y él resultó muerto. (El aniversario de su muerte es un día feriado público en la República Dominicana.)

Luego de la muerte de Trujillo, continuó la agitación política. La República Dominicana tuvo una serie de líderes hasta que en 1965 Lyndon B. Johnson ordenó que la marina de Estados Unidos ocupara el país. Unas elecciones fraudulentas llevadas a cabo en 1966 colocaron en el poder al Dr. Joaquín Balaguer, un miembro del Partido Revolucionario Dominicano, cuyo régimen perduró hasta 1978, cuando los dominicanos eligieron a Antonio Guzmán, también del PRD. Guzmán murió en 1982 y los dominicanos eligieron a otro miembro del PRD. En 1986 Balaguer fue electo nuevamente, ésta vez de modo legítimo, y permaneció como presidente hasta 1996 cuando fue elegido presidente Leonel Fernández (del Partido Dominicano de Liberación o PLD). Él gobernó durante cuatro años y fue reemplazado por Hipólito Mejía en el 2000.

Actualmente Leonel Fernández es el presidente. Su nuevo período, que comenzó en 2004, durará cuatro años.

¡A ver qué aprendiste!

¿Qué pasó en la lectura? Contesta las preguntas siguientes sobre la lectura.

1. ¿Cómo se llama la isla en la que el país se sitúa? ¿Cómo se llamaba antes de la llegada de Colón?
2. ¿Cuál es el otro país con que comparte la isla?
3. ¿Quiénes fueron los primeros habitantes de la isla?
4. ¿Qué poderes extranjeros han ocupado el país militarmente a través de su historia?
5. ¿En qué capacidad llegaron los africanos a la isla?
6. ¿Qué sucedió en 1844?
7. ¿Cuáles fueron las causas de la inestabilidad política en el siglo veinte?
8. ¿Qué se celebró en la nación en el año 1996?

¡Vamos más allá! Escribe una oración para acompañar a cada una de estas fotos de la República Dominicana. Puedes modificar frases de la lectura o crear tus propias frases.

El arte rupestre de la República Dominicana

Catedral Metropolitana de Santa María de la Encarnación

Bella playa dominicana

Exploraciones

Exploraciones etnográficas: La República Dominicana

Parte I: Explora los recursos de la red para aumentar tus conocimientos sobre la República Dominicana. Compara tus respuestas con las de tus compañeros de clase.

1. Capital: _____

2. Número de provincias: _____

3. Moneda nacional: _____

4. Fiesta(s) patria(s): _____

5. Jefe de estado y de gobierno: _____

6. Partidos políticos: _____

7. Industrias principales: _____

8. Tamaño de la población: _____

9. Deporte nacional: _____

10. Salario anual promedio: _____

Parte 2: Ahora, busca la misma información para EE.UU. ¿Qué diferencias existen entre los dos países? ¿Qué tienen en común?

Exploraciones lingüísticas: "Ojalá que llueva café"

Juan Luis Guerra es uno de los cantautores más célebres de la República Dominicana. Su música está arraigada en la cultura dominicana: en particular en su historia, tradiciones y lengua. A continuación hay un fragmento de su canción "Ojalá que llueva café". Las palabras subrayadas son típicas del léxico dominicano. ¿Cuál es la idea que expresa Guerra mediante esta canción?

> Ojalá que llueva café en el campo
> que caiga un aguacero de yuca y té
> del cielo una <u>jarina</u> de queso blanco
> y al sur una montaña de berro y miel
> oh, oh, oh-oh-oh, ojalá que llueva café

llovizna ligera

> Ojalá que llueva café en el campo
> peinar un alto cerro (d)e trigo y <u>mapuey</u>
> bajar por la colina de arroz graneado
> y continuar el arado con tu querer
> oh, oh, oh-oh-oh . . .

un tubérculo que se utiliza en el sancocho

> Ojalá el otoño en vez de hojas secas
> vista mi cosecha de <u>pitisalé</u>
> sembrar una llanura de <u>batata</u> y fresas . . .

tocino de carne

un tubérculo dulce; en Cuba se conoce como boniato

parcela de tierra (del taíno)/
hombre

un municipio de la RD

Pa(ra) que en el <u>conuco</u> no se sufra tanto, ay <u>ombe</u>
ojalá que llueva café en el campo
pa que en <u>Villa Vásquez</u> oigan este canto
ojalá que llueva café en el campo
ojalá que llueva, ojalá que llueva, ay ombe
ojalá que llueva café en el campo

Testimonios y trasfondos

¡Vivan las Mariposas!: Las hermanas Mirabal y la revolución política

Para comenzar...

El obelisco

Un Canto a la Libertad, obelisco de 137 pies, fue inaugurado el 8 de marzo de 1997, Día Internacional de las Mujeres. En él se ven imágenes de la vida de las hermanas Mirabal.

Un Canto a la Libertad, Santo Domingo

Sobre la lectura

Por su valiente oposición a la dictadura de Rafael Leonidas Trujillo, Patria, Minerva y María Teresa (Mate) Mirabal son emblemas contemporáneos de la libertad política. Nacidas en Ojo de Agua, un pueblo pequeño en la provincia de Salcedo, las hermanas Mirabal son conocidas como "las Mariposas" por ser éste el seudónimo que Minerva utilizaba en sus actividades políticas clandestinas en contra de la dictadura brutal de Trujillo (1930–1961). Como cientos de otros dominicanos durante aquel período, las hermanas Mirabal fueron perseguidas, encarceladas e interrogadas varias veces por causa de la amenaza que su oposición representaba para el régimen de Trujillo. El 25 de noviembre de 1960, fueron brutalmente asesinadas mientras regresaban de una visita con sus esposos, quienes en aquel momento estaban encarcelados en una fortaleza lejos del pueblo hogar de la familia. Hoy día, en honor a las Mariposas, el 25 de noviembre es la fecha en que se conmemora el Día Internacional de la No Violencia Contra la Mujer en Latinoamérica y el Caribe. En 1994, Julia Alvarez, la autora dominicana que estudiamos al principio del capítulo, escribió una novela basada en la historia de las hermanas Mirabal que se titula *In the Time of the Butterflies*. Esta novela conmovedora ha sido traducida al español con el título *En el tiempo de las Mariposas*.

En reacción al asesinato de las hermanas Mirabal, Pedro Mir, poeta nacional dominicano, compuso "Amén de Mariposas", un poema largo y elocuente que describe este acto horroroso y lo que éste significa en cuanto al carácter del ser humano en general. Aquí tienes un fragmento del poema.

Antes de leer: Estrategias

"Amén de Mariposas" es un poema de un nivel de dificultad elevado. Antes de iniciar una lectura de este tipo, es convenible **familiarizarse con la información y el lenguaje** que se presentan. Fíjate bien en las palabras clave, así como en otras que no conozcas. Vuelve a leer el párrafo anterior para familiarizarte con los acontecimientos históricos en torno a las hermanas Mirabal. ¿Quiénes fueron estas mujeres? ¿Cómo y por qué murieron? Si tienes tiempo, busca más información en la red.

Lectura 5
"Amén de Mariposas" por Pedro Mir

Cuando supe que tres de los espejos de la socieded
tres respetos del abrazo y orgullo de los hombres
tres y entonces madres
        y comienzo del día
      habían caído
      asesinadas
      oh asesinadas

looms — a pesar de sus <u>telares</u> en sonrisa
río pequeño — a pesar de sus abriles en <u>riachuelo</u>
      a pesar de sus neblinas en reposo
(y todo el día lleno de grandes ojos abiertos)
      roto el cráneo
hecho pedazos — <u>despedazado</u> el vientre
rezo — partida la <u>plegaria</u>
      Oh asesinadas
comprendí que el asesinato como bestia incendiada por la cola
      no se detendría ya
      ante ninguna puerta de concordia
      ante ninguna persiana de ternura
threshold; balcón — ante ningún <u>dintel</u> ni <u>balaustrada</u>
      ni ante paredes
      ni ante rendijas
escalofrío violento — ni ante <u>paroxismo</u>
padre y madre — de los <u>progenitores</u> iniciales
porque a partir de entonces el plomo perdió su rumbo
categoría social — y el sentido su <u>rango</u>
      y sólo quedaba en pie
      la Humanidad
emplazada a durar sobre este punto
      escandaloso
      de la inmensidad
      del Universo
Supe entonces que el asesinato ocupaba el lugar
      del pensamiento
      que en la luz de la casa
ajustarse / acostumbrarse — comenzaba a <u>aclimatarse</u>
salvaje — el puerco <u>cimarrón</u>
      y la araña peluda

Source: Mir, Pedro. *Amén de Mariposas.* Santo Domingo, R.D.: Nuevo Mundo, 1969

que la lechuza se instalaba en la escuela
que en los parques infantiles

<glossary>alojaba; *ferret*</glossary> se aposentaba el hurón
y el tiburón en las fuentes

<glossary>*gear*</glossary> y engranaje y puñal

<glossary>*stump*</glossary> y muñón y muletas
en los copos y de la cuna

<glossary>redonda; plena</glossary> o que empezaba entonces la época rotunda
del bien y del mal
desnudos
frente a frente

<glossary>amenazados con</glossary> conminados a una sola
implacable definitiva
decidida victoria
muerte a muerte

¡A ver qué aprendiste!

¿Qué pasó en la lectura? Contesta las siguientes preguntas sobre el poema.

1. ¿Cuál es el tema principal del poema? Intenta resumirlo en una sola frase.
2. ¿Cuáles son las emociones que en su conjunto constituyen el tono del poema? ¿Cuáles versos o palabras o imágenes representan estas emociones?
3. El poema presenta imágenes muy perturbadoras. ¿Cuáles son algunas de estas imágenes? ¿Qué propósito tienen estas imágenes?
4. A lo largo del poema, se nota que ciertas palabras y frases se repiten múltiples veces. ¿Para qué sirve esta repetición? ¿Cómo contribuye a la comunicación del mensaje del poeta?

¡Vamos más allá! La película *In the Time of the Butterflies* es una adaptación de la novela de Julia Álvarez que recoge la historia de las hermanas Mirabal. Alquila el DVD y mira la película en español. Contesta las siguientes preguntas.

1. ¿Qué hace que Trujillo se fije en Minerva Mirabal?
2. ¿Qué incidente lleva a que el padre de Minerva acabe en la cárcel?
3. ¿Cómo hace Minerva para poder estudiar derecho?
4. ¿Cómo y cuándo se incorpora Minerva a la lucha contra la dictadura de Trujillo?
5. ¿Cómo acaban Minerva, sus hermanas y sus maridos en la cárcel?
6. ¿Cómo mueren las hermanas Mirabal?
7. Las hermanas Mirabal se convierten en un símbolo para el pueblo dominicano. Como símbolo, ¿qué representan ellas?
8. Usa cinco adjetivos descriptivos para cada uno de estos personajes, según se presentan en la película: Trujillo, Minerva Mirabal, Manolo Tavárez Justos (marido de Minerva), los pobres, las clases privilegiadas.

¡Sí se puede!

OPCIÓN 1: **Reescríbelo en Spanglish**

Busca una poesía, canción o escrito corto en español o inglés y reescríbelo en Spanglish —es decir, vuélvelo a escribir mezclando el inglés y el español para representar el lenguaje de latinos en EE.UU. Considera cuidadosamente cómo puedes combinar el vocabulario y las estructuras gramaticales de las dos lenguas para comunicar una idea o impresión.

OPCIÓN 2: **El ensayo personal**

Redacta un ensayo personal al estilo del ensayo de Jadrien. Antes de empezar, haz una lista de datos personales tuyos que te interesa presentar. Haz otra lista de los aspectos de tu personalidad que quieres destacar. ¿Hay una anécdota que te sirva al respecto? Además, incluye algo sobre tus metas o expectativas para el futuro. Como se trata de producir un escrito informal, puedes usar un lenguaje conversacional y hacer uso de palabras o expresiones sueltas en inglés como técnica estilística.

Rellena el esquema a continuación y organiza tu ensayo en base a él.

Datos personales a incluir:

_____

_____

Aspectos de la personalidad a destacar:

_____

_____

Anécdota(s):

_____

_____

Metas, expectativas, sueños para el futuro:

_____

_____

Niños cubano-americanos jugando al fútbol

De aquí y de allá

Los cubanos en EE.UU.

Metas
En este capítulo vamos a:

a. **explorar varios aspectos de la cultura e historia de Cuba y de los cubanos en EE.UU.** *(Orgullo cultural, meta 1)*

b. **investigar las experiencias de las diferentes generaciones de inmigrantes latinos a EE.UU.** *(Orgullo cultural, meta 2)*

c. **practicar con diferentes formatos visuales para representar y organizar información.** *(Estrategia de lectura y de escritura, meta 1)*

d. **practicar la identificación (en una lectura) y la redacción (en ejercicios de escritura) de la oración temática.** *(Estrategia de lectura y de escritura, meta 2)*

e. **estudiar el uso de los artículos y las preposiciones.** *(Gramática, meta 1)*

f. **estudiar los orígenes históricos del español y su relación con otras lenguas neolatinas.** *(Gramática, meta 2)*

g. **analizar la influencia del inglés en el vocabulario del español.** *(Registro)*

h. **establecer más correspondencias ortográficas entre el inglés y el español y distinguir más homófonos.** *(Ortografía)*

i. **usar la lectura rápida para localizar las respuestas a ciertas preguntas.** *(Estrategia de lectura, meta 3)*

j. **redactar una entrevista.** *(Estrategia de escritura, meta 3)*

Identidades

La cultura cubana en EE.UU.

Piénsatelo

Tres generaciones de cubano-americanos

Palabras clave

ancestrales	de los ancestros, relacionado con el pasado
compromiso	*commitment*
mantenimiento	preservación, *maintenance*

> Puedo afirmar, basada tanto en mis estudios como en los de otros investigadores, que en general, las actitudes de los hispanos hacia el <u>mantenimiento</u> del español y la cultura hispana son positivas. Estos actos de lealtad entran en conflicto, sin embargo, con la falta de <u>compromiso</u> demostrado cuando se trata de hacer algo concreto por la lengua y la cultura <u>ancestrales</u>.

(Carmen Silva Corvalán, profesora de lingüística de la Universidad del Sur de California, USC)

Paso 1: ¿Estás de acuerdo con la profesora Silva Corvalán en cuanto al valor positivo que según ella muchos hispanos le conceden al mantenimiento del español y la cultura hispana? ¿Crees que el español sea una lengua de prestigio en EE.UU.? Justifica tu respuesta.

Paso 2: ¿Es importante para ti que tus hijos algún día conozcan la cultura latina y la lengua española? ¿Por qué sí o no? En una escala del uno al cinco, ¿qué tan alto es tu grado de compromiso con tu lengua y cultura? Concretamente, ¿qué estás dispuesto a hacer para mantener tu lengua y cultura ancestrales tanto en tu vida personal como en la sociedad americana?

Testimonios y trasfondos

Gustavo Pérez Firmat

Para comenzar...

Gustavo Pérez Firmat

Sobre el autor y su obra

Gustavo Pérez Firmat nació en La Habana en 1949 y se trasladó con su familia a Miami a la edad de once años. Hoy en día, Pérez Firmat es profesor de literatura hispanoamericana en la Universidad de Columbia, poeta y novelista de renombre internacional. En 1994, *El año que viene estamos en Cuba* recibió el prestigioso premio Eugene M. Kayden University Press National Book Award. Pérez Firmat ha sido reconocido por la revista *Hispanic Business* como uno de los 100 hispanos de mayor influencia en EE.UU.

Sobre la lectura

En este capítulo vas a leer parte del prólogo de una novela titulada *El año que viene estamos en Cuba*. Escrito y publicado primero en inglés (*Next Year, Cuba*), este libro fue traducido al español por su propio autor, Gustavo Pérez Firmat. El curioso título de esta obra se basa en un brindis (y esperanza) con el cual la familia del autor acostumbraba a despedir el año viejo en Miami, Florida. Con esta novela, Pérez Firmat intenta reconciliar sus raíces cubanas con las tradiciones de su tierra adoptiva, Estados Unidos. Así pues, el libro representa una exploración de la identidad bilingüe y bicultural del autor, con todas las contradicciones y afirmaciones que tal trayectoria conlleva.

En la lectura a continuación, el autor explica lo que significa para él ser miembro de la generación "uno y medio", grupo que, según él, define a aquellos inmigrantes que no pertenecen enteramente a ninguna de las dos culturas que los define.

Antes de leer: Estrategias

Identificar la *oración temática*: La siguiente lectura presenta conceptos algo abstractos y complicados. Una buena manera de abordar este tipo de lectura es hacer nota de la(s) oración(es) que captan la idea principal. En el caso de esta lectura, las dos primeras oraciones resumen las ideas que el autor intenta abordar a lo largo de su presentación. ¿Qué dos conceptos se introducen en estas oraciones? ¿Qué términos vas a tener que comprender para captar el significado de la segunda oración?

En cada párrafo, Pérez Firmat avanza las ideas de estas dos oraciones, describiendo a las diferentes generaciones en su familia. ¿Qué generación se describe en cada párrafo? Escribe la letra *p* en el margen en cada lugar donde encuentres información sobre los padres del autor. Marca la información sobre sus hijos usando la letra *h* y la información sobre el autor mismo con la letra *a*.

Palabras clave

Rellena los espacios a continuación con la palabra o frase subrayada de la lectura que corresponda en significado a cada definición.

_____ formados, fabricados

_____ con raíces

_____ falta de raíces

_____ falta de cariño o respeto

_____ falta de interés, distancia emocional

_____ el cambio de un lugar a otro

_____ se desaparecen lentamente

_____ causado algún efecto o cambio

_____ formados por elementos diferentes

_____ que no se puede tocar

_____ sobrenombre, apodo

_____ marca cubana de puros o tabacos

_____ movimiento para atrás

_____ por todas partes

_____ lazos que unen a una persona a algo o a alguien

_____ experiencias vividas

Lectura 1
El año que viene estamos en Cuba

por Gustavo Pérez Firmat (Fragmento)

Introducción

El biculturalismo no es ni una bendición, como dicen algunos, ni una maldición, como dicen otros: es una contradicción. Biculturalistas de naturaleza, los miembros de la generación "uno y medio" ocupan una posición intermedia que los singulariza. Pero los singulariza al hacerlos plural, al convertirlos en hombres híbridos y mujeres múltiples. A mi padre, por ejemplo, no le queda más remedio (y más consuelo) que ser cubano. Sus treinta y tantos años de residencia en este país casi no han hecho mella en sus costumbres criollas. Domina el inglés algo mejor que cuando llegó, pero todavía siente hacia los americanos esa mezcla de incomprensión, admiración y desdén que siempre lo caracterizó. El hecho de que mi madre y todos sus hijos y nietos son ciudadanos americanos no parece haber disminuido su desapego de la cultura de este país. Mi padre nunca será americano, y no le hablen de solicitar la ciudadanía, porque se enfada. A pesar de que dentro de unos años va a haber vivido más tiempo en Miami que en Marianao, sigue tan poco asimilado ahora como ese día en octubre en 1960, cuando se bajó del *ferry* en Cayo Hueso. Puede ser "residente permanente" de Estados Unidos, pero seguirá siendo ciudadano eterno de Cuba.

Mis hijos, que nacieron en este país de padres cubanos, y a quienes he sometido a fuertes dosis de cubanía, son americanos por los cuatro costados. Igual que mi padre no puede ser "rescatado" de su cubanía, ellos no pueden ser "rescatados" de su americanidad. Aunque pertenecen a la denominada "Generación ABC" (*American-Born Cubans*), son cubanos sólo en nombre, o mejor dicho, en apellido. Un <u>mote</u> más justo sería "Generación CBA" (*Cuban-Bred Americans*), ya que ellos mantienen <u>vínculos</u> con Cuba, pero son <u>vínculos</u> forjados por las <u>vivencias</u> de sus padres y sus abuelos, y no por experiencia propia. Para David y Miriam, que actualmente tienen diez y trece años, la tierra donde yo nací es como el humo de los tabacos de su abuelo—<u>ubicua</u> pero <u>impalpable</u>.

Como mi padre, yo también fumo tabacos, pero en vez de comprarlos por caja en una tabaquería de Miami, los compro uno a uno en la tienda de un melenudo "tabaquista" de Chapel Hill. Si fumar tabacos es un índice de cubanía, soy cubano a medias, puesto que sólo fumo dos o tres veces a la semana después de la comida. Mientras mis hijos ven sus programas favoritos de televisión —*Step By Step* o *Seinfeld*— yo prendo mi <u>Partagás</u> y contemplo cómo mis raíces <u>se desvanecen</u> en el aire. Fumando espero—mas no sé qué. Si para mi padre Cuba es un peso pesado, y para mis hijos es una ficción feliz, para mí Cuba es una posibilidad. Al estar <u>arraigado</u> tanto en Cuba como en Estados Unidos, pertenezco a un grupo de exiliados que podría genuinamente escoger si regresar o no. Mi padre no tiene esa opción, de cierta manera, nunca abandonó la isla. Él sueña con un regreso irrealizable, porque más que regreso es <u>retroceso</u>. Mis hijos tampoco pueden volver, porque no es posible regresar a un lugar donde nunca han vivido. A mi hijo le agrada decirles a sus amigos que él es cubano, pero David sólo puede afirmar su cubanía en inglés. <u>Acuñados</u> entre la primera y la segunda generación, aquellos que pertenecen a la generación intermedia comparten la nostalgia de sus padres y el olvido de sus hijos. Para nosotros, volver es también irnos. Se nos ha llamado una generación puente; yo añadiría que con igual justeza se nos podría llamar una generación abismo.

Estas diferencias entre las diversas generaciones en mi familia me pesan y me apasionan. Quisiera buscarles solución de continuidad, poder afirmar que existen valores, actitudes, afectos, normas de conducta que transcienden <u>desplazamientos</u> y <u>desarraigos</u>. Para mí las cosas tienen sentido sólo cuando encuentro maneras de vincular a mis padres con mis hijos, y maneras de vincularme yo con ellos.

¡A ver qué aprendiste!

Paso primero: ¿Qué pasó en la lectura? Contesta las siguientes preguntas sobre la lectura.

1. ¿Quiénes en la familia Pérez Firmat pertenecen a la primera generación? ¿Y a la segunda generación? ¿A qué generación pertenece el autor?
2. ¿Qué sentimientos tiene el padre del autor hacia los norteamericanos? Haz una lista de las palabras que el autor emplea al hablar de estos sentimientos.
3. ¿Qué experiencia tienen David y Miriam con Cuba? ¿De dónde proviene el conocimiento que ellos tienen sobre este país?
4. ¿Le gusta a David ser cubano-americano?

5. ¿Por qué considera el autor que sus hijos son americanos "por los cuatro costados"?
6. ¿Por qué tiene interés el autor en comprender las diferencias entre las diversas generaciones de su familia?

Paso segundo: La lectura, la vida y tú. Pérez Firmat afirma: "Para mí las cosas tienen sentido sólo cuando encuentro maneras de vincular a mis padres con mis hijos, y maneras de vincularme yo con ellos".

¿Son importantes para ti los vínculos generacionales? Entrevista a uno de tus padres, abuelos, tíos, etc. en cuanto a aquellas cosas de su país de origen que más nostalgia le causan. De la misma manera, pídele a esta persona que te explique qué aspectos de su cultura nativa se le han hecho fácil de abandonar u olvidar.

¿Es el biculturalismo para esta persona una bendición, una maldición, una contradicción o una combinación de las tres? Compara las respuestas de tu familiar con las tuyas. ¿Qué semejanzas y diferencias encontraste? Comparte los resultados de tu trabajo con dos o tres compañeros de clase.

Paso tercero: La lectura y la lengua. Lee la siguiente cita de Jorge Ramos. Con dos o tres compañeros de clase, haz una comparación de las ideas de Ramos con las de Pérez Firmat. ¿Cuál es la oración temática en el escrito de Ramos y cómo se compara y contrasta con la de Pérez Firmat? Cada grupo debe elegir un(a) secretario(a) que apunte los comentarios del grupo para resumirlos ante la clase.

> Los gestos de mis abuelos, las expresiones de mi padre, los cuentos de mi madre, las sobremesas interminables en casa de mi abuelo Miguel, la presencia ausente de Consuelo, en otras palabras, mi pasado y mi punto de partida están reflejados en mi acento. Puede ser que nunca logre hablar el inglés sin los lastres de mi acento en español. No me importa. Mi acento son las huellas y cicatrices; marcho contento y llevo la maleta bien cargada.

(Jorge Ramos, La ola latina, *p. 121)*

Lluvia de ideas

Paso 1: Como miembro de la generación "uno y medio", Pérez Firmat afirma que él "comparte la nostalgia de sus padres y el olvido de sus hijos". Traza una línea vertical en un papel en blanco. A un lado de esta línea, haz una lista esquemática de aquellas cosas en tu herencia cultural por las cuales sientes nostalgia. Redacta otra lista al otro lado de la línea que incluya aquellas costumbres o nociones culturales de tu país latino de origen que bien no conoces en detalle o que has abandonado u olvidado. Al formar tus dos listas considera los siguientes temas: la familia, la religión, las relaciones entre los hombres y las mujeres, las fiestas, la vida cotidiana, los niños, las personas mayores, el rol de la mujer, el rol del hombre, la música, la lengua, el honor, la comida, etc.

Comparte tus listas con tus compañeros de grupo con el fin de contestar la siguiente pregunta: ¿Es el biculturalismo bendición, maldición o contradicción? Justifica tu respuesta haciendo referencia a tus apuntes.

Paso 2: Ante la clase, los secretarios de cada grupo deben resumir los apuntes de la discusión, prestando especial atención a la conclusión del grupo en cuanto al valor (positivo o negativo) del biculturalismo. Una vez presentados los apuntes de cada grupo, la clase deberá formar su propia lista general de los aspectos de la cultura latina que más nostalgia causan a la mayoría de los estudiantes. Además, la clase recopilará una lista de aquellos aspectos de la cultura latina que la clase no conoce muy bien o no considera buenos. (Un/a estudiante de la clase deberá escribir los resultados de esta conversación en el pizarrón.)

Exploraciones

Exploraciones visuales: La representación de información
Paso 1: El árbol genealógico. Una manera de representar la relación entre los diferentes miembros de una misma familia es mediante el uso de un árbol genealógico. En tu opinión, ¿es esta representación visual una manera eficaz de presentar semejante información? ¿Por qué sí o no?

Entrevista a tus padres y otros familiares para recopilar información que te ayude a dibujar el árbol genealógico de tu familia. Además de incluir los nombres de los miembros de tu familia, añade información sobre la fecha y el lugar de nacimiento de la persona, así como cualquier otro dato que tengas a tu disposición. Presenta tu árbol genealógico a la clase.

Paso 2: Otros formatos de representación visual. La representación arbórea (en forma de árbol), es uno de varios formatos visuales que sirven para organizar información. Considera los formatos en la columna izquierda y decide cuál(es) se presta(n) a representar cada tipo de información mencionada en la columna derecha.

Formatos visuales	Tipo de información
un mapa	historia de EE.UU.
una escala del tiempo (*timeline*)	resultados de una encuesta
un esquema escrito (*outline*)	datos personales
un dibujo	cómo llegar a tu casa
un gráfico o una tabla	cualidades comunes y diferentes entre hombres y mujeres
un diagrama Venn	pasos a seguir para inscribirse en la universidad
una planilla	contenido de una lectura
un diagrama de flujo (*flow chart*)	cómo doblar un avión de papel

Exploraciones culturales: La comunidad cubana en EE.UU.

Profundiza tus conocimientos sobre los cubano-americanos mediante esta breve prueba.

1. ¿Qué porcentaje de la población de latinos en EE.UU. es de origen cubano?
   a. 11.5%
   b. 3.5%
   c. 1%
   d. 21%

2. ¿Qué porcentaje total de la comunidad cubano-americana vive en el condado de Miami-Dade?
   a. 20%
   b. 80%
   c. 52%
   d. 15%

3. ¿En qué año comenzó la ola de inmigración cubana a EE.UU.?
   a. 1959
   b. 1970
   c. 1942
   d. 1981

4. ¿Qué porcentaje de los cubano-americanos de segunda generación tiene un diploma universitario? (El porcentaje de americanos blancos en esta categoría es de 20.6%.)
   a. 37.8%
   b. 26.1%
   c. 19%
   d. 13.2%

5. Moros y cristianos es...
   a. una de las obras más famosas de la literatura cubana.
   b. un plato típico cubano que consiste en frijoles negros y arroz blanco.
   c. un antiguo barrio de La Habana.
   d. una canción cubana que relata la historia de España.

6. ¿Cuántos balseros salieron de Cuba entre 1994 y 1995?
   a. 32.385
   b. 20.190
   c. 12.431
   d. 3.589

¡Vamos más allá! La Universidad de Miami tiene un excelente archivo digital de la crisis de los balseros de 1994–1995. Después de explorar el **Online Study Center** prepara un breve resumen sobre este hecho histórico. Además puedes alquilar la película *Los balseros,* la cual fue nominada para un Óscar en el año 2002.

Cubanos a bordo de una precaria balsa

Nuestra herencia lingüística

Para comenzar...

Antes de leer: Estrategias

La lectura rápida (*Skimming*): Como lo indica su nombre, nuestra lengua, el español, proviene de España. Sin embargo, esta lengua tiene sus raíces en Roma, capital del imperio romano. Además, el vocabulario del español actual está formado de miles de palabras que se originaron en otras lenguas. ¿Cuáles son estas lenguas? ¿Cómo llegó el latín a la Península Ibérica y cómo evolucionó después de su llegada? ¿Dónde nació el español? Estas y otras cuestiones constituyen la base de la siguiente lectura.

Cada párrafo de la siguiente lectura contesta una o más de estas preguntas. Lee cada párrafo muy rápidamente para determinar qué pregunta(s) se contestan en él. Subraya la(s) oración(es) donde se encuentra la información que contesta cada pregunta.

Antiguo manuscrito español

Palabras clave

Rellena los espacios a continuación con la palabra o frase subrayada de la lectura que corresponda en significado a cada definición.

_____ aumentado, hecho mayor

_____ dado, contribuido

_____ se crecen, se forman

_____ eliminar, echar a un lado

_____ personas que tienen mucho conocimiento

_____ sin planeamiento

_____ el que hereda o recibe algo de un pariente

_____ que pertenece al vocabulario

_____ originales, nativas

_____ forma, manifestación

_____ que tiene inclinación a algo

Lectura 2
Nuestra herencia lingüística

Al igual que los seres humanos, las lenguas muestran vínculos familiares que se extienden por muchas generaciones. Las lenguas nacen, se desarrollan y, en algunos casos, hasta se reproducen y mueren. Nuestra lengua, el español, es "hija" del latín, lengua que hablaban los romanos, y "hermana" de lenguas tales como el francés, el italiano, el portugués y el rumano, las cuales también se desarrollaron del latín.

El español nació unos doscientos años antes de Cristo, cuando los romanos conquistaron la Península Ibérica (la actual España y Portugal). Con ellos llegó el latín, que por ser la lengua de una rica y elevada civilización, acabó por desplazar las hablas oriundas al territorio ibérico en todas partes menos en la región que hoy en día se conoce como País Vasco. Como en aquel entonces eran pocas las personas que sabían leer y escribir, la gran mayoría de la gente hablaba lo que se conoce por latín vulgar, lo cual no era otra cosa que una versión del latín sin modalidad escrita. Al no escribirse, el latín vulgar era mucho más susceptible a cambios espontáneos que el latín clásico, la lengua de los eruditos. Mientras esta última tenía su gramática y vocabulario estrictamente codificados, el latín vulgar variaba mucho según la zona donde se hablaba. Con el pasar del tiempo, cada población fue hablando el latín vulgar a su propio modo, inventando palabras cuando surgía la necesidad, eliminando y cambiando sonidos y alterando formas verbales.

En el norte de la actual provincia de Burgos, en la zona llamada Castilla la Vieja, se desarrolló un dialecto que por circunstancias históricas favorables llegó a convertirse en la variedad del latín que predominó en el territorio español. Este dialecto se conoce hoy en día por *español* o *castellano*. Sin embargo, el español no es el único heredero lingüístico del latín que se habla actualmente en el territorio español. España tiene cuatro lenguas oficiales: el español, el catalán, el gallego y el vasco. De éstas, todas menos el vasco provienen del latín.

Como lengua neolatina o romance, la mayoría de las palabras del vocabulario español provienen directamente del latín. Sin embargo, muchas otras lenguas han también enriquecido el vocabulario español. Por ejemplo, cientos de palabras árabes relacionadas con el comercio, la construcción y las ciencias fueron incorporadas al español durante la ocupación musulmana de la Península Ibérica del siglo VIII al XVI. A través de los siglos, el francés, el italiano, el griego y las lenguas germánicas han también ampliado nuestro caudal léxico, al igual que algunas lenguas nativas al continente americano, entre ellas el quechua, el tupí-guaraní y el náhuatl. Más recientemente, el inglés es la lengua que más palabras ha aportado al español, particularmente en el campo de los medios de comunicación, la moda, los negocios, las ciencias y los deportes.

¡A ver qué aprendiste!

Paso primero: ¿Qué pasó en la lectura? Contesta las siguientes preguntas sobre la lectura.

1. ¿De qué lengua proviene el español? ¿Cómo llegó esta lengua a la Península Ibérica?

2. ¿En qué se diferenciaba el latín vulgar del clásico?
3. ¿En qué zona de Iberia se originó el castellano?
4. Además del latín, ¿qué lenguas han contribuido al vocabulario del español?
5. ¿Por qué hay tantas palabras de origen árabe en el español?

Paso segundo: Análisis de la lectura. Comenta las siguientes preguntas con dos o tres compañeros de clase.

1. Por regla general, el título de una lectura sirve para destacar su tema principal. ¿Cuál(es) de los siguientes títulos no sería(n) apropiado(s) para esta lectura? En tu opinión, ¿cuál sería el más justo? Justifica tu respuesta.
   a. La influencia de la lengua árabe en las lenguas de Iberia
   b. Los orígenes del español
   c. ¿Cómo nacen, se desarrollan y mueren las lenguas?
   d. La influencia de las lenguas extranjeras en el español: ¿perversión o bendición?

2. Así como el título de una lectura sirve para destacar su tema, la conclusión tiene como meta resumir las ideas principales que han sido presentadas. ¿Cuál(es) de las siguientes oraciones podría(n) servir de conclusión a esta lectura?
   a. En resumen, a diferencia del latín, el español nunca morirá, ya que son muchas las lenguas que han aportado a su rico caudal léxico.
   b. Así pues, el español pertenece a una amplia familia lingüística. Es por eso que nuestra lengua comparte tantas palabras con el francés, el italiano y el portugués.
   c. ¿Español o castellano? Como se ha visto, los dos términos tienen su base en el desarrollo histórico de nuestra lengua en la Península Ibérica.
   d. Para resumir, el español comparte sus orígenes latinos con lenguas tales como el francés, el portugués y el italiano. Sin embargo, éstas no son las únicas lenguas que han contribuido al vocabulario español. Muchas lenguas adicionales han enriquecido el español a través de su larga trayectoria histórica.

Paso tercero: La lectura y la lengua. Comenta las siguientes preguntas con dos o tres compañeros de clase.

1. En cierta forma, las lenguas romances se formaron por una "perversión" o "deformación" del latín. ¿Cómo se muestra esta deformación en la manera de expresar los números del uno al cinco en las siguientes lenguas romances? ¿Cómo se muestra también la relación genealógica (el parentaje) entre estas lenguas?

Latín	Español	Italiano	Francés	Portugués
Unus	uno	uno	un	um
Duo	dos	due	deux	dois
Tres	tres	tre	trois	tres
Quattuor	cuatro	quattro	quattre	quatro
Quinque	cinco	cinque	cinq	cinco

2. Como se menciona en la lectura, el español tiene palabras que provienen de muchas lenguas diversas. A continuación, hay una breve lista de palabras que provienen de algunas de estas lenguas. ¿Puedes suplir palabras adicionales a cualquiera de estas listas?

Árabe: almohada, algodón, azul, jabalí, jazmín, naranja, tarea, zanahoria
Francés: banquete, cartucho, desmayar, estuche, jamón, hotel, moda, pinzas
Griego: baño, cereza, cuchara, espada, monasterio, palabra, Pascua, talento
Lenguas germánicas: banco, espuela, fresco, guardar, jabón, rico, robar, tapa
Lenguas amerindias: aguacate, cacahuate, chocolate, jaguar, papa, puma, tiburón
Inglés: actuario, béisbol, boxeo, club, elepé, estándar, inflación, récord, robot

3. Actualmente, el inglés es la lengua que más palabras está aportando al español. ¿Se te ocurre por qué? ¿Consideras que el influjo de palabras del inglés en el español es algo positivo o negativo? Elabora tu respuesta.

El lenguaje en uso

Online Study Center

Registro

Los anglicismos

Entre otras cosas, el español de Estados Unidos se caracteriza por su uso elevado de anglicismos (palabras que provienen del inglés). Aunque algunas de estas palabras son de uso común en muchos países de habla hispana, otras no están bien vistas o simplemente se desconocen por completo. A continuación hay dos listas. La primera de éstas incluye términos del inglés que tienen cierta aceptación en el mundo hispano. La otra contiene términos que no se usan fuera de EE.UU. y que no forman parte del español estándar. ¿Hay otras palabras de origen inglés que puedas añadir a cualquiera de las dos listas?

   A. Palabras de origen inglés aceptadas en el mundo hispano: esprey, golf, béisbol, yóquey, video, show, club, loción, pijama, aeropuerto, aerosol, cibernética, colesterol, fobia, detergente, robot, polución, nailon, suspenso, suéter, anorak, bikini, champú, boom, marketing, inflación, pony, turismo, quántum, caqui, footing, acrílico, boicot, film, coctel, gánster

   B. Palabras de origen inglés no aceptadas en el español estándar: cash, espíquer, Crismas, populación, lonche, troca, yarda, bil, brecas, cuora, apoinmen, jaiescul, marqueta, mapear, friwey, raid, llamar para atrás, nursa, dropear, puchar, date (romantic), printer, mánacher

Busca en un diccionario bilingüe el término del español estándar que corresponde a cada una de las palabras de la lista B. ¿Conocías algunas de estas palabras?

Los cognados y los cognados falsos

El inglés y el español comparten ciertos cognados o palabras parecidas. A continuación, la lista A incluye ejemplos de este tipo de palabras. El inglés y el español también comparten ciertos cognados falsos. Estas son palabras que se parecen, pero significan cosas diferentes en las dos lenguas. Así pues, estas palabras pueden causar confusión en los bilingües. La lista B incluye ejemplos de este tipo de palabra. ¿Puedes añadir palabras a cada una de estas listas?

   A. Cognados: familia/*family*, imposible/*impossible*, información/*information*, intolerable/*intolerable*, legal/*legal*, enorme/*enormous*, navegación/*navigation*, matemáticas/*mathematics*, calendario/*calendar*, aire/*air*, actividad/*activity*, forma/*form (shape)*

B. **Cognados falsos:** registrar/*to register*, lectura/*lecture*, grosería/*grocery*,
librería/*library*, realizar/*to realize*, aplicar/*apply*, sujeto/*subject*,
audiencia/*audience*, ganga/*gang*, suceso/*success*, grados/*grades*, éxito/*exit*,
trasladar/*translate*, carpeta/*carpet*, conductor/*conductor*, funeral/*funeral*,
forma (formulario)/*form*

¡A ver qué aprendiste!

Ejercicio 1: Este ejercicio tiene como propósito ayudarte a evitar el uso de los
cognados falsos. Para cada par de oraciones, escoge el término que corresponde.
En caso de duda, consulta un diccionario.

1. librería, biblioteca

    a. ¿Dónde prefieres comprar tus libros, en una _____ tradicional,
    o por el Internet?

    b. La _____ de la universidad tiene una magnífica colección de
    manuscritos del medioevo.

2. realizar, darse cuenta

    a. El anciano no _____ de que lo habían engañado.

    b. Dice que no descansará hasta _____ todos sus sueños.

3. registrar, inscribirse

    a. Quiere _____ en la universidad pero no tiene manera de pagar
    la matrícula.

    b. La policía _____ a todas las personas que salieron del museo.

4. conductor, director

    a. Además de compositor, Leonard Bernstein fue _____ de
    algunas de las mejores orquestas del mundo.

    b. El _____ desvió el autobús y arriesgó su vida para salvar a sus
    pasajeros.

5. lectura, charla/conferencia

    a. La _____ del profesor fue sumamente larga y aburrida.

    b. Es importante que no esperes hasta el último minuto para comenzar la
    tarea, ya que la _____ es muy larga y difícil.

6. asistir, atender

    a. Nos _____ muy bien cuando volamos en primera clase.

    b. ¿Vas a _____ a la sesión de repaso para el examen?

7. forma, formulario

    a. La _____ del paquete nos hizo pensar que era un libro.

    b. Hay que rellenar el _____ antes de presentarse a la entrevista.

8. alfombra, carpeta

    a. Con tanto tráfico, es imposible mantener la _____ limpia.

    b. Pon todos los papeles juntos en la _____ manila.

9. aplicar, someter una solicitud

    a. La fecha límite para _____ a la universidad es el 30 de noviembre.

    b. Antes de _____ una mano de pintura, siempre es bueno pasar lija.

10. audiencia, público

    a. A pesar de que las reseñas fueron muy positivas, el _____ no quedó nada impresionado con su actuación.

    b. Pedimos una _____ con el embajador, pero no nos la dieron.

11. ganga, pandilla

    a. Muy frecuentemente, los jóvenes que forman parte de una _____ acaban en la cárcel.

    b. Sorprendentemente, el Mercedes resultó ser una _____, ya que no tuvimos que hacerle ninguna reparación por las primeras 100.000 millas.

12. suceso, éxito

    a. La definición del _____ es algo muy personal.

    b. Los _____ de los últimos días dejaron muy claro que el candidato no tenía condiciones de líder.

13. trasladar, traducir

    a. _____ a ciertos animales de un zoológico a otro es un proceso muy delicado y peligroso.

    b. En toda la escuela no hay nadie que pueda _____ la carta.

14. sujeto, asignatura/materia

    a. ¿Cuáles son las _____ a seguir para hacerse maestro de español?

    b. El testigo identificó al _____ cuando lo vio en corte.

15. grosería, bodega

    a. Hablar con la boca llena es una _____.

    b. Los dominicanos son dueños de muchas _____ en Nueva York.

16. notas/calificaciones, grados

    a. En su primer año de estudio en la universidad, sus _____ fueron bajas.

    b. ¿En qué _____ se estudia historia mundial?

Ejercicio 2: Por cada una de las palabras en la primera columna, escoge su traducción estándar en la segunda columna.

1. to register _____	a. lograr, hacer posible
2. lecture _____	b. solicitar
3. grocery _____	c. traducir
4. library _____	d. éxito
5. carpet _____	e. alfombra
6. apply for _____	f. pandilla
7. burial _____	g. notas, calificaciones
8. translate _____	h. matricularse, inscribirse
9. subject (matter) _____	i. bodega, mercado
10. audience _____	j. entierro
11. gang _____	k. biblioteca
12. success _____	l. salida
13. grades _____	m. tema, asignatura, materia
14. to realize _____	n. público
15. exit _____	o. conferencia, charla

Gramática

Clases de palabras: artículos y preposiciones

Al encontrar una mosca flotando en su sopa, un turista americano en Cuba llama al camarero y le dice —Señor, hay un mosco en mi sopa. Al lo cual el camarero responde —es una mosca, señor. Asombrado, el turista abre los ojos de par en par al contestarle al camarero —¡Caramba, qué buena vista tiene Ud.!

Artículos

Los **artículos** son palabras cortas que se colocan delante de los sustantivos para delimitarlos. Los artículos tienen género y número. En esta sección nos vamos a enfocar principalmente en los usos de los artículos que pueden causar confusión a los hablantes bilingües. En cada caso proveemos una comparación con el inglés para destacar las diferencias más importantes entre las dos lenguas con respecto al uso de los artículos.

Hay tres clases de artículos:

artículos definidos	el, la, los, las
artículos indefinidos	un, una, unos, unas
el artículo neutro	lo

El artículo definido se usa...

1. con conceptos abstractos.

   El amor es algo maravillo.   *Love is something marvelous.*
   La bondad humana tiene sus   *Human goodness has its limits.*
     límites.

2. con títulos o tratamientos de respeto (pero no al dirigirnos directamente a alguien).

   El Sr. Pérez está molesto.   *Mr. Pérez is upset.*
   La doctora Suárez estudió en Suiza.   *Doctor Suárez studied in Switzerland.*
   PERO: Sr. Fernández, ¿le puedo ofrecer algo de tomar?

3. con nombres de lenguas o de ramas de estudio (pero no después de los verbos *hablar* y *estudiar*).

   El español es una lengua romance   *Spanish is a Romance language and*
     y **el** francés también.   *French as well.*
   La lingüística es el estudio de las *Linguistics is the study of languages.*
     lenguas.
   PERO: Habla español. Estudia antropología.

4. con las partes del cuerpo y con los objetos personales.

   Se cortó **las** uñas.   *He/She cut his/her nails.*
   Me puse **el** abrigo.   *I put on my coat.*
   Le lavé **las** manos.   *I washed his/her hands.*

5. al referirnos a objetos, personas o animales en forma general.

   Los franceses cocinan muy bien.   *The French (French people) cook well.*
   Los monos son animales sociales.   *Monkeys are social animals.*

6. delante de los días de la semana, pero no en expresiones como *hoy es...,*
mañana será..., ayer fue..., etc.

El lunes tenemos examen de español.	*Monday we have a Spanish test.*
El turno es **el** martes.	*The appointment is on Tuesday.*
PERO: Mañana es martes.	

7. con expresiones de tiempo.

El año que viene estamos en Cuba.	*Next year we'll be in Cuba.*
El mes pasado fui al teatro.	*Last month I went to the theater.*
Son **las** cinco de la tarde.	*It's five o'clock in the afternoon.*

El uso especial del artículo *el* con palabras femeninas

Se usa el artículo *el* con sustantivos femeninos singulares que comienzan con *a*
o *ha* tónica (es decir, llevan el acento oral). Como estos sustantivos son femeninos, los adjetivos que los acompañan tienen que ser femeninos también. En el
plural, estas palabras usan el artículo femenino plural *las*.

el agua fría	las aguas frías
el arma blanca	las armas blancas
el área pequeña	las áreas pequeñas
el alma pura	las almas puras
el hada traviesa	las hadas traviesas

El artículo indefinido

El uso del artículo indefinido en español corresponde bastante a su uso en
inglés, salvo en el siguiente caso: En español no se usa el artículo indefinido
delante de sustantivos que se refieren a profesiones. Por ejemplo: Su papá es
profesor. Mi vecino es pintor.

   OJO: Se usa el artículo indefinido si los sustantivos van modificados: Mi
papá es **un** profesor magnífico. Mi vecino es **un** pintor de mucha fama.

El artículo neutro

Se usa el artículo neutro delante de adjetivos que no van acompañados de un
sustantivo. Frecuentemente, el artículo neutro se traduce al inglés usando la
palabra *thing* o *aspect*.

Lo peor del dragón está en la cola.	*The worst thing about the dragon is its tail.*
Lo difícil de todo esto es la espera.	*The difficult thing about this is the wait.*

Las preposiciones

Las preposiciones en español incluyen: *a, ante, bajo, con, contra, de, desde,*
durante, en, entre, hacia, hasta, para, por, según, sin, sobre, tras. En esta sección
nos enfocaremos en tres propiedades de las preposiciones.

El uso del infinitivo después de una preposición

Después de una preposición, la única forma del verbo que se puede usar es el infinitivo:

> Vamos **a correr**.
> Estudiarán **hasta caer** rendidos.
> **Entre estudiar y trabajar**, no tengo tiempo para más nada.
> Perdió el tren **por estar** distraído.

Comparación con el inglés: Después de una preposición se utiliza un gerundio: *after seeing, by talking, for being*, etc. Así pues, el español usa un infinitivo, y el inglés un gerundio:

> *Without seeing him, I cannot give a diagnosis.*
> Sin verlo, no puedo dar un diagnóstico.

> *By being so selective, you ended up with nothing.*
> Por ser tan selectivo acabaste sin nada.

Preposiciones que acompañan ciertos verbos

Algunos verbos requieren el uso de una preposición. Es importante memorizar las diferencias entre el inglés y el español con respecto al uso de estas preposiciones.

Los siguientes verbos llevan una *a* antes del infinitivo. Esta *a* siempre se debe escribir, aun cuando no se escuche en la lengua hablada:

ir + a + *infinitivo*	va a hablar, vamos a tener
comenzar + a + *infinitivo*	comienza a llover, comienza a hablar
aprender + a + *infinitivo*	aprende a andar, aprendiste a bailar
volver + a + *infinitivo*	vuelve a anunciar, volverá a venir

Los siguientes verbos llevan la preposición *de* cuando van acompañados de un infinitivo:

terminar + de + *infinitivo*	terminamos de comer, termina de ver
acabar + de + *infinitivo*	acaba de ganar, acabo de estudiar
tratar + de + *infinitivo*	trata de mejorar, tratas de ser

Los siguientes verbos llevan la preposición *en* antes de un infinitivo:

insistir + en + *infinitivo*	insiste en pagar, insisto en ayudar
quedar + en + *infinitivo*	quedamos en vernos
tardar + en + *infinitivo*	tardó en llegar, tardo en perdonar

La contracción con las preposiciones *a* y *de*

Las preposiciones *a* y *de* se contraen con el artículo *el* de la siguiente manera:

a + el = al	Vamos al colegio.
de + el = del	Venimos del parque.

Es importante no confundir el artículo *el* (que se traduce al inglés como *the*) con el pronombre *él* (que se traduce al inglés como *he/him*). La contracción no se permite con los pronombres y es obligatoria con los artículos.

> ¿Lo conoces a él? (No: ¿Lo conoces al?)
> ¿Conoces al hermano de Marta? (No: ¿Conoces a el hermano de Marta?)
> Llegaremos después del último ponente. (No: Llegaremos después de el último ponente.)
> Llegaremos después de él. (No: Llegaremos después del.)

¡A ver qué aprendiste!

Ejercicio 1: Corrige los errores.

1. La niña se pintó sus labios de rojo.
2. Está estudiando la física.
3. Quiero ser un poeta.
4. La águila es el símbolo de EE.UU.
5. Sra. Ruiz llamó hoy en la tarde.
6. La profesora Martín, ¿me pudiera indicar cuál es la tarea para mañana?
7. Seres humanos son capaces de grandes logros.
8. Mi hermana es una abogada.
9. Lávese sus manos.
10. Lo mejor en la vida es amistad.

Ejercicio 2: Corrige los errores. No te olvides de prestar atención a los acentos.

1. Fuimos a el mercado más cercano porque estábamos cortos de tiempo.
2. ¿Tardaron mucho de llegar?
3. Volví aver la película después de leyendo la novela.
4. Segundo los expertos, el planeta se está calentando a causa de la contaminación.
5. Terminamos estudiando a las 10.00 y después nos fuimos al examen.
6. No hay nadie más testarudo quel.
7. Sin durmiendo, no vas a poder aprobar el examen.

Ejercicio 3: A continuación hay algunos dichos y refranes del español. Rellena los espacios en blanco con la preposición adecuada. En caso de dudas, puedes consultar con otros hablantes del español o utilizar un buscador electrónico. Si usas un buscador electrónico, es buena idea poner parte de la frase entre comillas: por ejemplo, "no hay pan duro".

1. _____ buen hambre no hay pan duro.

2. Dime _____ quién andas y te diré quién eres.

3. _____ boca cerrada no entran moscas.

4. Más vale malo conocido que bueno _____ conocer.

5. Mira antes _____ saltar.

6. _____ músico, poeta y loco, todos tenemos un poco.

7. Pan _____ pan, comida de tontos.

8. _____ mentir y comer pescado hay que tener mucho cuidado.

9. No hay mal que _____ bien no venga.

10. Ni bebas _____ comer, ni firmes _____ leer.

11. Sabe más el diablo _____ viejo que _____ diablo.

12. Sarna _____ gusto, no pica.

13. _____ hagas tu cama, así dormirás.

Ortografía

Correspondencias ortográficas entre el inglés y el español

¡A ver qué tanto sabes ya!

Este ejercicio te ayudará a establecer algunas correspondencias ortográficas entre los cognados del inglés y el español. Esto te ayudará a escribir correctamente un gran número de palabras.

Ejercicio 1: A continuación tienes una lista de palabras del inglés que se escriben con *mm*, *mn* y *nn*. Consulta un diccionario para escribir las traducciones españolas de estas palabras.

inglés	español
communication	
immediately	
immigration	
community	
immense	
innate	
common	
summary	

inglés	español
annex	
innovative	
connect	
column	
commemorate	
annotate	
recommend	
annual	
communion	
inflammation	
amnesia	

¿Puedes formular algunas reglas ortográficas que describan la relación entre el inglés y el español con respecto al uso de grupos de nasales?

Ejercicio 2: ¿Cómo se escriben las siguientes palabras en español? Anota la correspondencia ortográfica entre el inglés y el español que se ilustra en cada caso.

1. symbol, pyramid, system, mystery _____

   Correspondencia ortográfica: _____

2. theme, cathedral, method, theory _____

   Correspondencia ortográfica: _____

3. philosophy, pharmacy, Ophelia, telephone _____

   Correspondencia ortográfica: _____

4. character, charisma, mechanic _____

   Correspondencia ortográfica: _____

5. zero, zebra, zenith, zealot _____

   Correspondencia ortográfica: _____

6. professor, pass, class _____

   Correspondencia ortográfica: _____

Los homófonos: *ves/vez, has/haz, sumo/zumo, azar/asar, abrazar/abrasar*

Estudia el cuadro y completa los ejercicios a continuación.

ves: forma del verbo *ver* *¿Ves el libro?*	**vez:** *time* *Esta vez no se escapará.* **OJO: vez → veces**
has: forma del verbo *hacer* *¿Has comido?*	**haz:** *do* (mandato del verbo *hacer*) *Haz la tarea.*
sumo: supremo *Recibió el sumo reconocimiento.*	**zumo:** jugo *¿Quieres zumo de naranja?*
asar: cocinar a fuego *Asamos el puerco.*	**azar:** casualidad, suerte *Eso se dejará al azar.*
abrasar: quemar *El sol abrasa el desierto.*	**abrazar:** *to hug* *Los amigos se abrazaron.* **OJO: abraza → abraces**

¡A ver qué aprendiste!

Ejercicio 1: Escoge la palabra correcta para completar cada oración.

1. _____ (Hazme, Hasme) el favor de guardar silencio.

2. Los expertos opinan que es mejor comer la fruta que beber su _____ (sumo, zumo).

3. ¿_____ (Has/Haz) visto la última película de Salma Hayek?

4. _____ (Has/Haz) todo lo posible por llegar a tiempo.

5. El _____ (sumo/zumo) sacerdote ofició la ceremonia.

6. ¿_____ (Ves/Vez) que tenía razón?

7. En muchos países latinos los hombres se _____ (abrazan/abrasan) a manera de saludo.

8. Escoge un número al _____ (azar/asar) para la rifa.

9. Decidimos _____ (azar/asar) el pollo en _____ (ves/vez) de hornearlo.

10. Una de las líneas más famosas de la literatura española es: "¡Que me quemo! ¡Que me _____ (abrazo/abraso)!"

Ejercicio 2: Rellena los espacios en blanco con una palabra o una variante de las palabras de la tabla. Recuerda que la *z* cambia a *c* cuando le sigue una *e*, p. ej. *pez → peces*.

1. Muchas _____ me pide que le _____ algo para la cena.

2. ¿_____ hablado con alguien sobre eso?

3. El _____ es menos dulce que el néctar.

4. Quiero ternero _____.

5. ¡No me _____ que estoy muy sucia!

6. Hizo el _____ sacrificio por sus hijos.

7. Me encanta el pollo _____ al estilo peruano.

Ejercicio 3: ¿Cuántas de las palabras de la tabla puedes incluir en una sola oración? Escribe una oración que contenga el mayor número posible de las palabras de la tabla. Comparte tu oración con la clase.

Cuba: "La tierra más hermosa..."

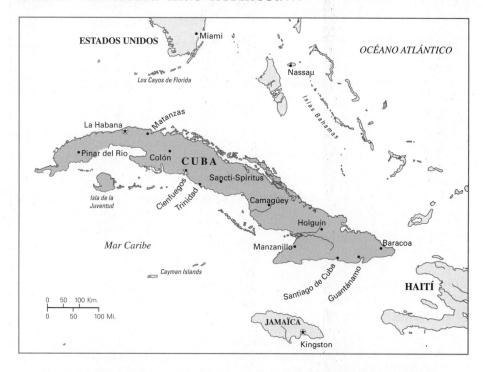

Ésta es la tierra más hermosa que ojos humanos han visto.

(Descripción de la isla de Cuba por Cristóbal Colón, 1492)

Testimonios y trasfondos

A conocer Cuba

Para comenzar...

Palabras clave

Haz una lectura rápida con el fin de determinar el significado de las siguientes palabras. Escribe las definiciones en los espacios en blanco. Usa el diccionario sólo cuando no puedas adivinar el sentido de la palabra en base al contexto en que se encuentra.

a raíz de _____

ceder _____

enmienda _____

liderar _____

subsiguientemente _____

derrocar _____

disidencia _____

encarcelar _____

ejecutar _____

culminante _____

Lectura 3
Cuba en breve

Datos generales

Geografía: Cuba es la mayor isla del Caribe, con una superficie de 110.860 kms. (aproximadamente el tamaño del estado de Pennsylvania).

Clima: subtropical, temperatura promedio en el verano: 25° C; temperatura promedio en el invierno: 25° C

Uso horario: Estándar del Este (como la ciudad de Nueva York)

Población: 11.141.997 (estimado, julio del 2000)

Esperanza de vida:
hombres: 73.84 años
mujeres: 78.73 años

Composición étnica: mulatos 51%, caucáseos 37%, africanos 11%, chinos 1%

Sistema de gobierno: comunista (desde 1959)

Jefe de estado: Fidel Castro

Capital: La Habana

Divisiones administrativas: 14 provincias y 1 municipio especial*; Camagüey, Ciego de Ávila, Cienfuegos, Ciudad de La Habana, Granma, Guantánamo, Holguín, *Isla de la Juventud, La Habana, Las Tunas, Matanzas, Pinar del Río, Sancti Spiritus, Santiago de Cuba, Villa Clara

Independencia: 20 de mayo de 1902 (independencia de España el 10 de diciembre de 1898; administrada por EE.UU. de 1898 a 1902)

Composición de la fuerza laboral: agricultura 23%, industria 24%, servicios 53%

Breve historia de Cuba

Cuba fue una de las últimas colonias españolas en obtener su independencia. En 1898, a raíz de perder la Guerra hispano-americana (*The Spanish American War*), España cedió la isla a EE.UU., así como también Las Filipinas, Puerto Rico y Guam, a cambio de 20 millones de dólares. Tres años más tarde, EE.UU. abandonó la isla pero retuvo el derecho de intervenir para preservar la independencia y estabilidad de Cuba, de acuerdo con la enmienda Platt. También retuvo el derecho de arrendar la base naval de la Bahía de Guantánamo.

Cuba independiente fue gobernada en numerosas ocasiones por figuras autoritarias que a veces llegaban al poder o se mantenían en él por la fuerza. El 26 de julio de 1953, Fidel Castro <u>lideró</u> un ataque en Santiago de Cuba. El ataque fracasó y el joven revolucionario fue encarcelado y <u>subsiguientemente</u> se exilió a México. Desde allí, organizó el Movimiento 26 de julio con el objetivo de <u>derrocar</u> al dictador Fulgencio Batista y asumir el poder.

Castro cumplió con sus objetivos en 1959, cuando Batista huyó de la isla. Durante los próximos 30 años, el gobernante estableció una relación estrecha con la Unión Soviética que duró hasta 1991. Aunque Castro había prometido la vuelta a la autoridad constitucional y reformas sociales, utilizó su control sobre las fuerzas militares para consolidar su poder, reprimiendo a toda <u>disidencia</u> de sus decisiones, marginando a otras figuras de la resistencia y <u>encarcelando</u> o <u>ejecutando</u> a oponentes. A medida que la revolución se hizo más radical, cientos de miles de cubanos abandonaron la isla.

En 1960, Estados Unidos impuso un embargo sobre Cuba y un año más tarde rompió relaciones diplomáticas con la isla. La tensión entre los dos gobiernos llegó a su punto <u>culminante</u> en la crisis de los misiles en octubre de 1962. Hasta el día de hoy, el embargo y la discordia entre los dos países perduran. Con Castro ya en una edad avanzada, hay gran especulación sobre el futuro de la isla.

¡A ver qué aprendiste!

¿Qué pasó en la lectura? Representa los acontecimientos de la historia de Cuba en una escala del tiempo.

Exploraciones

Exploraciones políticas: El debate sobre el embargo cubano

El embargo de Cuba es uno de los temas más debatidos de la política extranjera de EE.UU. Consulta brevemente el **Online Study Center** para acceder a varias fuentes de información a favor y en contra del embargo. Una vez que hayas formado una opinión al respecto, prepárate para formar parte de uno de dos grupos, los cuales debatirán el tema.

Exploraciones culturales: La herencia africana de Cuba

Nicolás Guillén (Cuba, 1902–1989) es uno de los más destacados representantes de la poesía negra afro-antillana. Lee el poema a continuación en voz alta. ¿Te recuerda otro poema que has leído en este libro? ¿Cuál? Haz una breve comparación entre los dos poemas.

Canto negro
¡Yambambó, yambambé!
Repica el congo solongo,
repica el negro bien negro;
congo solongo del Songo
baila yambó sobre un pie.

Mamatomba,
serembe cuserembá.

El negro canta y se ajuma,
el negro se ajuma y canta,
el negro canta y se va.
Acuememe serembó,
aé
yambó,
aé.

Tamba, tamba, tamba, tamba,
tamba del negro que tumba;
tumba del negro, caramba,
caramba, que el negro tumba:
¡yamba, yambó, yambambé!

Testimonios y trasfondos

Zoé Valdés

Para comenzar...

Lectura 4

Entrevista a la escritora cubana Zoé Valdés

Nuria AZANCOT

Antes de leer: Estrategias

A continuación vas a leer una entrevista a Zoé Valdés, una escritora cubana de gran fama internacional. Como toda buena entrevista, ésta no se limita a dar una serie de datos sobre la vida de la persona entrevistada. Las preguntas de Nuria Azancot tienen como meta representar algunos aspectos específicos de la personalidad de Valdés. A medida que vayas leyendo la lectura, trata de determinar cuáles son estos aspectos. Como de costumbre, no te olvides de estudiar el significado de las palabras clave.

Palabras clave

Haz una lectura rápida de la entrevista y subraya las palabras que no entiendes. Intenta adivinar su significado en base al contexto en que aparecen. Comparte tus respuestas con dos compañeros de clase. Trabajando en grupo, busquen aclarar el significado de todas las palabras clave.

Zoé Valdés

La entrevista

"Volveré a La Habana con los zapatos de mi madre y la cadena de mi padre"

Hace siglo y medio el abuelo de Zoé Valdés abandonó China para trabajar como bracero en Cuba. Se casó, tuvo cinco hijos, y cuando su mujer lo abandonó, dejó de hablar. Ahora Zoé descubre su historia "con dolor pero con amor" en *La eternidad del instante*, último premio Torrevieja, dotado con 360.000 euros. Eso sí, Valdés (La Habana, 1959) se lamenta de que "nadie se cuestiona por los premios de los deportistas, ahora, cuando se trata del arte y de la literatura, siempre hay sus peros".

Pregunta: Fue finalista del (premio) Planeta, ganó el Fernando Lara, ahora el Torrevieja… ¿La vida es premio?

Respuesta: Para mí la vida es amor y trabajo. Desde que pintaba uñas, estudiaba y escribía de madrugada en Cuba, hasta ahora, en el exilio.

P: Sí, pero últimamente todas sus novelas aparecen con faja (de premio): ¿su narrativa está a dieta, o se nutre de premios?

R: Entre *Te di la vida entera* (finalista del Planeta en 1996) y *Lobas de mar* (ganadora del Fernando Lara en el 2003) escribí varias novelas. Mi narrativa se nutre de lecturas, vida y constancia en el trabajo. Nadie se cuestiona por los premios de los deportistas, ahora, cuando se trata del arte y de la literatura, siempre hay sus peros, pero ya no miro detrás… porque necesito seguir escribiendo con amor.

P: ¿Qué es *La eternidad del instante*?

R: Una novela sobre el silencio, el valor real de las palabras, y sobre la emigración de braceros chinos a Cuba entre 1865 y los años 40, en los siglos XIX y XX.

P: Su abuelo, chino, viajó como esclavo a La Habana. ¿Cómo fue esa Ruta de la Seda al revés?

R: Mi abuelo chino viajó como bracero, no sé cómo fue su ruta real. Yo la he escrito para saberlo, y la ruta que describo es una ruta llena de aventuras, pasión y reflexión.

P: ¿Y qué es lo peor de su propia aventura de exiliada?

R: Lo peor fue exiliarme. El exilio es un castigo muy penoso.

P: Escribe de China sin conocerla: ¿cree que su hija conocerá, tras leer la novela, mejor a su abuelo?

R: Conozco China a través de las lecturas de los clásicos, de su pintura, de su cultura. De lo que me transmitieron mis antepasados. Lezama Lima nunca se movió del sillón de su casa, en el barrio de Colón de La Habana, y sin embargo escribió sobre Florencia, sobre París, como si las conociera, él mismo se llamaba El Peregrino Inmóvil. Detesto la literatura de turismo, me repugnan las historias que parecieran extraídas de guías de turismo. El viaje es un viaje interior, y con la imaginación se puede viajar al infinito.

P: Su abuelo no hablaba nada y su padre no podía dejar de hacerlo: ¿usted ha callado demasiado, o demasiado poco?

R: Mi pobre padre falleció este año, de un tumor cerebral, y a él, que hablaba tanto, pues la enfermedad lo calló, eso le hizo sufrir mucho, pero murió tranquilo. Suelo ser callada, pero cuando me preguntan explico mis puntos de vista.

P: ¿Y qué es lo peor que le ha pasado por no callar?

R: Se me han cerrado algunas puertas, pero lo esperaba.

P: ¿Cuándo le pesa más el silencio?

R: El silencio nunca me pesa, lo encuentro sumamente agradable. Es de sabios escuchar y pensar.

P: ¿Qué (de quién) silencio le pesa más?

R: Depende a qué llamamos silencio. Me pesa el silencio alrededor de lo que sucede en mi país. O que no haya un repudio masivo en el mundo contra la guerrilla colombiana, contra el terrorismo implantado por Castro y por el Ché. Creo que si vamos a protestar contra la guerra, debemos hacerlo contra todo tipo de guerras.

P: ¿Qué pasará cuando al fin vuelva a La Habana?

R: Me pondré los zapatos de mi madre y la cadena de mi padre. Para que de alguna manera, simbólicamente puedan volver conmigo.

¡A ver qué aprendiste!

1. Según Valdés, ¿cuál es la postura del público general hacia los sueldos de los escritores?
2. ¿Cómo era el abuelo de Zoé Valdés? ¿Con qué motivo se fue a vivir a Cuba? ¿Cómo era su padre? ¿Cómo es ella?
3. ¿A qué se refiere Valdés cuando habla del silencio alrededor de lo que sucede en su país?
4. ¿Cuáles son las fuentes de información que la autora tiene a su disposición sobre China y el viaje de su abuelo?
5. ¿Qué aspectos de la personalidad de Valdés quiere destacar el entrevistador, mediante esta entrevista?
6. ¿Qué temas comparten el escrito de Pérez Firmat y esta entrevista?

Vamos más allá

1. Como buena entrevistadora, Nuria Azancot demuestra tener **conocimientos previos** sobre la persona a quien está entrevistando. ¿Por qué es importante para un entrevistador saber bastante sobre el tema de su entrevista? En el caso de esta lectura, ¿de qué manera impacta este conocimiento en las preguntas del entrevistador?
2. Además de conocer bien la materia de su entrevista, Azancot demuestra tener amplio **conocimiento del público** a quien va dirigida la entrevista.
   a. Basándote en las *preguntas* de la entrevista, ¿te parece que éste sea un público que esté familiarizado con la obra y la persona de Zoé Valdés? Justifica tu respuesta.
   b. Basándote en el *lenguaje* de la entrevista, ¿te parece que éste sea un público que conoce bien el español estándar y lee bastante en español? Justifica tu respuesta.
3. Busca 10 palabras en la lectura que tienen cognados con el inglés. Escribe los términos correspondientes en inglés.

OPCIÓN 1: **La encuesta**

Vuelve a leer la cita de la profesora Silva Corvalán que se encuentra al principio del capítulo. Prepara una breve encuesta que te sirva para entender mejor las actitudes de los latinos hacia el español y su grado de compromiso por mantenerlo. Comparte tus preguntas con tus compañeros de clase para asegurarte de que estén bien escritas y se entiendan claramente. Administra tu encuesta de 10 a 15 personas de habla hispana en la universidad o en tu barrio. Analiza tus resultados en relación al lugar de nacimiento, a la edad y a la generación (según las define Pérez Firmat) de los entrevistados.

Resume tus resultados haciendo uso de un formato visual. Redacta un párrafo de conclusión para colocar debajo de tu gráfico.

OPCIÓN 2: **La entrevista familiar**

Previamente en el capítulo, tuviste la oportunidad de entrevistar a un pariente con el fin de determinar si para esta persona el biculturalismo es una bendición, maldición o contradicción. Tus preguntas y las respuestas de tu pariente te servirán de base para preparar una entrevista escrita. Esta información, así como la lectura de Pérez Firmat, y tus conocimientos personales del biculturalismo constituyen la reserva de conocimientos sobre la materia de la entrevista que vas a utilizar para preparar la versión escrita de tu entrevista. ¿Cómo vas a hacer uso de este conocimiento para destacar las opiniones de tu pariente en cuanto al valor del biculturalismo?

1. Teniendo en consideración que el lector de tu entrevista es compañero de clase, ¿qué información vas a incluir en tu entrevista? ¿Cuánto conoce este lector sobre el tema del biculturalismo en general? ¿Cuánto sabe él o ella de tu pariente?

2. ¿Qué registro lingüístico resulta mejor para tu lector, así como para el tema de la entrevista, uno formal o informal? ¿Qué tipo de vocabulario, uno con muchos términos dialectales, o uno más estándar? ¿Es apropiado incluir anglicismos en esta lectura?

Una vez que hayas completado estos pasos, escribe tu entrevista. No te olvides de incluir un breve párrafo con datos biográficos de tu pariente: ¿Dónde nació? ¿Cuándo llegó a EE.UU.? ¿Cuál es su profesión? ¿Qué relación tiene contigo? ¿Qué opinión tiene esta persona sobre el bilingüismo?

Antes de preparar la versión final de tu entrevista escrita, compártela con un(a) compañero(a) de clase. Asegúrate de que al leer la entrevista, tu compañero(a) 1) entienda bien el punto de vista que quieres destacar sobre las opiniones de tu pariente y 2) entienda (aunque no necesariamente comparta) las decisiones que has hecho en cuanto al uso del lenguaje de tu entrevista. Haz una lectura final que te ayude a corregir todo lo relacionado con la colocación de los acentos y la ortografía.

Capítulo 5

Universitario latino con banderas del mundo hispano

Los hispanos unidos de América

El sueño de Simón Bolívar hecho realidad

Metas
En este capítulo, vamos a:

a. explorar varios aspectos de la cultura e historia de Venezuela y Colombia. *(Orgullo cultural, meta 1)*

b. examinar en detalle el rol del español en EE.UU. como lengua de comercio, comunicación y empleo. *(Orgullo cultural, meta 2)*

c. identificar y practicar diferentes estrategias de argumentación. *(Registro)*

d. usar la lectura rápida para localizar datos principales. *(Estrategia de lectura, meta 1)*

e. redactar un plan de estudios que tome en consideración metas y necesidades personales con respecto al español. *(Estrategia de escritura, meta 1)*

f. usar varios elementos de una lectura para anticipar el contenido y determinar las ideas principales. *(Estrategia de lectura, meta 2)*

g. repasar el uso de los pronombres. *(Gramática, meta 1)*

h. utilizar diversas estrategias y formatos para redactar un escrito persuasivo. *(Estrategia de escritura, meta 2)*

EE.UU.: La gran nación latinoamericana

Piénsatelo

Simón Bolívar (1783–1830) se conoce como "El Libertador de América". Este patriota venezolano dedicó su vida a luchar por la independencia de su país natal, así como de Colombia, Ecuador, Bolivia y Perú. El sueño de toda su vida fue lograr la unificación de los países de Latinoamérica. En 1819, Bolívar creó La Gran Colombia, país compuesto por territorios que hoy en día corresponden a Venezuela, Colombia, Panamá y Ecuador. La Gran Colombia se disolvió en 1830 con el nacimiento de tres entidades distintas: Colombia, Ecuador y Venezuela. En su última declaración pública, Bolívar afirmó: "Si mi muerte contribuye para que cesen los partidos y se consolide la unión, yo bajaré tranquilo al sepulcro".

Simón Bolívar

Paso 1: ¿Consideras que habría sido algo positivo o negativo que se lograra la unión de los países de Latinoamérica? ¿Qué ventajas y desventajas habría traído esta unión?

Paso 2: Si los estados confederados (*Confederate states*) hubieran triunfado en la Guerra Civil de 1861–1865, Estados Unidos también se habría disuelto. ¿Cómo sería tu vida hoy en tal caso?

Cafetería latina en Queens, Nueva York

J.C. Malone

Para comenzar...

Sobre el autor

El dominicano J.C. Malone es periodista y residente de la ciudad de Nueva York. Su columna de opinión se publica en los principales periódicos en español de Estados Unidos.

Sobre la lectura

En este capítulo vas a leer una columna que apareció en *La Opinión*, un periódico hispano de Los Ángeles. El artículo argumenta que Estados Unidos representa la realización del sueño del patriota Simón Bolívar, quien abogó por la creación de una gran nación integrada por todos los pueblos de Suramérica. Bolívar murió creyendo que su sueño había fracasado. Sin embargo, según Malone, el autor de la siguiente columna, este sueño se está haciendo realidad en EE.UU.

Antes de leer: Estrategias

1. **La entradilla:** Éste es un pequeño resumen que acompaña a una noticia larga en un periódico. La entradilla usualmente tiene un tipo de letra diferente a la del artículo y aparece entre el título y el cuerpo del artículo. Junto con el título, la entradilla sirve para orientar al lector en cuanto al contenido y los temas principales del artículo. En base a la información contenida en la entradilla del artículo de Malone, ¿cuál es la idea principal de esta columna y cuáles son sus argumentos a favor de esta tesis?

2. **La introducción y conclusión:** Los primeros y últimos párrafos de una columna de opinión a menudo presentan información complementaria. Es decir, los últimos párrafos contestan o aclaran un punto que se presenta al comienzo del artículo. En este caso, los últimos párrafos de la columna presentan información que explica una idea que se presenta en el primer párrafo. ¿Cuál es esta idea? ¿Puedes resumirla en una frase o dos?

Palabras clave

Rellena los espacios a continuación con la palabra o frase subrayada de la lectura que corresponda en significado a cada definición.

_____ nacionalidad

_____ anunciando, pronunciando

_____ de raza blanca

_____ llenos, cargados

_____ que tiene cuerpo

_____ empobrecido

_____ un juego de mesa para dos personas que contiene 16 piezas, *chess*

_____ salió

_____ los órganos contenidos en las principales cavidades del cuerpo

_____ dignatarios, personas eminentes

_____ (*inf.*) alejarse de prisa con miedo

_____ las piezas de menor valor del ajedrez, *pawns*

_____ avanzados

_____ pensado, planeado

_____ invierte, pone de cabezas

_____ hacen una prioridad

_____ mil millones

Lectura 1

EE.UU. y su nuevo perfil demográfico: La patria que Bolívar soñó

> Los 35.3 millones de hispanos radicados en el país producen más de 340,000 millones de dólares anuales, de los cuales envían varios miles de millones a sus países. Su centro no está en Miami ni en Los Ángeles y su raza es una mezcla de todas las que se agitan sobre la faz del planeta.

J.C. Malone

Domingo, 15 de abril de 2001

Una gran nación llamada Latinoamérica crece en Estados Unidos, en las <u>entrañas</u> del "país enemigo" contra quien debía unificarse esa región. El último censo revela que EE.UU. tiene 35.3 millones de mexicanos, puertorriqueños, cubanos, dominicanos, colombianos y de otros países. Aquí las nacionalidades ocupan un segundo lugar frente a la nueva identidad: hispanos, que es el <u>gentilicio</u>. Ellos comparten dificultades, luchas y sueños, desarrollando un idioma propio, el "spanglish"; al mismo tiempo le dan existencia <u>corpórea</u> a Latinoamérica y dejan un concepto abstracto, separado por fronteras, pasaportes y visas.

La joven nación es riquísima. Sus habitantes exportan miles de millones de dólares en efectivo: siete mil a México, tres mil a República Dominicana, tres mil a Centroamérica y más dinero a otros países. Estos 35.3 millones de personas producen más de 340.000 millones de dólares anuales, que sobrepasan los 290.000 millones que los

37 millones de argentinos producen cada año. Los 99 millones de mexicanos que viven en México son casi el triple de la población hispana en EE.UU. y sólo producen 368.000 millones. La nueva nación es más rica que Suiza, Bélgica y otros países desarrollados. Se proyecta que en 2010 producirá un billón de dólares; para ese año se esperaba que fueran la minoría más importante. El futuro demográfico se adelantó y esto es sólo el inicio.

Síndrome de California

Políticamente, California es el estado más importante del país; tiene 32 millones de habitantes y 54 de los 269 votos electorales para ganar la Presidencia. Aquí los vientos políticos soplan del Pacífico al Atlántico. Lo que ocurre en California se extiende al país; la lucha contra la educación bilingüe y los indocumentados son buenos ejemplos. Los caucásicos son una minoría en California; de acuerdo al censo, también en Nueva York, el segundo estado en importancia presidencial, con 33 votos electorales. Seguirán Texas con 32, Florida con 25 e Illinois con 22.

La Cámara de Representantes, en Washington, D.C., tiene más de 400 miembros, pero sólo 21 son hispanos; de los cien senadores, ninguno es latino.* Más población no necesariamente significa mayor poder político; los hispanos enfrentan serios obstáculos. Tienen el menor nivel educativo del país, no todos son inmigrantes documentados y no todos los documentados son ciudadanos, sólo el 5% son votantes registrados.

Todas las razas

Los hispanos son la única categoría demográfica que incluye todas las razas: caucásica, negra, amarilla y aborigen. Su crecimiento evidencia mayor diversidad, pero no mayor integración. Sólo el 2% de los 281 millones de habitantes, unos 6 millones, se considera racialmente mezclado. El 98% cree ser de "raza pura". Para mucha gente la segregación no es una conducta social, es una íntima convicción. La mayoría de los 35.3 millones de hispanos son mestizos, pero no lo acepta. Esta categoría demográfica ofrece nuevas y confusas perspectivas de asociación humana. La élite del exilio cubano y el más depauperado inmigrante latinoamericano son igualmente latinoamericanos. En esta nueva nación, como al final de las partidas de ajedrez, el rey y los peones paran en la misma caja.

Los hispanos están aquí hace tiempo, pero después de las reformas migratorias de 1965, que priorizaron la "reunificación familiar", se estima que llegaron unos 25 millones. Ahora constituyen una nueva nación que subvierte el orden de todo lo preconcebido.

Antes se denunciaba la "penetración cultural yanqui", hoy EE.UU. se "latinoamericaniza". El año pasado los políticos locales se comportaron como sus colegas latinoamericanos. Los nuevos ídolos deportivos son, entre otros, Sammy Sosa y Alex Rodríguez; Ricky Martin, Cristina Aguilera, Jennifer López y Marc Anthony dominan el arte popular. Ellos son quienes "penetran culturalmente" el alma estadounidense.

Se esperaba que esta gran nación surgiera al sur de la frontera, pero nació aquí. Se decía que Miami era su capital, pero eso no es cierto. Miami es una ciudad tan cubana como Los Ángeles lo es mexicana. La verdadera capital es Nueva York, aquí todos los latinoamericanos están juntos. Aquí está la Avenida de las Américas, que empieza en Canal Street, bajo una estatua de Juan Pablo Duarte. Sigue sembrada de próceres

*Después de la publicación de este artículo, Mel Martínez, un cubanoamericano, fue elegido al senado.

hasta terminar en Central Park a los pies del inmenso Simón Bolívar. Aquí están los próceres y sus pueblos. Ésta es la capital.

Esta nación subvirtió el orden de la paternidad; tiene "varios" padres de la patria.

Diferentes profetas anunciaron su nacimiento; parecían locos, pero estaban <u>preñados</u> con la idea sin saber cómo ni cuando nacería. Luego de su triunfo en Boyacá, Bolívar tomó Bogotá, concibió una patria latinoamericana y parió la Gran Colombia en 1819. El libertador murió creyendo que su sueño moriría con él, pero se equivocó; la idea emigró.

El dominicano Gregorio Luperón la llamó una unidad "caribeña". Los puertorriqueños Baldorioty de Castro y Pedro Albizu Campos navegaron el archipiélago <u>predicando</u> ese evangelio. José Martí <u>huyó</u> de Cuba, cayó en Estados Unidos y escapó de nuevo al Caribe, con un testimonio poético: "Viví en el monstruo, conozco sus entrañas".

La patria de Bolívar, irónicamente, nació en las entrañas del monstruo de Martí.

El destino y su amante la historia tienen un perverso sentido del humor.

¡A ver qué aprendiste!

Paso primero: ¿Qué pasó en la lectura? Contesta las siguientes preguntas sobre el artículo.

1. Según Malone, ¿qué comparten los hispanos que viven en EE.UU.?
2. ¿Cuál es el estado económico de los hispanos en EE.UU.?
3. ¿Qué limitaciones políticas enfrentan los hispanos en este país?
4. Desde el punto de vista racial, ¿qué propiedad distingue a los latinos de cualquier otro grupo demográfico de EE.UU.?
5. ¿Qué efecto en la opinión pública están teniendo los artistas y políticos latinos en EE.UU.?
6. ¿A qué se refiere el autor al concluir que el destino y la historia "tienen un perverso sentido del humor"?

Paso segundo: La lectura, la vida y tú. Contesta las preguntas a continuación con dos o tres compañeros de clase. Cada grupo debe elegir un(a) secretario(a) que apunte los comentarios del grupo para compartir con la clase.

1. ¿Cuáles son algunas de las diferencias principales entre los diversos grupos de hispanos representados en EE.UU.?
2. ¿Existe una serie de valores, prácticas o creencias comunes a todos estos grupos?
3. ¿Es importante fomentar la unidad entre los diversos grupos de hispanos en este país? ¿Por qué sí o no?
4. Hispanos como Sammy Sosa, Gloria Estefan y Ricki Martin gozan de enorme fama y éxito. ¿Inspiran ellos un sentimiento de "orgullo latino" que trasciende las barreras nacionales o étnicas de los hispanos de este país? En otras palabras, ¿contribuyen estos individuos a crear un sentimiento de unidad hispana en EE.UU.?

Paso tercero: La lectura y la lengua. Comenta las siguientes preguntas con dos o tres compañeros de clase.

1. Según una reciente encuesta realizada por el Pew Hispanic Center, los latinos en EE.UU. consideran que el prejuicio entre latinos es un problema muy serio. ¿Estás de acuerdo? ¿Cuáles son algunas de las actitudes negativas que diferentes grupos de latinos tienen hacia otros grupos? ¿Crees que algún día se eliminen estos prejuicios?
2. ¿Cómo se caracteriza el estilo narrativo que se utiliza en esta lectura? ¿Formal o informal? ¿Académico o coloquial? ¿Encuentras en este escrito algunos ejemplos del español no estándar? ¿Cuáles son y cómo sirven para apoyar la tesis del autor?

Lluvia de ideas

Ante la clase, los secretarios de cada grupo deben presentar los apuntes de la discusión de sus respectivos grupos. En base a esta información, la clase considerará qué se puede hacer para fomentar mayor unidad entre los latinos en este país. En particular, ¿hay algún tipo de campaña de publicidad o educación pública que pudiera avanzar esta meta? ¿Cómo se podría estructurar esta campaña?

Exploraciones

Exploraciones culturales: La presencia venezolana y colombiana en EE.UU.
Según encuestas recientes el 43% de la población venezolana y el 54% de la población de Colombia abandonaría su país de origen si pudiera. ¿Cómo se explica que tantos colombianos y venezolanos no quieran permanecer en su patria? ¿Cuál es la situación política, social y económica de estos países?

¿Qué tanto sabes sobre la inmigración colombiana y venezolana a EE.UU.? Profundiza tus conocimientos sobre el tema mediante esta pequeña prueba.

1. ¿Qué porcentaje de la población latina en EE.UU. representan los venezolanos?
   a. 5%
   b. .03%
   c. 1%
   d. 50%

2. ¿Qué porcentaje de la población venezolana vive en la Florida?
   a. 70%
   b. 50%
   c. 34%
   d. 25%

3. ¿Cuáles de los siguientes latinos famosos son venezolanos?
   a. Carolina Herrera
   b. Andrés Galarraga
   c. Sammy Sosa
   d. José Luis Rodríguez

4. ¿Aproximadamente cuántos colombianos viven en EE.UU.?
   a. 100.000
   b. 500.000
   c. 1.000.000
   d. 1.500.000

5. ¿Dónde vive la mayoría de los colombianos en EE.UU?
   a. En los estados del Suroeste (Arizona, Nuevo México, Texas)
   b. En California
   c. En Nueva York y la Florida
   d. En Washington, D.C.

6. Juan Pablo Montoya es un colombiano de fama mundial residente de EE.UU. ¿Quién es Montoya?

   a. Un futbolista
   b. Un piloto de carreras
   c. Un director de cine
   d. Un compositor

7. La primera gran ola de inmigración colombiana a EE.UU. fue durante La Violencia, una guerra civil que se llevó a cabo...

   a. en los años treinta
   b. en la década de los 50 y 60
   c. a finales de los años 70
   d. en la década de los 80

Testimonios y trasfondos

El periodismo como vocación social

Para comenzar...

Antes de leer: Estrategias

La lectura rápida: A continuación vas a leer un fragmento de entrevista periodística. Antes de iniciar la lectura, échale un vistazo rápido con vistas a extraer los datos principales que se van a presentar. Estos datos te ayudarán a entender la lectura con más facilidad y a recordar las ideas expuestas. Subraya las frases en la lectura que contienen la siguiente información: a) nombre de la persona entrevistada, b) profesión, c) nacionalidad, d) periódico para el cual trabaja y d) temas o ideas principales que se exploran a través de la entrevista.

Palabras clave

Rellena los espacios a continuación con la palabra o frase subrayada de la lectura que corresponda en significado a cada definición.

_____ tomar un riesgo

_____ aparato que se pone en la boca de un perro para que no muerda

_____ la totalidad de la información presentada sobre un tema por los medios de comunicación

_____ que emerge, que se inicia o nace

_____ demanda, requiere

_____ poner recursos en algo con el fin de sacar provecho, *to invest*

_____ que produce dinero

_____ publicación periódica

_____ desprecian, dan un valor inferior al merecido

_____ sujeto, dominado por

_____ la persona que da testimonio de algo, *witness*

Lectura 2
Diálogo con la columnista
María del Pilar Marrero

por Jesús Hernández Cuéllar

Ganadora de varios premios nacionales e internacionales, María del Pilar Marrero es actualmente editora política del diario *La Opinión* de Los Ángeles. Tuvo a su cargo la <u>cobertura</u> de las pasadas elecciones presidenciales de Estados Unidos, a través del suplemento *Cambio*, del mismo <u>rotativo</u>.

Publicaciones en español

Se graduó en 1986 de Comunicación Social, en la especialidad de prensa, en la Universidad Católica Andrés Bello de Caracas, Venezuela, su país natal. Recién graduada viajó a Estados Unidos "a estudiar inglés, por... un tiempo, y me quedé".

En 1992 obtuvo el 4th Annual Hispanic Print Media Award de la Asociación Nacional de Publicaciones Hispanas de Estados Unidos, por su "sobresaliente labor informativa en temas latinoamericanos". En 1997 obtuvo el premio José Antonio Miró Quesada, de la Sociedad Interamericana de Prensa (SIP), por su participación periodística en una campaña sobre el voto hispano en la Unión Americana, y en 1998 obtuvo también de la SIP el premio Pedro Joaquín Chamorro de Relaciones Internacionales, por su trabajo sobre las leyes migratorias de Estados Unidos y su impacto en la sociedad norteamericana.

Éstas son sus opiniones sobre el ejercicio de una de las profesiones más influyentes de la era moderna, y también una de las más criticadas por ciertos sectores de la sociedad:

¿Qué significa hacer periodismo de temas hispanos, en español, en una nación con una mayoría de angloparlantes? ¿Cómo se diferencia esta actividad de la de hacer periodismo en las naciones latinoamericanas?

Es una tarea de gran importancia porque estás al servicio de una comunidad que tiene urgencia de recibir información, no sólo porque le guste estar informada sino porque lo necesita. Necesita saber de las leyes de este país, de las formas de vida de esta sociedad. El periodismo de nuestros países es el "mainstream", aquí somos una subcultura, así somos considerados. Aquí el periodismo hispano es <u>emergente</u>, no podemos hacer el periodismo que se hace en América Latina. A veces no se nos toma en serio, aunque eso está cambiando. Mientras sea así, al periodismo hispano le costará expandirse. Hay espacio para más diarios y se necesita <u>invertir</u> en ello, pero no hemos acostumbrado a los lectores a un periodismo de más calidad. A veces, los medios hispanos <u>subestiman</u> al público y se nos está escapando un lector que <u>exige</u> algo de más nivel, un público que cuando aprende un poco de inglés se va al *L.A. Times*, a pesar de que los medios en inglés no cubren los temas hispanos y de América Latina como nosotros. Es que los medios hispanos tienen mala fama, a veces, entre nosotros mismos..., nos vemos como nos ve el mundo anglosajón y despreciamos a nuestros propios medios. Mucho tiene que ver el aspecto comercial. El ser <u>rentable</u> es muy importante en Estados Unidos, y el aspecto periodístico está <u>supeditado</u> a lo comercial, se le da a la gente lo que se vende. En América Latina no es tanto así, en cualquier capital latinoamericana hay muchos más periódicos que aquí, porque aunque no sean tan rentables, hay otra ética. Allá un periódico es una necesidad y ves a todo el mundo con un periódico o una revista en las manos. En América Latina los periódicos se hacen parte de la vida nacional, aquí no.

¿Qué significa la objetividad periodística y cómo ejercerla sin que las ideas personales del periodista interfieran con ella?

Siempre hay que hacer lo posible por presentar las diferentes opiniones que hay sobre un tema, pero yo leo la prensa de Estados Unidos, la hispana y la anglosajona, y veo que todo el mundo tiene una tendencia, y es muy fácil de revelar esa tendencia, por ejemplo, en cómo se construye la información, dónde se coloca la información…, es un proceso muy sutil, nadie te puede acusar de no ser objetivo porque lo estás poniendo todo, pero le das una prioridad como tú quieras, inclusive con el titular que se publica. Tú tienes que ver quién es tu lector, en nuestro caso, vas a poner en primera plana una información sobre inmigración, la Proposición 187 o sobre asuntos laborales, y le das más importancia a eso que al alza de la bolsa de valores o a un campeonato de golf, porque eso es lo que le interesa a tu público. Entonces, no podemos cubrir lo que ocurre como lo hace el *L.A. Times* o el *New York Times*.

¿Cómo se refleja el cambio que has experimentado, de pasar de reportera de noticias a columnista política?

Ser reportera es ser <u>testigo</u> de los hechos, informas lo que ves. El columnista puede interpretar los hechos y dar su opinión. Fue un cambio bien fuerte. Fue como quitarme el <u>bozal</u>, tener una opinión y crear una opinión. Es muy interesante y satisfactorio poderle comunicar a la gente las cosas como yo las veo. Te da más libertad a la hora de escribir, no estás tan atada a las reglas de la noticia. Uno puede escribir como uno quiera, no es así con la nota informativa. Es desnudarte ante la gente con tus propias ideas y <u>arriesgarte</u> a que unos estén de acuerdo contigo y otros no.

¡A ver qué aprendiste!

Paso primero: ¿Qué pasó en la lectura? Contesta las siguientes preguntas sobre la entrevista.

1. Según Marrero, ¿por qué es importante hacer periodismo en español en EE.UU.?
2. ¿Qué diferencias existen entre el periodismo en Latinoamérica y en EE.UU.?
3. ¿Cómo se revelan las preferencias o tendencias de los periodistas en las noticias que presentan?
4. ¿En qué se diferencia la labor del reportero de la del columnista?

Paso segundo: La lectura, la vida y tú. Contesta las preguntas a continuación con dos o tres compañeros de clase. Cada grupo debe elegir un(a) secretario(a) que apunte los comentarios del grupo.

1. ¿Te fías de (tienes confianza en) la información que presentan los periódicos de este país? ¿Por qué sí o no?

2. ¿Cómo te informas de lo que está pasando en tu comunidad, en EE.UU. y el mundo? ¿Con el periódico? ¿La televisión? ¿La radio? Si no te mantienes informado, ¿por qué no?
3. ¿En que lengua te informas?
4. ¿Qué publicaciones lees en español?

¡Vamos más allá!
1. La clase realizará un recuento de manos para crear un gráfico similar al siguiente gráfico que proviene de la página electrónica de *La Opinión*, al cual se puede acceder desde el **Online Study Center**. ¿Cómo se compara la clase con los residentes de Los Ángeles?
2. Si te interesa el tema del periodismo en español, y en particular la cuestión de cómo el periodismo puede fomentar cambios sociales positivos, ve a la página digital de la Fundación para un Nuevo Periodismo Iberoamericano, a la cual se puede acceder a través del **Online Study Center**. ¿A qué se dedica esta organización? ¿Qué tipo de actividades y servicios ofrece?

 _Puentes_

El lenguaje en uso

Registro

El español en EE.UU.

El Censo del año 2000 demuestra que los hispanos ya no son una minoría en muchas partes de EE.UU. La lectura a continuación explora las repercusiones lingüísticas de este crecimiento demográfico.

Antes de leer: Estrategias

La argumentación: En capítulos anteriores hemos visto como el conocimiento previo que poseemos sobre un tema nos puede servir a asimilar nueva información sobre ese tema. Sin embargo, el conocimiento y las creencias que tenemos también pueden interferir con nuestra habilidad de aceptar nueva información. La siguiente lectura argumenta que el español goza de gran poder económico y prestigio en EE.UU. ¿Te sorprende o no esta conclusión? Si no estás de acuerdo con ella, ¿qué tipo de información necesitarías tener a tu disposición para cambiar de opinión respecto a este tema?

Palabras clave

Rellena los espacios a continuación con la palabra o frase subrayada de la lectura que corresponda en significado a cada definición.

_____ conjunto de cadenas, _network_

_____ estaciones

_____ las profesiones

_____ hecho

_____ conjuntos de preguntas para averiguar datos u opiniones

_____ persona que lee

_____ se hizo más pequeño

_____ subió, creció

_____ estudio, reporte

_____ obvio

_____ que está aumentando

_____ cariño

El español en EE.UU.

Lengua de un vasto imperio

El español siempre ha tenido una presencia significativa en los EE.UU., particularmente en las zonas oeste y sur de este país. Sin embargo, en las últimas décadas, a medida que el número de inmigrantes hispanos se ha multiplicado, el valor comercial, profesional y social de nuestra lengua en este país ha aumentado radicalmente. Hoy en día, el número de hispanos en los EE.UU. rebasa los 36 millones, y el poder económico de este grupo se calcula ser entre 300 y 500 mil millones (*$3-5 billion*) de dólares anuales. La <u>creciente</u> importancia de nuestro idioma en los medios de comunicación y el <u>campo laboral</u> revela que el español es lengua de un vasto imperio comercial en este país.

Periódicos y revistas

Según el Directorio Nacional de los Medios de Comunicación Nacionales (National Hispanic Media Directory), en el año 2000 se registraron más de 1.250 publicaciones dirigidas al mercado hispano en los EE.UU. Estas publicaciones generaron más de $827 millones en publicidad y $222 millones en circulación.

Entre 1970 y el año 2000, el número de periódicos para hispanos en los EE.UU. <u>incrementó</u> de 232 a 543, y su circulación subió de 1 millón a 14.1 millones de lectores. Por comparación, durante este mismo tiempo, la circulación de periódicos en inglés <u>disminuyó</u> de 62 millones a 56 millones. El número de revistas en español también ha aumentado de manera significativa en los últimos años. En el 2000, se contaron más de 342 revistas en español o bilingües dirigidas al <u>lector</u> hispano de este país.

Radio y televisión

Entre 1986 y 1999, el número de <u>emisoras</u> de radio en español se triplicó de 213 a 600. Según las <u>encuestas</u> Nielsen, Univisión es la quinta <u>red</u> de televisión más popular en los EE.UU. Actualmente, Univisión y Telemundo son las redes de televisión de mayor crecimiento en los EE.UU.

El español en el campo laboral

El valor económico del español en los EE.UU. es <u>patente</u> en un estudio <u>efectuado</u> por la Universidad de Miami y la Universidad de la Florida. Según este <u>informe</u>, en diez ciudades de los Estados Unidos, los hispanos bilingües tienen salarios muy por encima de los hispanos que sólo hablan inglés. De la misma manera, según el *Los Angeles Times*,

> [c]ountless U.S. companies are feeling the Latino talent pinch, not only to staff their operations in Mexico and Central and South America, but to serve the 35-million-strong Latino market at home, a sector whose population, purchasing power and businesses are growing faster than that of the U.S. as a whole.[1]

El español como lengua de estudio

El periódico *USA Today* afirma que el número de personas que estudian español en los EE.UU. ha aumentado un 90% desde los años 70.[2] Una encuesta de Time/CNN

---

[1] Kraul, 2000

[2] "Si usted no habla español, puede quedarse rezagado (If you don't speak Spanish, you might be left behind)", Deborah Sharp, *USA Today*, May 9, 2001

demuestra que el 78% de los americanos consideran que es bueno que sus hijos aprendan español.[3] Otro sondeo realizado por Univisión en 2001, revela que los adolescentes latinos sienten gran aprecio y <u>apego</u> por la cultura latina. Un 75% de estos jóvenes miran un mínimo de una hora al día de televisión en español.

¡A ver qué aprendiste!

¿Qué pasó en la lectura? Contesta las siguientes preguntas.

1. ¿Cuál es la idea principal de esta lectura? ¿Puedes resumirla en una frase o dos?
2. ¿Qué experiencias personales o creencias te predisponen a aceptar o rechazar la tesis de esta lectura?
3. ¿Te convencieron los datos presentados de la validez de la tesis?
4. ¿Conoces otros datos o información que demuestran la creciente importancia de los latinos o del español en los EE.UU.?
5. Los lingüistas han demostrado que el prestigio social de una lengua depende de factores tales como el poder económico, social y político de sus hablantes. ¿Cómo se demuestra esto en la información anterior?

¡Vamos más allá!

Paso 1: El español en el campo laboral. Graciela Kenig es columnista de *¡Éxito!*, periódico en lengua española de Chicago, y autora de *Best Careers for Bilingual Latinos: Market Your Fluency in Spanish to Get Ahead On the Job.* Según Kenig, los campos laborales más prometedores para los bilingües en EE.UU. son: 1) servicios médicos, 2) servicios financieros, 3) educación y servicios sociales, 4) tecnología, 5) ventas y mercadotecnia (marketing), 6) servicios profesionales (escritores, editores, artistas gráficos, gerentes, abogados) y 7) carreras internacionales.

¿Cuál(es) de estos campos laborales exige(n) un conocimiento avanzado del español estándar y de la escritura formal? ¿Cuál(es) de estos campos requiere(n) un conocimiento práctico de las variantes del español que se usan en las comunidades locales de hispanos en EE.UU.? Justifica tus respuestas.

Paso 2: El español y tu futuro. Aunque muchos estudiantes latinos tienen interés en hacer uso profesional del español, otros quieren profundizar sus conocimientos de su lengua nativa por razones puramente personales: por ejemplo, para comunicarse mejor con sus familiares, viajar a su país de origen, o transmitir su lengua a sus hijos. ¿Cuáles son tus metas con respecto al español? En vista a estas metas, ¿qué variantes o modalidades del español vas a tener que estudiar?

Paso 3: Formular un plan de estudios. Formula un plan de estudios que responda a tus necesidades y metas con respecto al español. Considera las siguientes preguntas.

1. ¿Qué tipos de cursos en español vas a necesitar (por ejemplo: cursos de lengua, literatura, lingüística, preparación profesional, etc.)?

[3] Time/CNN Poll: Evolving Perceptions

2. ¿Aproximadamente cuántos cursos o qué cantidad de tiempo crees que vas a necesitar para lograr el nivel que te has propuesto?
3. Además de tomar clases, ¿qué más puedes hacer para profundizar tus conocimientos del español?

Clases de palabras: Los pronombres

¿Lavaste los trastes?

¿Hiciste la tarea?

¿Le contestaste el email a tu primo?

¡Qué bueno! Ahora sólo te queda una cosa por hacer – irte a la cama.

Sí, los lavé.

Sí, ya la hice.

Síííí, Mami. ¡Ya le contesté!

Los pronombres son palabras que sustituyen a los nombres o sustantivos. Hay ocho clases de pronombres: **personales, posesivos, demostrativos, indefinidos, numerales, interrogativos, exclamativos** y **relativos**. En este capítulo nos enfocaremos en todos los pronombres menos los relativos, los cuales estudiaremos en el próximo capítulo.

Por regla general, el uso básico de los pronombres no representa grandes dificultades para los estudiantes bilingües. Por esta razón, presentamos los conceptos básicos de la manera más breve posible y hacemos hincapié sólo en los detalles que pueden resultar más dificultosos para los bilingües.

Los pronombres personales

Hay cuatro tipos de pronombres personales: los de **sujeto**, los de **objeto directo**, los de **objeto indirecto** y los **preposicionales**. Antes de estudiar estos pronombres conviene repasar lo que es un sujeto, un objeto directo y un objeto indirecto. El cuadro a continuación contiene una breve explicación de estas categorías. Si necesitas repasar lo que es una preposición, consulta el Capítulo 4.

El sujeto es el sustantivo que concuerda con el verbo principal en una oración. Usualmente, corresponde a la(s) persona(s) o la(s) cosa(s) que forman el tema principal de una frase.

MODELO: (Yo) escribo cuentos para niños.
Verbo: escribo
Persona que escribe = Yo
Sujeto = Yo

El **objeto directo** es el recipiente de la acción. Es la palabra en una frase que contesta las preguntas "¿qué?" o "¿quién(es) + *el verbo*"?

MODELO: (Yo) leo novelas.
Sujeto = Yo
Verbo = leo
¿Qué leo? novelas
objeto directo = novelas

El **objeto indirecto** indica el destinatario de la acción. El objeto indirecto está formado por las preposiciones **a** o **para**.

MODELO: (Yo) escribo cuentos para niños.
Sujeto = Yo
Verbo = escribo
Objeto directo = cuentos
Para quiénes escribo = para niños
Objeto indirecto = niños

Los pronombres se clasifican según el tipo de nombre que sustituyen. **Los pronombres de sujeto** sustituyen a nombres en posición de sujeto. **Los pronombres de objeto directo** sustituyen a nombres en posición de objeto directo. De la misma manera, **los pronombres de objeto indirecto** sustituyen a nombres en posición de objeto indirecto.

Los pronombres preposicionales sustituyen a nombres que aparecen en frases preposicionales. La tabla a continuación representa los pronombres de mayor uso en el mundo hispano, clasificados según su categoría.

Clases de pronombres	Pronombres
de sujeto	yo, tú, él, ella, usted, nosotros, ustedes, ellos, ellas
de complemento directo	me, te, lo, la, nos, los, las
de complemento indirecto	me, te, le, nos, les, se* *se sustituye **se** por le, les en combinación con un complemento directo **la**(s) o **lo**(s) *ya se lo dije.*
de preposición	mí, ti, él, ella, nosotros, ellos, ellas (**PERO** conmigo, contigo)

Conceptos más avanzados

El voseo

En algunas partes del mundo hispano se usa el pronombre **vos**. Éste es un pronombre de segunda persona del singular de tratamiento informal, es decir, es como el pronombre *tú*. En algunos lugares el vos tiene su propia conjugación (*vos hablás, vos comés, vos vivís*). En otros se conjuga como el pronombre *tú* (*vos hablas, vos comes, vos vives*). El uso del vos en la lengua hablada tiene amplia aceptación en el mundo hispano. Sin embargo, las opiniones varían en cuanto a su aceptación en el habla escrita. Por regla general, se recomienda el uso del *tú* para escritos formales y se acepta el vos en la escritura informal.

El uso del pronombre *vosotros*

En España, se usa el pronombre **vosotros** para el tratamiento informal de la segunda persona del plural. Este pronombre no existe en América Latina, sino que se usa el pronombre *ustedes* como forma de tratamiento formal e informal. El vosotros tiene su propia conjugación, como se representa a continuación.

	hablar	comer	vivir
presente	habláis	coméis	vivís
futuro	hablaréis	comeréis	viviréis
pasado imperfecto	hablabais	comisteis	vivisteis
pasado pretérito	hablasteis	comisteis	vivisteis

Usos no estándares

En algunas partes del mundo hispano se escuchan las siguientes formas no estándares. En el habla formal es recomendable seguir el uso estándar.

Uso no estándar	Uso estándar
demen	denme
siéntesen	siéntense
cállesen	cállense
levántesen	levántense
su mamá de él	su mamá (o la mamá de él)
su casa de ellos	su casa (o la casa de ellos)

Los pronombres posesivos

La tabla a continuación presenta todos los pronombres posesivos del español y sus equivalentes en inglés.

Los pronombres del español	Correspondientes en inglés
el mío, la mía, los míos, las mías	mine
el tuyo, la tuya, los tuyos, las tuyas	yours
el suyo, la suya, los suyos, las suyas	his, hers, yours (singular possessor)
el nuestro, la nuestra, los nuestros, las nuestras	ours
el vuestro, la vuestra, los vuestros, las vuestras (*sólo en España*)	yours (plural possessor)

En el español de América Latina no hay un pronombre posesivo que corresponda a la segunda o tercera persona del plural. En este caso, se expresa posesión mediante el uso de un adjetivo posesivo, o una frase preposicional que comienza con **de**.

Inglés	Traducción con un adjetivo posesivo*	Traducción con una frase preposicional
your/their family	su familia	la familia de ellos
your/their questions	sus preguntas	las preguntas de ellos

*El adjetivo posesivo es ambiguo porque tiene más de un significado. **Su familia**, por ejemplo puede significar *his family, her family* o *their family*.

Los pronombres demostrativos

Palabras tales como **este, ese** y **aquel** pueden funcionar como adjetivos o como pronombres demostrativos. Cuando estas palabras tienen función de pronombre, llevan un acento escrito.

Con función de adjetivo	Con función de pronombre
Quiero que me compres **este** libro.	Quiero que me compres **éste**.
Me encanta **aquel** vestido.	Me encanta **aquél**.

Los pronombres demostrativos del español son:

Masculino	Femenino	Neutro (OJO: estas formas no llevan acento)
éste, éstos	ésta, éstas	esto
ése, ésos	ésa, ésas	eso
aquél, aquéllos	aquélla, aquéllas	aquello

Los pronombres **éste, ésta, éstos** y **éstas** se usan con el significado de *the latter*. Los pronombres **aquél, aquélla, aquéllos** y **aquéllas** se usan con el significado de *the former*:

> Aunque son hermanas, Marta y Margarita son muy diferentes. Mientras que ésta es introvertida y estudiosa, aquélla es extrovertida y espontánea.

Los pronombres interrogativos y exclamativos

Las siguientes palabras pueden funcionar como pronombres interrogativos o exclamativos: **qué, cuál, cuáles, quién, cuánto, cuánta, cuántos** y **cuántas.**

Pronombres interrogativos	Pronombres exclamativos
¿Qué dijo?	¡Qué amables!
¿Quién llamó?	¡Quién fuera tan dichoso!
¿Cuántos necesitas?	¡Cuántos problemas!

Las palabras *que, quien(es), cuanto(s), cuanta(s), como* y *cual(es)* llevan acento cuando se usan con significado interrogativo o exclamativo.

Con acento	Sin acento
¿**Qué** fue lo que hizo?	Quiere **que** vengas inmediatamente.
¡**Cómo** has engordado!	Hazlo **como** mejor te convenga.
¿**Cuándo** terminarás tus estudios?	**Cuando** llegue empezamos la película.

OJO: En preguntas o exclamaciones indirectas, estas palabras también llevan acento.

> La policía no tiene idea de **quién** se robo el cuadro.
> Me maravilla ver **cuánto** has aprendido este semestre.

Los pronombres definidos e indefinidos

Los **pronombres definidos** representan cantidades exactas. Ejemplos de pronombres definidos incluyen: **tres, seis, ocho, primero, segundo, ambo(s)** y **amba(s).**

Los **pronombres indefinidos** representan cantidades no exactas. Algunos pronombres indefinidos son: **alguno(s), alguna(s), ninguno(s), ninguna(s), algo,**

nada, alguien, nadie*, poco(s), poca(s), mucho(s), mucha(s), otro(s), otra(s), todo(s), toda(s), vario(s) y varia(s).

¡A ver qué aprendiste!

Ejercicio 1: ¿Qué función gramatical tiene el pronombre subrayado? Justifica tu respuesta.

1. No <u>me</u> han entregado la prueba.
2. <u>Les</u> explicamos el problema muy claramente.
3. Ella llegó a tiempo, pero <u>él</u> no apareció hasta muy tarde.
4. <u>Nos</u> tratan siempre con mucho cariño y respeto.
5. No <u>lo</u> veo desde hace más de diez años.
6. Dice que está dispuesto a hacer cualquier cosa por <u>nosotros</u>.
7. Hace más de un mes ya que <u>te</u> presté el libro. ¿Puedes devolvér<u>melo</u>?
8. Todas las cosas de <u>él</u> son más complicadas que las de nadie.
9. ¿Vienes <u>tú</u> sola?
10. Nadie quiere venir con<u>migo</u>.

Ejercicio 2: Contesta las siguientes preguntas con un pronombre de complemento directo. **Recuerda:** Los pronombres de objeto aparecen delante del verbo cuando el verbo está conjugado.

MODELO: ¿Recogiste los datos? Sí, *los recogí.*

1. ¿Conoces a Juan? Sí, _____.

2. ¿Tienes las notas de clase? No, _____.

3. ¿Sabes cuándo es el examen? No, _____.

4. ¿Ya hiciste la tarea de matemáticas? Sí, _____.

5. ¿Viste el noticiero? Sí, _____.

Ejercicio 3: Contesta las siguientes preguntas con un pronombre de sujeto y otro de complemento directo. RECUERDA: En la mayoría de los casos, los pronombres de sujeto aparecen antes del verbo, pero al formular preguntas o al responder a preguntas que comienzan con *quién* o *quiénes*, es posible colocar el pronombre después del verbo.

MODELO: ¿Quién perdió las llaves?
               Ella las perdió. o *Las perdió ella.*

1. ¿Quién rompió el vaso? _____

2. ¿Quiénes saben la respuesta? _____

3. ¿Quién abrió las ventanas? _____

4. ¿Quién se llevó la pluma? _____

5. ¿Quién fue que tomo el recado? _____

*Nadien es la forma no estándar de *nadie*

Ejercicio 4: Contesta las siguientes preguntas con un pronombre de complemento directo y otro de complemento indirecto. RECUERDA: Cuando hay un pronombre de objeto directo e indirecto en una misma oración, el pronombre de objeto indirecto va delante del pronombre de objeto directo.

MODELO: ¿Quién te dio mi dirección?
Me la dio tu hermano.

1. ¿A quién le entregaste el formulario? _____

2. ¿Cuándo le van a explicar el problema? _____

3. ¿Por qué te regalaron jabón? _____

4. ¿Cuándo les mandaron la notificación? _____

5. ¿Para cuándo te darán los resultados? _____

Ejercicio 5: Completa el espacio en blanco con la traducción correcta.

1. Nuestra casa es confortable y bonita, pero (*his*) _____ es algo fuera de serie.

2. (*Ours*) _____ es más caro que (*theirs*) _____ .

3. El profesor encontró su examen, pero todavía no ha encontrado (*mine*) _____ .

4. Mi solución y (*yours*) _____ son casi iguales.

5. Mi hermano y (*hers*) _____ son buenos amigos.

Ejercicio 6: Rellena el espacio en blanco con la traducción que corresponde. Ojo con los acentos.

1. (*These*) _____ son las mejores naranjas que he comido en mi vida.

2. No sé nada de _____ (*that*).

3. ¡(*That*) _____ no es nada!

4. Juan y Pedro. Éste quiere ser médico y (*the former*) _____ abogado.

5. Las dos son buenas, pero (*that one*) _____ es mejor.

Ejercicio 7: Escoge la respuesta correcta.

1. Sé (que, qué) está muy enfermo.
2. Después de (eso, éso) no me fío de nadie.
3. (Lo nuestro, Los nuestro) es más difícil de solucionar.
4. ¿(Cuantas, Cuántas) veces tengo que decirte lo mismo?
5. Me pregunto por (que, qué) no me dijo nada.
6. La conferencia se llevará a cabo en (aquel, aquél) salón.
7. Nadie entiende (como, cómo) sobrevivió todo ese tiempo.
8. (Esos, Ésos) vecinos me tienen desesperada.

Venezuela y Colombia

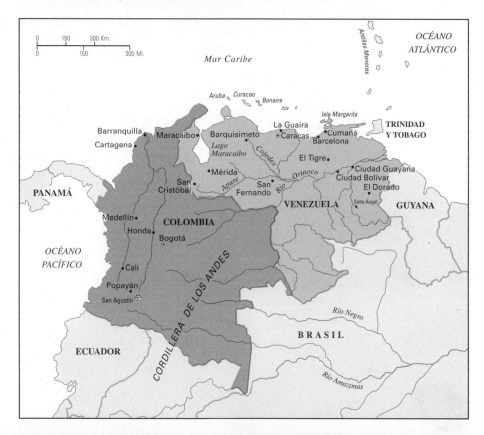

Testimonios y trasfondos

A conocer Venezuela y Colombia

Para comenzar... (Parte primera)

Antes de leer: Estrategias

El encabezamiento: A continuación vas a leer dos lecturas, una sobre Venezuela y otra sobre Colombia. Fíjate que las dos lecturas están divididas en secciones con los mismos encabezamientos. ¿Qué te sugiere esto?

   Las actividades de postlectura: En vista de los encabezamientos, ¿qué tipo de actividades y preguntas de postlectura probablemente vas a tener? Antes de comenzar a leer, ojea los ejercicios de postlectura. ¿Adivinaste bien? Orienta tu lectura a prepararte para completar estos ejercicios.

El Pico Bolívar

Palabras clave

Rellena los espacios a continuación con la palabra o frase subrayada de la lectura que corresponda en significado a cada definición.

_____ dominación

_____ golpean, castigan

_____ acción de obligar a alguien a una cosa

_____ campos o terrenos planos, _plains_

_____ fase, período de tiempo

_____ palos altos que sostienen a algo a una altura que impide que se moje

_____ personas que habitan o viven en una zona

Caracas, capital venezolana

Panorámica de Venezuela

Lectura 3 (Parte primera)
Venezuela en breve

Geografía

Venezuela está situada en Sudamérica. Al norte del país se encuentra el Mar Caribe, al sur Brasil, al oeste Colombia y al este Guyana. Este hermoso país cuenta con playas preciosas, montañas espectaculares, dunas y desiertos impresionantes y <u>llanuras</u> de una belleza singular. El punto más alto de Venezuela es el Pico Bolívar, localizado a 5.000 metros por encima del nivel del mar. Su capital, Caracas, tiene más de 4 millones de <u>habitantes</u> y es el centro político y económico del país. Maracaibo, al oeste, es la capital petrolera del país.

Población

Venezuela tiene una población de aproximadamente 24 millones de habitantes. De éstos, se estima que sólo el 2% es de origen indígena. El resto tiene sus raíces en Europa, África y otros países de Latinoamérica. Así pues, Venezuela es un país de inmigrantes donde se ven representadas un gran número de etnias y razas.

Su nombre

El nombre de Venezuela, el cual significa "pequeña Venecia", se debe a las casas sobre el agua que los primeros exploradores europeos encontraron al llegar a esta zona. Estas casas montadas en <u>zancos</u> les hicieron recordar a estos exploradores a la famosa ciudad italiana.

Historia

El período de la conquista española de Venezuela se inicia con la llegada de Colón en 1498 y se extiende hasta mitad del siglo XVII. Durante esta época, el imperio español se propone la <u>subyugación</u> militar de los indígenas y la <u>imposición</u> de la religión católica sobre esta población. El período colonial que sigue a la conquista se destaca por la exportación del cacao al mercado europeo y la importación en masa de esclavos africanos. A principios del siglo XIX se inicia el movimiento de independencia venezolana, el cual culmina en 1821, cuando Venezuela se convierte en un país completamente independiente. La muerte de Simón Bolívar y la separación de Venezuela de La Gran Colombia en 1830 marcan el inicio de una <u>etapa</u> de gran inestabilidad política. Una guerra civil y una serie de dictaduras militares <u>azotan</u> a la república venezolana durante este período. En 1958, Venezuela logra su primer gobierno democrático, con la elección de Rómulo Betancourt a la presidencia. A partir de ese momento, a pesar de enfrentarse a un número de crisis políticas y económicas, Venezuela ha gozado de un gobierno democrático.

Para comenzar... (Parte segunda)

Palabras clave

a partir de	desde
a raíz de	a causa de
alzamiento	levantamiento o rebelión
comprender	incluir
disolver	desunir, separar
esfuerzo	trabajo
desmovilizados	dados de baja
recursos naturales	riquezas naturales
rendir homenaje	celebrar en honor de alguien o algo

Bogotá, capital colombiana

Playa caribeña en Colombia

Lectura 3 (Parte segunda)
Colombia en breve

Geografía

Colombia se encuentra en el extremo noroeste de Sudamérica donde comparte fronteras con Panamá, Venezuela, Brasil, Perú y Ecuador. Con sus zonas caribeñas, andinas y amazónicas, este país es prácticamente un microcosmo de toda Latinoamérica. La variada topografía colombiana permite el cultivo de una amplia gama de productos agrícolas. Entre éstos, se destaca el café, el cual goza de fama internacional. Colombia también es rica en <u>recursos naturales</u>. Las ciudades principales de Colombia son Bogotá, Cali, Medellín y Cartagena de Indias.

Población

Colombia tiene aproximadamente 30 millones de habitantes. Esta población se concentra en la región andina del país, donde se ubica Bogotá, la capital del país. La población colombiana es mayoritariamente mestiza. Es decir, los colombianos son una mezcla de españoles, indígenas y los descendientes de los esclavos africanos. Esta población hace de Colombia un país de gran diversidad racial y cultural.

Su nombre

Nueva Granada fue el nombre original que la monarquía española dio a las provincias que hoy en día <u>comprenden</u> el estado colombiano. El nombre "Colombia", adoptado en 1861, <u>rinde homenaje</u> a Cristóbal Colón. Variantes de este nombre se encuentran por todo el continente americano: en los EE.UU. tenemos el Distrito de Columbia; Columbus, Ohio; la Universidad de Columbia, etc. En Canadá existe la Provincia de Columbia Británica.

Colombia, región andina

Historia

La conquista de Colombia se inicia en los primeros años del siglo XVI. Esta época se caracteriza por la imposición de la religión católica y la dominación militar de los indígenas. Más adelante, durante la época colonial, se consolidan las instituciones del gobierno español y comienza la importación de esclavos africanos. En 1810 se inicia el período de la independencia colombiana con un <u>alzamiento</u> que produce el Acta de Independencia. En 1819, las fuerzas rebeldes entran en Bogotá sin resistencia, <u>a raíz de</u> una serie de victorias militares de parte de Bolívar y otros generales. Este mismo año, Bolívar crea la República de la Gran Colombia, la cual se <u>disuelve</u> en 1830 con el nacimiento de tres entidades separadas: Venezuela, Ecuador y Colombia (Panamá no se separa de Colombia hasta 1903). Con esto, Colombia comienza un período de gran inestabilidad política que da lugar a una serie de guerras civiles y guerra contra el Perú. A pesar de esta turbulencia política, Colombia adopta un sistema de gobierno democrático <u>a partir</u> de sus primeros años como nación. La nueva Constitución de 1991 es el resultado de un <u>esfuerzo</u> cooperativo de los indígenas, guerrilleros <u>desmovilizados</u>, minorías religiosas y representantes de los poderes tradicionales.

¡A ver qué aprendiste!

Paso primero: ¿Qué pasó en la lectura? Rellena los espacios en blanco de la siguiente tabla con la información clave dentro de cada categoría.

	Venezuela	Colombia
Geografía		
Población		
Origen del nombre		
Período de la conquista		
Período colonial		
Movimiento de independencia		
Período de la post-independencia		

Paso segundo: La lectura, la vida y tú. Contesta las siguientes preguntas con dos o tres compañeros de clase.

1. En vista de las semejanzas anteriores, ¿consideras que habría sido posible que Colombia y Venezuela formaran una misma nación? ¿Por qué sí o no?
2. ¿Existen semejanzas entre la historia de estos dos países y la historia de EE.UU.? ¿Qué diferencias importantes existen?

—¿Te tienen colgada por estar sub-
desarollada?

—¡Dicen que este es el trato que
meresco a ver si crezco!

Ricardo Rendón (1894–1931)
En el horizonte económico. El cometa de todos
los años 18 de marzo de 1921
Tinta sobre papel
Colección Alfonso Villegas Restrepo
Biblioteca Luis Ángel Arango, Bogotá, Colombia

Exploraciones

Exploraciones culturales: Las telenovelas venezolanas y colombianas

Las telenovelas "Betty la fea" de Colombia y "Cristal" de Venezuela figuran entre las exportaciones más conocidas de estos
países. ¿Conoces una de estas telenovelas? ¿Qué temas o personajes hicieron que estas novelas fueran tan populares no
sólo en América Latina y EE.UU. sino también en Europa?
¿Cuáles son las telenovelas más populares actualmente de la
televisión en español en EE.UU.?

Exploraciones culturales: La caricatura

Adolfo Samper (1905–1987) fue uno de los más destacados
caricaturistas colombianos del siglo XX. En la caricatura a la
izquierda, Samper critica un aumento de impuestos que se
llevó a cabo en 1961 bajo la justificación de mejorar la situación económica de Colombia. Según Samper, ¿cuáles fueron
los efectos de este aumento? En tu opinión, ¿tiene valor social
la caricatura? ¿La consideras un género periodístico?

Testimonios y trasfondos

Gabriel García Márquez

Para comenzar...

Sobre el autor y su obra

El colombiano Gabriel García Márquez es una de las figuras literarias más
célebres de la actualidad. Los premios otorgados a este narrador, periodista, y guionista de fama internacional son muchos, entre ellos, el Premio
Nóbel en 1982, la "Legión de Honor" del gobierno francés en 1981 y el
Premio Rómulo Gallegos en 1972.

A continuación hay un discurso que Gabriel García Márquez pronun-
ció en la sesión inaugural del foro América Latina y el Caribe frente al Nuevo
Milenio, que se llevó a cabo en París en 1999.

Gabriel García
Márquez, "Gabo"

Antes de leer: Estrategias

Anticipar el contenido: Fíjate en el título, y en la primera y última oraciones del
discurso. En base a esta información, ¿de qué trata este discurso?

Manejar el vocabulario: Clasifica las palabras subrayadas en una de estas categorías: 1) palabras que ya conoces, 2) palabras que no conoces pero cuyo significado puedes adivinar en base a lo presentado, 3) palabras cuyo significado no conoces ni puedes adivinar y que son esenciales para la comprensión de esta lectura y 4) palabras que no conoces ni puedes adivinar pero que no resultan esenciales para la comprensión de la lectura.

Al margen de la lectura, define a tu propia manera las palabras de la categoría 2. Busca el significado de las palabras de la categoría 3 en un diccionario y anota su significado también al margen.

Lectura 4

Discurso de Gabriel García Márquez

Ilusiones para el siglo XXI

El escritor italiano Giovanni Papini enfureció a nuestros abuelos en los años cuarenta con una frase envenenada: "América está hecha con los <u>desperdicios</u> de Europa". Hoy no sólo tenemos razones para sospechar que es cierto, sino algo más triste: que la culpa es nuestra.

Simón Bolívar lo había previsto, y quiso crearnos la conciencia de una identidad propia en una línea genial de su Carta de Jamaica: "Somos un pequeño género humano". Soñaba, y así lo dijo, con que fuéramos la patria más grande, más poderosa y unida de la tierra. Al final de sus días, mortificado por una deuda de los ingleses que todavía no acabamos de pagar, y atormentado por los franceses que trataban de venderle los últimos trastos de su revolución, les suplicó exasperado: "Déjennos hacer tranquilos nuestra Edad Media". Terminamos por ser un laboratorio de ilusiones <u>fallidas</u>. Nuestra virtud mayor es la creatividad, y sin embargo no hemos hecho mucho más que vivir de doctrinas <u>recalentadas</u> y guerras <u>ajenas</u>, herederos de un Cristóbal Colón <u>desventurado</u> que nos encontró por casualidad cuando andaba buscando las Indias.

Hasta hace pocos años era más fácil conocernos entre nosotros desde el Barrio Latino de París que desde cualquiera de nuestros países. En los cafetines de Saint Germain-des-Prés intercambiábamos serenatas de Chapultepec por ventarrones de Comodoro Rivadavia, caldillos de congrio de Pablo Neruda por atardeceres del Caribe, <u>añoranzas</u> de un mundo <u>idílico</u> y remoto donde habíamos nacido sin preguntarnos siquiera quiénes éramos. Hoy, ya lo vemos, nadie se ha sorprendido de que hayamos tenido que atravesar el vasto Atlántico para encontrarnos en París con nosotros mismos. A ustedes, soñadores con menos de cuarenta años, les corresponde la tarea histórica de componer estos <u>entuertos descomunales</u>. Recuerden que las cosas de este mundo, desde los transplantes de corazón hasta los cuartetos de Beethoven, estuvieron en la mente de sus creadores antes de estar en la realidad. No esperen nada del siglo XXI, que es el siglo XXI el que lo espera todo de ustedes.

Un siglo que no viene hecho de fábrica sino listo para ser <u>forjado</u> por ustedes a nuestra imagen y semejanza, y que sólo será tan glorioso y nuestro como ustedes sean capaces de imaginarlo.

¡A ver qué aprendiste!

Paso primero: ¿Qué pasó en la lectura? Contesta las siguientes preguntas sobre la lectura.

1. Según García Márquez, ¿cuál es la tarea que les corresponde a los jóvenes?
2. ¿Qué quiso decir Papini al afirmar que América está compuesta de los desperdicios de Europa? ¿Estás de acuerdo?
3. ¿Qué quiso decir Simón Bolívar con la frase "Déjennos hacer tranquilos nuestra Edad Media"?
4. ¿Dónde, según García Márquez, se conocían los intelectuales de Latinoamérica hasta hace poco?
5. ¿Qué opinión tiene García Márquez sobre América Latina? ¿La considera un territorio que ha triunfado o fracasado?

Paso segundo: La lectura, la vida y tú. Con dos o tres compañeros de clase, comenta las siguientes preguntas. Prepárense a compartir sus comentarios con la clase.

¿Qué tipo de futuro se imaginan para la comunidad latina en EE.UU.? ¿Cómo juzgan su presente y pasado? ¿Qué tipo de futuro se imaginan para los países de América Latina? ¿Cómo juzgan su presente y pasado?

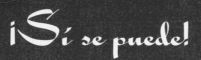

OPCIÓN 1: **El anuncio**

Muchas veces, los equipos deportivos y las empresas hacen uso de lemas (*mottoes*), emblemas, escudos, banderas, etc., para representar y fomentar el sentimiento de unidad entre sus integrantes o clientes. Desarrolla un símbolo que sirva para representar y unificar a la comunidad latina de EE.UU. Crea un anuncio de revista en torno a este símbolo. Preséntalo ante la clase. Usa todos los recursos electrónicos a tu disposición para diseñar un producto de alta calidad visual.

OPCIÓN 2: **La caricatura**

Diseña una caricatura en español que ofrezca algún comentario sobre un hecho actual.

OPCIÓN 3: **El discurso**

Prepara un breve discurso dirigido a los jóvenes latinos en EE.UU. Organiza tu discurso en torno a las siguientes consideraciones:

Tema. Cuál es el tema en que te vas a enfocar: ¿el futuro? ¿la educación? ¿las drogas?

Público. A quiénes te vas a dirigir: ¿a niños pequeños? ¿estudiantes de escuela secundaria? ¿estudiantes universitarios?

Lenguaje. ¿Qué tipo de lenguaje es propio para el público y el tema de tu discurso: coloquial, callejero, formal, etc.?

Mensaje. ¿Cuál es el mensaje principal que quieres comunicar? ¿Por qué consideras que éste es un mensaje importante de compartir? Además de este mensaje, ¿qué detalles adicionales vas a incluir?

La introducción. Busca una cita o anécdota de alguien famoso que te sirva para captar la atención del público.

La conclusión. Termina tu discurso con una idea inspiradora.

Una vez que hayas escrito tu discurso, muéstraselo a un compañero de clase y pídele que te lo critique en cuanto a 1) la claridad de las ideas presentadas y 2) su impacto emocional. Modifica lo escrito en base a los comentarios de tu compañero. Lee tu discurso en voz alta, y si puedes, grábalo y escúchate. ¿Te suena bien? ¿Hay algunos cambios en el contenido que tendrás que hacer? ¿Qué te parece tu estilo de presentación?

Cuando hayas perfeccionado tu discurso, preséntalo ante la clase.

Mural salvadoreño del Arzobispo Oscar Romero

El Salvador y Nicaragua

La presencia centroamericana en Estados Unidos

Metas

En este capítulo, vamos a:

a. conocer las comunidades centroamericanas en EE.UU. y el activismo social en que éstas participan. *(Orgullo cultural, meta 1)*

b. explorar la realidad geopolítica de El Salvador y Nicaragua. *(Orgullo cultural, meta 2)*

c. buscar conexiones culturales por medio de la música popular en español y en inglés. *(Orgullo cultural, meta 3)*

d. empezar a participar en servicios comunitarios y así conocer mejor nuestra sociedad, el mundo hispano y a nosotros mismos. *(Orgullo cultural, meta 4/Estrategia comunicativa)*

e. ampliar nuestro uso de los conectores. *(Registro)*

f. practicar el uso de los pronombres, adjetivos y adverbios relativos. *(Gramática)*

g. estudiar las reglas de ortografía que rigen el uso de la *r* y la *rr*. *(Ortografía)*

h. practicar las estrategias de hojear y ojear un texto escrito. *(Estrategia de lectura, meta 1)*

i. comparar y contrastar textos en base a sus temas principales, su imaginería y el público al que se dirigen. *(Estrategia de lectura, meta 2)*

j. redactar un folleto. *(Estrategia de escritura)*

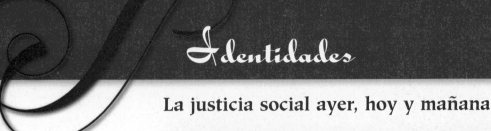

La justicia social ayer, hoy y mañana

Piénsatelo

El Salvador ha dado al mundo una de las figuras más veneradas en el ámbito de los derechos humanos y la ética social. El Arzobispo Óscar Romero (1917–1980) dedicó su vida a difundir un mensaje de amor, paz y justicia. A continuación se ofrecen dos breves escritos del arzobispo. A más de dos décadas de haberse pronunciado estas palabras, ¿te parece que todavía sean vigentes? ¿Por qué sí o no?

> Yo no me cansaré de señalar que si queremos de veras un cese eficaz de la violencia, hay que quitar la violencia que está a la base de todas las violencias: la violencia estructural, la injusticia social, el no participar los ciudadanos en la gestión pública del país, la represión. Todo eso es lo que constituye la causa primordial. De allí naturalmente brota lo demás.

(23 de septiembre de 1979)

> Ustedes saben que está contaminado el aire, las aguas, todo cuanto tocamos y vivimos; y a pesar de esa naturaleza que la vamos corrompiendo cada vez más, y la necesitamos, no nos damos cuenta que hay un compromiso con Dios de que esa naturaleza sea cuidada por el hombre. Talar un árbol, botar el agua cuando hay tanta escasez de agua, no tener cuidado con las chimeneas de los buses, envenenando nuestro ambiente con esos humos mefíticos, no tener cuidado donde se queman las basuras—todo eso es parte de la alianza con Dios.

(11 de marzo de 1979)

CARECEN (Central American Resource Center/El Centro de recursos centroamericanos)

Para comenzar...

En el otoño de 1998, las naciones de Centroamérica sufrieron los efectos devastadores del Huracán Mitch, una de las tempestades más severas en la historia contemporánea. En países tales como Nicaragua, Honduras y El Salvador, el huracán produjo un desastre sin precedentes. Cientos de miles de personas perdieron sus hogares y muchos pueblos y regiones perdieron su infraestructura.

Devastación causada por el huracán Mitch en Nicaragua

El recuento oficial de muertos fue de unas 5.000 personas en Honduras y 1.300 en Nicaragua, pero el número definitivo seguramente ha de ser mucho más alto.

Ante el enorme sufrimiento causado por este desastre natural, los centroamericanos y otros latinos en EE.UU. se movilizaron para ofrecer ayuda a los más afectados. Uno de los grupos de mayor impacto al respecto fue CARECEN, el Centro de Recursos Centroamericanos. A continuación se encuentra información sobre la labor de esta importante organización.

Antes de leer: Estrategias

Hojear y ojear: Antes de leer el segmento a continuación, considera las siguientes recomendaciones:

1. Puesto que el segmento proviene de una página Web, ¿a qué público (*audience*) está dirigido? Con este formato, ¿qué tipo de información debe presentarse? ¿Cómo se debe organizar? ¿Qué tono debe adoptar?
2. Para comprender bien una lectura, es necesario leerla varias veces. Primero, efectúa una lectura rápida con el fin de captar el tema y la idea principal. No te preocupes si encuentras palabras que no entiendes al leer el segmento esta vez. Este proceso se conoce como **hojear** (*skimming*).
3. Rellena los espacios en blanco bajo **Palabras clave** con las correspondientes palabras subrayadas de la lectura. Ahora, vuelve a leer el segmento, esta vez tomando en cuenta el significado de las palabras subrayadas y enfocándote más en las ideas que se presentan. Este proceso se conoce como **ojear** (*scanning*).
4. Vuelve a leer el segmento una vez más. Ahora marca cinco ideas clave que se revelan en la lectura y prepárate para presentarlas en clase.

Palabras clave

Rellena los espacios a continuación con la palabra o frase subrayada de la lectura que corresponda en significado a cada definición.

_____ tratados oficiales en que diferentes partidos políticos deciden ponerse de acuerdo sobre algo

_____ acostumbramiento; el proceso de acostumbrarse a algo

_____ paro, terminación

_____ eventos horrorosos que pueden dañar a muchos

_____ administración

_____ que tienen una conexión

_____ puso en efecto; estableció

_____ relativo al castigo

_____ actos, asuntos

_____ sale, se deriva

_____ central, esencial, original

_____ a favor de

_____ receptáculos que contienen algo

_____ medios a los que uno puede recurrir para realizar algo

_____ personas que, por razones políticas, viven en otro país

_____ desafío

Lectura 1

En el nombre de la justicia: Conozcamos a CARECEN

El Centro de <u>Recursos</u> Centroamericanos fue fundado en 1983 por un grupo de <u>refugiados</u> salvadoreños cuya misión era obtener el estado legal para los miles de centroamericanos que venían a Estados Unidos huyendo de la tortura y la brutalidad de la guerra civil. Durante años 80 y 90, más del 50% de los millones de salvadoreños y guatemaltecos que huían de las <u>atrocidades</u> de la guerra vinieron a Los Ángeles. La transición de refugiados a residentes permanentes ha sido un <u>reto</u> para CARECEN, al tener que expandir su capacidad para satisfacer la necesidad de <u>desarrollo</u> social y económico.

Después de la firma de los <u>acuerdos</u> de paz en El Salvador en 1992 y en vista de los disturbios civiles ese mismo año en Los Ángeles, CARECEN reajustó sus prioridades programáticas para reflejar la necesidad de conseguir el estado de residencia permanente para los refugiados de guerra. También reconoció la importancia de trabajar con los inmigrantes más jóvenes y con aquellos jóvenes nacidos en Estados Unidos, cuyas raíces no estaban <u>fijadas</u> a la cultura estadounidense.

CARECEN trabajó con organizaciones de derechos civiles y del inmigrante a nivel nacional para cambiar la ley <u>punitiva</u>. El trabajo de CARECEN dio su fruto en 1997 con la aprobación de la ley NACARA (Acta de <u>ajustamiento</u> a nicaragüenses y alivio a

El centro Carecen en Los Angeles, California

centroamericanos, *Nicaraguan Adjustment and Central American Relief Act*). Sin embargo, los resultados de esta ley han sido mixtos ya que NACARA da la residencia permanente a nicaragüenses y cubanos, pero demanda prueba individual de extremo sufrimiento para salvadoreños y guatemaltecos.

En noviembre de 1998, después de la devastación causada por el huracán Mitch, CARECEN dirigió el esfuerzo de ayuda a las víctimas. Trabajando con la Coalición Centroamericana de Los Ángeles ayudó a enviar 31 recipientes de alimentos y medicinas, incluyendo $100.000 en valor de medicinas a los países afectados. En marzo de 2001, después de una serie de terremotos devastadores en El Salvador, el Presidente George Bush promulgó un acta llamada Temporary Protected Status (TPS), la cual prometió residencia temporánea protegida a los salvadoreños que huían de la devastación catastrófica causada por los terremotos. CARECEN ha desempeñado un papel principal ayudando a los salvadoreños a solicitar protección bajo este acto en Washington, D.C.

Entre sus muchos proyectos actuales, CARECEN continúa su labor en pro de leyes de inmigración más justas e iguales para todos. También se esfuerza por ayudar a los jóvenes latinos a salir adelante en la sociedad americana. La misión de CARECEN toma inspiración de la labor del Arzobispo Óscar Romero, defensor de los derechos humanos en El Salvador durante la dictadura militar de los años 1970. El arzobispo escribió: "Si queremos de veras un cese eficaz de la violencia, hay que quitar la violencia que está a la base de todas las violencias: la violencia estructural, la injusticia social, el no participar los ciudadanos en la gestión pública del país, la represión. Todo eso es lo que constituye la causa primordial. De allí naturalmente brota lo demás."

¡A ver qué aprendiste!

Paso primero: ¿Qué pasó en la lectura? Contesta las siguientes preguntas sobre la lectura.

1. ¿Cuándo fue fundado CARECEN y por quiénes?
2. ¿Cuál fue la misión principal de la organización al principio?
3. ¿En qué consiste esa misión hoy en día?
4. ¿Qué sucedió en 1997?
5. ¿Quiénes se benefician de la ley NACARA? ¿Quiénes tienen que hacer más esfuerzos para gozar de los beneficios de esta ley?
6. ¿Por qué trabaja CARECEN con las diferentes ramas del gobierno? ¿Qué es lo que la organización quiere realizar así?
7. ¿Cómo participó el Centro en los esfuerzos de ayuda después del huracán Mitch? ¿Y después de los terremotos en El Salvador? ¿Qué hizo en específico para ayudar a las víctimas en ambos casos?
8. ¿Estás de acuerdo con lo que dijo el Arzobispo Romero?

Paso segundo: La lectura, la vida y tú. Contesta las siguientes preguntas con dos o tres compañeros de clase.

1. ¿Has pasado por algún desastre natural? ¿Cómo te protegiste? ¿Qué recursos te ayudaron a ti o a otros en tu comunidad a recuperarse (centros de ayuda,

La Cruz Roja, otra organización)? ¿Participaste tú en los esfuerzos comunitarios de contrarrestar los efectos del desastre?

2. Si semejante desastre volviera a ocurrir en el futuro, ¿qué harías? ¿Qué te gustaría que el gobierno municipal hiciera para proteger a la comunidad y ayudar a las víctimas?

¡Vamos más allá!

Paso 1: El huracán Mitch. La siguiente cita sitúa lo que ocurrió con el huracán Mitch en Centroamérica en el marco de un contexto mundial. Según esta cita, ¿quiénes son los más afectados por los desastres naturales? ¿Qué factores contribuyen a esto? ¿Estás de acuerdo que el número de desastres naturales está aumentando? ¿Hay algo que se pueda hacer al respecto?

> La seguridad humana y el desarrollo sostenible se encuentran cada vez más amenazados debido a la creciente escalada de desastres ocasionados por los peligros naturales. Debido a ello, cada año se pierden miles de vidas, de las cuales 90% pertenecen a los países en desarrollo. Los graves daños ocasionados están destruyendo las condiciones de vida de millones de personas, especialmente entre los pobres y los más vulnerables. El crecimiento demográfico y la rápida urbanización no planificada ocasionan que cada día más gente se encuentre expuesta a los peligros en las ciudades, amenazando la estabilidad de sus propias vidas.

("Iniciativa para el desarrollo de temas transversales: reducción de desastres naturales en Asia, América Latina y el Caribe" por EIRD [Estrategia Internacional para la Reducción de Desastres])

Paso 2: Organizaciones comunitarias. Contesta las preguntas a continuación con dos o tres compañeros de clase. Cada grupo debe elegir un(a) secretario(a) que apunte los comentarios del grupo.

1. ¿Perteneces a alguna organización comunitaria o algún grupo estudiantil? ¿Cómo se llama?
2. ¿Por qué decidiste ser miembro de este grupo en particular?
3. ¿Qué tipo de actividades haces como miembro del grupo? ¿Tienen estas actividades algún impacto en tu comunidad o en tu universidad? ¿Influyen en tu perspectiva sobre tu comunidad y tu lugar en ella? Explica.

Lluvia de ideas

Con dos o tres compañeros de clase, inventa una posible organización comunitaria—o para tu universidad o para el pueblo en que ésta se ubica. ¿Cuál debe ser la misión de la organización? ¿Cómo se llamará? ¿Quiénes deben ser miembros? ¿Estudiantes? ¿Profesores? ¿Hombres? ¿Mujeres? ¿Qué clase de actividades se ofrecerán? ¿Quiénes se beneficiarán de la existencia de este grupo y de qué manera en específico? Con la ayuda de su grupo, los secretarios deben tomar apuntes y organizarlos en forma de una página Web como la de CARECEN. Estas páginas deben presentarse ante la clase.

Exploraciones

Exploraciones culturales: Datos estadísticos sobre los salvadoreños y nicaragüenses en EE.UU.

Hoy en día, nuestro país es el hogar de diversas poblaciones de origen centroamericano. ¿Qué tanto sabes tú sobre los salvadoreños y nicaragüenses en EE.UU. en particular? Enriquece tu conocimiento de estas comunidades valiosas, contestando las siguientes preguntas.

1. Según las estadísticas obtenidas por el Censo 2000, ¿aproximadamente cuántos salvadoreños viven en EE.UU.?
   a. 115.000   c. 655.000
   b. 423.000   d. 857.000

2. ¿Aproximadamente cuántos nicaragüenses habitan el país?
   a. 500.000   c. 178.000
   b. 223.000   d. 45.000

3. La población más grande de salvadoreños en EE.UU. se encuentra en la ciudad de:
   a. Washington, D.C.   c. Nueva York
   b. Los Ángeles   d. Houston

4. La población más grande de nicaragüenses en EE.UU. se encuentra en:
   a. Miami   c. Minneapolis
   b. San Francisco   d. Philadelphia

5. Según las estadísticas, los nicaragüenses empezaron a inmigrar a EE.UU. en grandes números durante los años:
   a. 1920   c. 1970
   b. 1850   d. 1990

6. Los salvadoreños empezaron a inmigrar a este país en alto volumen durante los años:
   a. 1920   c. 1980
   b. 1940   d. 1990

7. En un restaurante que ofrece comida típica salvadoreña, uno encontrará:
   a. pupusas   c. cóctel de camarones
   b. burritos   d. salsa criolla

8. En un restaurante que ofrece comida típica nicaragüense, uno encontrará:
   a. paella   c. espaguetis
   b. llapingachos   d. gallo pinto

9. La razón principal por la que salvadoreños y nicaragüenses han inmigrado a EE.UU. en los últimos treinta años es:
   a. para escapar de disturbios políticos tales como guerra civil y dictaduras represivas.
   b. para huir la devastación causada por huracanes y terremotos.
   c. para encontrar trabajo y enviar dinero a parientes que quedaron en su país de origen.
   d. a, b y c.

Mira las respuestas en la parte trasera de este libro. ¿Te ha sorprendido alguna de estas respuestas? ¿Cuál(es) y por qué? Comenta tus reacciones con los compañeros de clase.

¡Vamos más allá!

Redacta dos preguntas para añadir a la prueba anterior en base a los siguientes datos del Center for Immigration Studies.

Top Immigrant Sending Country in 2000 and 1990, Ranked by Change in Diversity

State	2000		1990		Percentage-Point Change	Percentage Change
	Sending Country	% of Imm. Population	Sending Country	% of Imm. Population		
1. Arkansas	Mexico	42%	Mexico	11%	32	297%
2. North Carolina	Mexico	41%	Germany	10%	31	295%
3. Georgia	Mexico	34%	Mexico	12%	23	197%
4. Indiana	Mexico	31%	Mexico	11%	21	191%
5. Tennessee	Mexico	30%	Germany	11%	20	185%
6. Utah	Mexico	41%	Mexico	15%	26	177%
7. Nebraska	Mexico	38%	Mexico	15%	24	159%
8. Alabama	Mexico	31%	Germany	13%	18	138%
9. Iowa	Mexico	23%	Germany	11%	13	120%
10. Wisconsin	Mexico	30%	Germany	14%	16	117%
11. Colorado	Mexico	51%	Mexico	23%	27	116%
12. Mississippi	Mexico	21%	United Kingdom	10%	11	114%
13. Kansas	Mexico	47%	Mexico	24%	23	95%
14. South Carolina	Mexico	26%	Germany	14%	13	94%
15. Missouri	Mexico	20%	Germany	11%	10	91%
16. Oregon	Mexico	39%	Mexico	22%	18	83%
17. Oklahoma	Mexico	44%	Mexico	24%	20	83%
18. Wyoming	Mexico	45%	Mexico	25%	20	78%
19. Delaware	Mexico	19%	United Kingdom	11%	8	75%
20. Washington	Mexico	24%	Mexico	14%	10	74%
21. Nevada	Mexico	47%	Mexico	31%	16	51%
22. South Dakota	Ethiopia	19%	Canada	13%	6	42%
23. Idaho	Mexico	57%	Mexico	41%	16	38%
24. Illinois	Mexico	40%	Mexico	29%	11	36%
25. Montana	Canada	40%	Canada	29%	10	36%
26. Alaska	Philippines	28%	Philippines	21%	7	35%
27. Minnesota	Mexico	17%	Laos	13%	4	32%
28. New York	Dominican Rep.	11%	Dominican Rep.	8%	3	30%
29. Virginia	El Salvador	9%	Korea	8%	2	24%
30. Arizona	Mexico	67%	Mexico	55%	12	22%
31. Louisiana	Vietnam	15%	Vietnam	13%	3	21%

State	2000		1990		Percentage-Point Change	Percentage Change
	Sending Country	% of Imm. Population	Sending Country	% of Imm. Population		
32. California	Mexico	44%	Mexico	38%	6	16%
33. Dist. of Columbia	El Salvador	19%	El Salvador	16%	3	16%
34. New Mexico	Mexico	70%	Mexico	62%	9	15%
35. New Jersey	India	8%	Italy	7%	1	10%
36. Texas	Mexico	65%	Mexico	59%	6	9%
37. Maryland	El Salvador	7%	Korea	7%	1	8%
38. Hawaii	Philippines	49%	Philippines	45%	4	8%
39. Kentucky	Mexico	17%	Germany	16%	1	5%
40. West Virginia	Germany	10%	United Kingdom	10%	0	-1%
41. North Dakota	Canada	30%	Canada	33%	-3	-9%
42. Vermont	Canada	32%	Canada	38%	-7	-17%
43. Florida	Cuba	25%	Cuba	30%	-5	-17%
44. Pennsylvania	Former USSR	9%	Italy	11%	-2	-18%
45. Ohio	India	8%	Germany	10%	-2	-20%
46. Massachusetts	Portugal	10%	Portugal	13%	-3	-23%
47. Michigan	Mexico	12%	Canada	15%	-3	-23%
48. Maine	Canada	39%	Canada	51%	-12	-23%
49. Rhode Island	Portugal	19%	Portugal	25%	-7	-26%
50. New Hampshire	Canada	23%	Canada	32%	-9	-28%
51. Connecticut	Poland	8%	Italy	13%	-5	-37%

Source: Center for Immigration Studies analyses of 1990 and 2000 Public Use Micro data files.

Figures may not exactly match published numbers in every case because public use data files are slightly different from those used by the Census Bureau. Percentages may not match due to rounding.

El lenguaje en uso

Registro

El español académico escrito: Los conectores

Querida Chela,

¿Qué onda por allí? Aquí en Managua,
¡nos la pasamos bárbaro! ¡Nos vemos
la semana que viene!

Un beso,
Carla y Raúl

Todos los idiomas tienen diferentes niveles de formalidad. Por ejemplo, en el correo electrónico o el *online chat* solemos acortar palabras y expresarnos lo más rápido posible, inclusive sustituyendo figurillas por palabras (☺, ;), LOL, :0, etc.). En contraste con este modo comunicativo, el lenguaje que se utiliza al escribir un ensayo o un trabajo de investigación (*research paper*) utiliza expresiones más largas y elegantes, las cuales intentan demostrar sabiduría, seriedad y preparación. A continuación, encontrarás una lista de palabras y expresiones que se usan para dar cohesión a los escritos formales y para guiar al lector en cuanto a la organización de un escrito. Estos conectores se organizan según su función comunicativa.

Vocabulario útil para la redacción académica

Para introducir un nuevo tópico

con respecto a
en cuanto a   hay que tener presente (que)...
por lo que se refiere a   hay que tener en cuenta (que)...
en lo tocante a

Un acercamiento sociolingüístico a la obra
literaria de Manlío Argueta

por Jackie Vázquez
Profesor R. Quiñones
Español 342
25 de febrero de 2004

Para hacer énfasis
es importante recordar
cabe recalcar/señalar/notar

Para añadir información
además
asimismo
igualmente
de esta manera

Para presentar un contraste o una concesión

al mismo tiempo	en cambio
sin embargo	aun así
por el contrario	por otra parte
a pesar de todo	por un lado … por el otro
aunque	si bien es cierto que

Para presentar semejanzas

del mismo modo
igualmente

Para expresar una relación de causa y efecto

así pues	por esta razón
por consiguiente	por esto
por lo tanto	de esta manera

Para volver a repetir algo de manera diferente

es decir	en todo caso
en otras palabras	o sea

Para presentar un ejemplo

por ejemplo
así
para ilustrar

Para concluir

en fin	por último
resumiendo	finalmente
en suma	en conclusión

Para expresar una relación de tiempo

después	luego
a partir de	actualmente
al principio	inicialmente

¡A ver qué aprendiste!

Ejercicio 1: Rellena cada espacio en blanco con un conector.

1. _____ no tiene mucho sentido común, es muy buena persona.

2. _____, por mucho que no nos guste admitirlo, en este país hay violaciones de los derechos humanos.

3. _____ no tenemos mucho dinero somos muy felices.

4. la inteligencia y la motivación son sumamente importantes para obtener el éxito. _____, la mayoría de la gente opina que la segunda es más importante que la primera.

5. _____ que la mayoría de la gente no conoce muy bien la ley, es importante conocer un buen abogado que pueda dar consejos en caso de dudas.

6. No me cae bien la leche. _____ sólo tomo café negro.

7. El promedio de vida de las mujeres es 78.5 años. _____, el promedio de los hombres es 76 años.

8. Tenemos que llevar dinero, un abrigo y algo de comer. _____, es buena idea llevar un teléfono celular.

9. La mayoría de los estudiantes estudia más de 40 horas a la semana. _____ estudiar es equivalente a tener un trabajo a tiempo completo (*full-time*).

10. _____ 1980, más de 2 millones de salvadoreños han inmigrado a EE.UU.

Ejercicio 2: Redacta una terminación diferente para cada conector.

1. Juan es sumamente inteligente,…

   sin embargo _____

   además _____

   por ejemplo _____

   aunque _____

2. Los desastres naturales representan una gran amenaza para los países subdesarrollados,…

   es decir _____

   por eso _____

   al mismo tiempo _____

   no obstante _____

3. Estudiamos muchísimo para el examen final,…

   por eso _____

   aun así _____

   del mismo modo _____

Ejercicio 3: Haz una lista de todos los conectores que se encuentran en las lecturas sobre Nicaragua y El Salvador en la sección *Herencias*. ¿Cómo se traducen estos conectores al inglés? ¿Cuáles son las palabras o expresiones académicas que sueles utilizar al escribir ensayos para tus clases en inglés? Con dos o tres compañeros de clase, haz una lista de vocabulario académico en inglés. ¿Puedes encontrar expresiones semejantes en las listas de arriba?

Ejercicio 4: Explora uno de los periódicos en línea de El Salvador y Nicaragua (p. ej. *El Mundo, El Diario de Hoy, El Nuevo Diario, La Noticia,* etc.). De lo que lees allí, ¿puedes añadir algunas frases o palabras a la lista de vocabulario académico de este capítulo? Prepara una lista de palabras académicas que se revelan en un artículo de cada periódico. Además de la palabra o frase, la lista debe incluir: 1) una definición en español, 2) un sinónimo y 3) un ejemplo de una frase en que se usa.

MODELO: "Debe estarse muy consciente que la economía nicaragüense sigue siendo una economía en estructuración..." (Lainez, Francisco. "De dónde despega, adónde llega." *El Nuevo Diario,* 16 de enero de 2002)

Frase académica	Definición	Sinónimo	Ejemplo de uso
"Debe estarse muy consciente..."	Es muy importante recordar	Hay que tener presente	Debe estarse muy consciente que la historia política se manifiesta claramente en la nueva trova latinoamericana.

Gramática

Clases de palabras: Los relativos

Los relativos sirven para unir diferentes partes de una oración. Hay tres clases de relativos: los pronombres relativos, los adjetivos relativos y los adverbios relativos.

Pronombres relativos

Los siguientes son pronombres relativos: *que, el que, la que, los que, las que, lo que, cual, el cual, la cual, los cuales, las cuales, quien, quienes, cuanto, cuanta, cuantos* y *cuantas.* A continuación se ofrecen algunas consideraciones sobre el uso de estos pronombres.

Los pronombres *que, quien* y *quienes*

El pronombre **que** puede usarse en referencia a personas, animales y objetos. Los pronombres **quien** y **quienes** sólo se usan en referencia a personas.

El carro **que** compré no es bueno pero está en buenas condiciones.
El hombre **que** más te quiere es tu padre.
Ése es el escritor de **quien** te hablé.

Los pronombres *el que, la que, los que* y *las que*

Estos pronombres se traducen al inglés como *the one who or which*. Pueden usarse con personas, animales y objetos. El artículo que acompaña los pronombres marca el género y número de lo que el pronombre señala.

La que llegó tarde es mi compañera de cuarto.
El que diseñó ese edificio no tenía idea de lo que estaba haciendo.

Los pronombres *cual y cuales*

Los pronombres **cual** y **cuales** pueden referirse a personas, animales u objetos. Estos pronombres, que siempre llevan un artículo, no se usan tanto como **que** y **quien**.

> El libro en <u>el cual</u> se encuentra esa respuesta ya no se publica.
> Quedan más de 100 turistas de <u>los cuales</u> no se sabe nada.
> La foto en <u>la cual</u> se ve mejor la casa es la tercera.

Los pronombres *cuanto, cuanta, cuantos y cuantas*

Estos pronombres se usan con el sentido de *all that* y llevan el número y género del sustantivo de que se está hablando. Equivalen en significado y uso a "todo(s) lo(s) que".

> Es cierto **cuanto** te contó del asunto.
> (Es cierto todo lo que te contó del asunto.)
> **Cuantos** quisieron se inscribieron en el curso.
> (Todos los que quisieron se inscribieron en el curso.)

Los adjetivos relativos

Los siguientes son adjetivos relativos: **cuyo, cuya, cuyos** y **cuyas**. Estos adjetivos van siempre seguidos de un sustantivo con el que comparten el mismo género y número. Los adjetivos relativos expresan una relación de posesión y se traducen al inglés como *whose*.

> El hombre **cuyos** hijos ganaron la competencia se sintió muy orgulloso.
> Conocimos al director **cuyas** películas estudiamos este semestre.
> La casa **cuyas** columnas griegas tanto nos impresionaron se vendió por más
> de tres millones de dólares.

Los adverbios relativos

Los principales adverbios relativos son: **donde**, **como** y **cuando**. Estos adverbios introducen una frase que da información de tiempo, lugar o modo.

> Lo entregaron **cuando** se había vencido la fecha límite.
> Estudia **donde** nadie lo molesta.
> Se comporta **como** un niño malcriado.

¡A ver qué aprendiste!

Ejercicio 1: Remplaza el pronombre subrayado con otro pronombre relativo de uso y significado equivalente.

1. El canal de televisión por <u>el que</u> pasaron la película es KCET.
2. Las personas con <u>quienes</u> trabaja son muy amables.
3. <u>El que</u> abra la boca sin alzar la mano quedará castigado.
4. La únicas personas de <u>las que</u> me fío son mis padres.
5. La casa en <u>que</u> me crié ya no existe.
6. La forma en <u>que</u> te contestó ofendió a mucha gente.
7. A raíz del tsunami, <u>cuantos</u> pudieron donar algo lo hicieron.

Ejercicio 2: Combina las dos oraciones usando un pronombre relativo. Intenta usar una variedad de pronombres diferentes.

MODELO: Ése es el hombre. El hombre me ayudó a cruzar la calle.
Ése es el hombre que me ayudó a cruzar la calle.

1. Ése es el sello. Pagué $100 por el sello.
2. El examen fue sumamente difícil. Hicimos el examen ayer por la tarde.
3. No conoce a ese hombre. El hombre le dio un beso en la frente.
4. Perdió los documentos. Iba a probar su inocencia con los documentos.
5. Secó los platos con la toalla. Había secado al perro con la toalla.

Ejercicio 3: A continuación se presentan dos maneras diferentes de combinar oraciones mediante el uso de un pronombre relativo. Explica cuál es mejor y justifica tu respuesta.

1. Tiene un piano de cola en la casa. El piano perteneció a Liberace.
Opción 1: Tiene un piano de cola en la casa que perteneció a Liberace.
Opción 2: Tiene un piano de cola en la casa el cual perteneció a Liberace.

2. Puse una queja sobre el problema. El problema me tiene muy preocupado.
Opción 1: Puse una queja sobre el problema, el cual me tiene muy preocupado.
Opción 2: Puse una queja sobre el problema que me tiene muy preocupado.

Ejercicio 4: Rellena los espacios en blanco con un adjetivo relativo.

1. Los negocios _____ empleados se sienten apreciados son más exitosos.

2. Hasta hace poco había obras literarias _____ páginas más famosas estaban prohibidas leer.

3. Las escuelas _____ estudiantes recibieron instrucción adicional tuvieron un puntaje más alto en la prueba nacional.

4. El niño _____ madre se accidentó no quiere volver a la escuela.

5. Los estudios sugieren que los niños _____ padres pasan mucho tiempo en el trabajo no son muy felices.

Ortografía

La *r* y la *rr*

Erre con erre cigarro.
Erre con erre barril.
Rápido corren los carros
cargados de azúcar al ferrocarril.

(Trabalenguas popular)

Las reglas de ortografía que rigen el uso de la *r* y la *rr* en español son relativamente simples. Antes de estudiar estas reglas, conviene hacer práctica oral de estos sonidos.

En español hay dos sonidos vibrantes: la vibrante simple, que se produce con una sola vibración de la punta de la lengua, y la vibrante con múltiples vibraciones. La vibrante simple se escucha en palabras como *cara* y *prenda*, y la vibrante múltiple se escucha en palabras como *roto* y *perro*.

¡A ver qué tanto sabes ya!

Ejercicio 1: Para cada palabra a continuación, marca si la vibrante que escuchas es simple o múltiple. Una vez que hayas rellenado la tabla, contesta las preguntas que siguen.

	Vibrante simple	Vibrante múltiple
ahora		
ahorra		
rico		
calor		
broma		
rama		
martes		
carro		
agrio		
perspicaz		
enredo		
remo		
tren		
mármol		
barato		
alrededor		

Ejercicio 2: ¿Verdadero o falso? Cita ejemplos para justificar tus respuestas.

1. El sonido de la vibrante múltiple siempre se representa con la letra *rr*.
2. Al principio de la palabra la letra *r* representa el sonido de la vibrante múltiple.
3. Al final de la sílaba sólo se escucha la vibrante simple.
4. El único contexto donde se usa la letra *rr* es entre vocales.
5. El sonido de la vibrante múltiple se escucha en sólo dos contextos, al principio de la palabra y entre vocales.
6. Entre vocales sólo se escucha el sonido de la vibrante múltiple.

A continuación formalizamos los principios de ortografía que probablemente has descubierto al completar el ejercicio anterior.

1. El sonido de la vibrante múltiple se puede representar de dos maneras diferentes, es decir, con *rr* o con *r*. El único contexto donde el sonido de la vibrante múltiple se escribe con *rr* es entre vocales:

   tierra   barrera   torre
   burro   becerro   carrera
   sierra   borrador   zorro

   Entonces, entre vocales se escribe *r* cuando se escucha una vibrante simple, y *rr* cuando se escucha una vibrante múltiple:

   pero   perro
   caro   carro
   ahora   ahorra
   para   parra

2. Al principio de la palabra sólo se escribe una sola *r*, aunque siempre se escucha la vibrante múltiple:

   rayo   Ricardo
   rico   Rosa
   ropa   rupestre

   PERO: en las palabras compuestas, se usa una *rr* si el segundo elemento comienza con el sonido de una vibrante múltiple: puertorriqueño, pararrayos

3. Después de *n*, *l* y *s*, sólo se escribe una sola *r*, aunque siempre se escucha la vibrante múltiple:

   Enrique   enroscar   alrededor   Israel

4. El sonido de la vibrante simple siempre se representa por escrito con una sola *r*. Por tanto, se escribe una sola *r* al final de la sílaba y después de las consonantes *b*, *p*, *d*, *t*, *g*, *c* y *f*, ya que en estos contextos sólo se escucha la vibrante simple.

   árbol   brinco
   Carmen   capricho
   despertar   madrastra
   perspectiva   trueno
   invierno   grieta
                  crema
                  frío

¡A ver qué aprendiste!

Ejercicio 1: Rellena el espacio en blanco con *r* o *rr*.

1. ca_____te_____a

2. son_____isa

3. greco_____omano

4. gue_____a

5. _____omántico

6. co_____aje

7. b_____uja

8. palab_____a

9. a_____ebata_____

10. a_____odilla_____se

11. bu_____buja

12. esc_____ibi_____

13. co_____eo

14. ca_____ita

15. co_____ecto

16. al_____ededo_____

Ejercicio 2: Escoge la traducción que corresponde a cada miembro de estos pares de palabras. Después usa los dos miembros del par en una misma frase.

1. *but, dog*

   pero _____

   perro _____

   Frase: _____

2. *grapevine, for (preposition)*

   para _____

   parra _____

   Frase: _____

3. *expensive, car*

   caro _____

   carro _____

   Frase: _____

4. *to inform someone of something, to bury*

   enterrar _____

   enterarse _____

   Frase: _____

5. *mask, cart*

   careta _____

   carreta _____

   Frase: _____

Ejercicio 3: ¿Te gustan los trabalenguas? Pronuncia los siguientes trabalenguas lo más rápido posible.

1. Tres tristes tigres trigaban trigo,
   tres tristes tigres en un trigal.
   ¿Qué tigre trigaba más?
   ... Los tres igual.

2. Rosa Rosales
   cortó una rosa,
   ¡Qué roja la rosa
   de Rosa Rosales!

3. Un burro comía berros
   y un perro se los robó,
   el burro lanzó un rebuzno
   y el perro al barro cayó.

El Salvador y Nicaragua

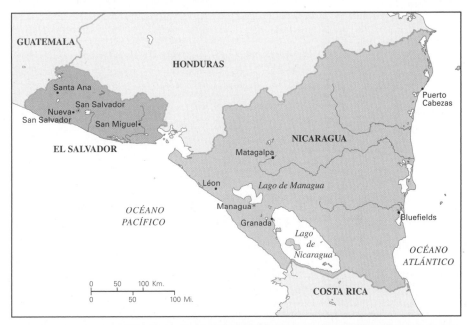

Testimonios y trasfondos

El Salvador y Nicaragua en su contexto geopolítico

Para comenzar... (Parte primera)

Palabras clave
Rellena los espacios a continuación con la palabra o frase subrayada de la lectura que corresponda en significado a cada definición.

_____ válido, efectivo

_____ sangrienta

_____ *Tom Thumb*

_____ grandeza moral, histórica, cultural

_____ lengua de la gente indígena en varias partes de América Latina

_____ características de un terreno

_____ relativo al gobierno

_____ tener consecuencias

_____ incluyen

Lectura 2 (Parte primera)
El Salvador

$\mathscr{L}$ a famosa poeta chilena Gabriela Mistral una vez describió esta nación como
"el <u>pulgarcito</u> de las Américas." Sin embargo, si tal título es bien merecido, es sólo
por su tamaño y no por su <u>estatura</u>. A pesar de que la República de El Salvador es el
país más pequeño de Centroamérica (siendo aproximadamente del mismo tamaño que
el estado de Massachusetts), es una nación muy rica en historia, cultura y potencia.
Antes de la llegada de los exploradores españoles en 1524, El Salvador formaba parte
de un reino indígena llamado Cuscatlán, nombre que en <u>náhuatl</u> significa "tierra de
cosas preciosas". El país comparte fronteras con Guatemala al oeste, Honduras al
norte, y Nicaragua el este, y está ubicado frente al océano Pacífico. A diferencia de sus
vecinos, es el único país centroamericano que no tiene acceso al océano Atlántico.

Tierra de montañas, volcanes, ríos y lagos, El Salvador se divide en tres regiones
geográficas: la región costal en las orillas del océano Pacífico, la Meseta Central al
centro geográfico del país y la Sierra Madre al norte. Ya que tiene el clima y la
<u>topografía</u> ideales para el cultivo del café, éste ha sido históricamente su producto
más importante. De hecho, el gran valor del grano de oro (así le llamaban al café a
principios del siglo veinte) resultó en otro apodo para la nación, la República del Café.
La dependencia casi exclusiva de la producción de café significa que cualquier cambio
del precio de éste en el mercado internacional puede <u>repercutir</u> muy seriamente en la
economía del país.

La historia política de El Salvador se caracteriza por una larga y <u>cruenta</u> serie de conflictos políticos. Tanto internos como internacionales, estos conflictos <u>abarcan</u> entre otros eventos recientes una guerra contra Honduras (1969), guerra civil (1980–1992), intervención extranjera, inestabilidad económica y varias dictaduras represivas. No obstante, en 1992, después de un largo proceso diplomático de reconciliación, los principales partidos políticos firmaron un tratado de paz en Chapultepec, México, el cual dio paso al establecimiento de un sistema <u>gubernamental</u> democrático en el país el cual se mantiene <u>vigente</u> actualmente.

Para comenzar... (Parte segunda)

Palabras clave

Rellena los espacios a continuación con la palabra o frase subrayada de la lectura que corresponda en significado a cada definición.

_____ *played a role*

_____ gente que habita una colonia

_____ tiene como base

_____ *West Indies*

Lectura 2 (Parte segunda)

Nicaragua

A diferencia de su vecino, Nicaragua es el país más grande de América Central, siendo aproximadamente del mismo tamaño que el estado de Tennessee. Al igual que El Salvador, esta nación se divide en tres distintas regiones geográficas—las tierras bajas del oeste, las tierras bajas del este y las montañas centrales. También como su vecino, Nicaragua es una tierra de lagos, ríos, montañas, volcanes… y huracanes.

No obstante, en contraste con El Salvador, el oeste y el este de Nicaragua representan una división cultural y lingüística. Por un lado, la zona occidental se identifica como culturalmente hispánica, de etnia mestiza. Por otro lado, la zona oriental se caracteriza por más diversidad cultural ya que es el hogar de razas distintas. Cabe señalar también que la lengua común en el oeste del país es español; en cambio, se habla inglés y mískito, una lengua indígena, en el este. El uso del inglés como idioma principal en el este <u>se arraiga</u> en el hecho de que a esta zona llegó un pequeño grupo de <u>colonos</u> ingleses y esclavos fugitivos de las <u>Antillas</u> en el siglo diecinueve. En todo caso, la tierra fértil y el clima saludable del occidente atraen a la mayoría de la población del país.

En cuanto a lo económico, Nicaragua también depende del cultivo del café como el producto de mayor exportación a los mercados internacionales. Esto, en conjunto con una serie de conflictos políticos en que la intervención extranjera (estadounidense en su mayor parte) <u>desempeñó un papel</u> fundamental, dio paso a una larga historia de inestabilidad política y disturbios sociales. Durante el siglo veinte, el país se veía controlado por la dictadura de la familia Somoza por cuatro décadas, hasta los años 70, cuando una revolución resultó en 50.000 muertos, 120.000 exiliados y la instalación de otro gobierno muy poco popular en el este del país y en ciertos países extranjeros. Al fin y al cabo, después de otro largo proceso de negociación, la nación participó en elecciones generales democráticas por primera vez en el siglo en febrero de 1991. Desde esa fecha, Nicaragua ha sido una nación democrática en pleno desarrollo.

¡A ver qué aprendiste!

¿Qué pasó en la lectura? Contesta las siguientes preguntas sobre El Salvador y Nicaragua.

Parte primera: El Salvador

1. ¿Por qué dijo Gabriela Mistral que El Salvador es "el pulgarcito de las Américas?
2. ¿Por qué se le dice La República del Café a El Salvador?
3. ¿Qué es Cuscatlán? ¿De cuál idioma proviene el término?
4. ¿Cómo es la geografía del país? ¿En cuántas regiones geográficas se divide y cómo son éstas?
5. ¿Cuáles son los países vecinos de El Salvador? ¿Qué tienen ellos que le falta a El Salvador?

6. ¿Cuál es el producto principal que se cultiva en El Salvador? ¿Cuáles problemas pueden resultar del cultivo casi exclusivo de este *grano de oro*?
7. ¿Cómo se caracteriza la historia política del país?
8. ¿Qué tipo de gobierno hay en El Salvador actualmente? ¿Cuándo se instaló?

Parte segunda: Nicaragua

9. ¿Qué tan grande es Nicaragua? ¿Cómo se compara con El Salvador en cuanto a su tamaño?
10. ¿Cómo es la geografía del país?
11. ¿Qué divisiones culturales existen entre el oeste y el este del país?
12. ¿Dónde vive la mayoría de la población y por qué?
13. ¿Cuál es el lenguaje indígena que se habla en el país y dónde se habla en específico?
14. ¿Cuáles otros idiomas se hablan en Nicaragua?
15. ¿Cómo se caracteriza la historia política del país?
16. ¿Qué tipo de gobierno hay en Nicaragua actualmente? ¿Cuándo se instaló?

Exploraciones

Exploraciones políticas: El Arzobispo Óscar Romero de El Salvador

A continuación se encuentra otro escrito del Arzobispo Romero. ¿Te parecen revolucionarias sus palabras? ¿Por qué sí o no? ¿Cómo se explica que Romero, un hombre pacífico y humilde, haya tenido enemigos que quisieran asesinarlo?

> La persecución es necesaria
> para que los que llevan esa esperanza profunda
> en su alma
> la sometan a la prueba,
> y para que tal vez así se conviertan los incrédulos,
> y para que sepan que el horizonte de la historia
> no termina con la vida,
> sino que se extiende mucho más allá,
> a donde llegan los ideales
> de los verdaderos hijos de Dios.
>
> *(23 de septiembre de 1979)*

Testimonios y trasfondos

La nueva canción latinoamericana

¿Te gusta la música? ¿Qué tipo prefieres—clásica, rock, jazz, folk, grunge, salsa, merengue, cumbias, boleros, chachachá, otro? ¿Tienes una canción favorita? ¿Puedes recordar algo de la letra (*lyrics*) hasta cantar un poco de ella para tus compañeros? ¿Te gustan las canciones que llevan mensajes?

Exceso de Equipaje también es parte del Movimiento de la Nueva Canción Lationamericana. Como su nombre lo indica, tiene una carga abundante de experiencias e historias para compartir con el público a través de sus canciones.

Esta agrupación musical salvadoreña es producto de una generación nacida en los años 70, època de graves distrubios políticos . Fue fundada por tres ex intergrantes de los grupos Yolocamba I ta y Banda Tepehuani: Alvar Castillo, Guillermo Cuellar y Paulino Espinoza, quienes habían compartido por más de veinte años diversos caminos en el canto; juntos actuarón en más de 1000 ciudades en 32 países de América y Europa.

A lo largo de esos años su trabajo incluyó centenares de composiciones para diversas producciones discográficas, apariciones en directo y en programas de radio y TV, así como música para teatro, cine y TV.

Actualmente está integrado por dos de sus fundadores: Guillermo Cuellar y Paulino Espinoza, y además Juan Carlos Berríos , quien sustituye a Alberto Masferrer fallecido en agosto del 2006.

Su música representa una amálgama de sueños, canciones y deseos de aportar a su gente nuevos cantos, nuevas esperanzas.

Así como el repertorio de Guardabarranco, las canciones de este grupo tratan de las realidades de una nación y una gente que busca una nueva vida mejor.

Antes de leer: Estrategias

Mientras leas la próxima canción, sigue con los procesos de hojear y ojear que usaste al examinar El Salvador.

Palabras clave

Rellena los espacios a continuación con la palabra o frase subrayada de la lectura que corresponda en significado a cada definición.

_____ trabajador manual

_____ multitud de gente

_____ puesto en un lugar apartado, como una cosa inútil

_____ deseando, *yearning*

_____ *thrown away*

_____ pájaro centroamericano de plumaje verde y rojo; también un símbolo poderoso indígena

_____ *sniffs glue* (inf. de huele = oler; pega = pegamento)

_____ apartado; aislado

_____ cosecha de la caña de azúcar

_____ fábrica

_____ cortar

_____ antiguo nombre de la América Central

_____ tierra dedicada a la cultivación de maíz

_____ gato carnívoro de formas esbeltas y musculosas; símbolo de gran poder para muchas tribus indígenas

_____ refugio para los viejos

_____ peregrino; también una referencia a Monseñor Óscar Arnulfo Romero, un arzobispo que fue asesinado por un escuadrón de la muerte mientras daba misa en un hospital en El Salvador el 24 de marzo de 1980 a comienzos de la guerra civil

_____ _day laborer_

_____ chicle

Lectura 3
"Canto de comunión" de Exceso de Equipaje

Texto de Miguel Cavada / Música de Guillermo Cuéllar

Cristo mesoamericano toma su cuerpo en tus manos
para ser un pueblo nuevo con vida y dignidad.
Cristo mesoamericano bebe su sangre en tus labios
para ser un pueblo nuevo con vida y dignidad.
Cristo negro, Cristo Maya, Cristo mískito y chorti;*
Cristo lenca, Cristo nahua, galileo y quiché
Cristo río y montaña, Cristo árbol, Cristo mar,
Cristo puma y quetzal, Cristo selva por talar.
Cristo obrera, costurera; la maquila y el hogar,
Cristo madre y compañera, fortaleza para amar.
Cristo niña de la calle vende goma de mascar;
Cristo niño huele pega arrumbado en un portal
Cristo joven y rebelde con la gorra de rapear;
estudiante y carpintero; Cristo inquieto y soñador.
Cristo abuela, Cristo abuelo desechado en un asilo,
apartado en el olvido; Cristo enfermo en soledad.
Cristo suda en la zafra y en las cortas de café,
Cristo pobre jornalero; Cristo milpa y maíz.
Cristo cruza la frontera para poder trabajar,
ilegal y marginado, añorando retornar.
Cristo Pueblo maltratado.
Cristo Pascua y Libertad.
Cristo mucha muchedumbre que anhela resucitar.
Cristo vida y esperanza;
Cristo verbo, buena nueva;
Cristo voz de los profetas;
Romero de la verdad.

*NOTA: Mískito, chorti, lenca, nahua, quiché son los nombres de diversas tribus indígenas de Centroamérica

¡Vamos más allá! Con dos o tres compañeros de clase, re-escribe el Canto de Comunión a modo de captar la situación de los latinos en EEUU, tomando en consideración el debate político actual en torno a la inmigración. Haz uso poético del inglés y el español para expresar la identidad bilingüe y bicultural de esta comunidad.

¡Sí se puede!

OPCIÓN 1: La transcripción

Escucha una canción en español y haz una transcripción de sus letras, subrayando todos los pronombres relativos que encuentres. Utiliza un *spell check* en español para asegurarte de haber colocado los acentos necesarios y haber deletreado las palabras correctamente. Prepara una breve descripción del grupo musical o cantante que produjo la canción, siguiendo el patrón de la descripción de Exceso de Equipaje que se ofrecen en la sección anterior.

OPCIÓN 2: El folleto

Redacta un folleto informativo con información de cómo prepararse para un desastre natural. Primero, selecciona un desastre natural e infórmate de las recomendaciones de los expertos. Es preferible que leas esta información en español, ya que así se te hará más fácil preparar el folleto. Segundo, recopila información sobre los recursos y las organizaciones en tu comunidad que sean de utilidad, así como también de sitios electrónicos que ofrecen información adicional para el lector interesado. Tercero, busca folletos en español para familiarizarte con su formato y lenguaje. Una vez que hayas redactado la primera versión de tu folleto, pídele a un(a) compañero(a) de clase que te la critique. ¿Has incluido la información más importante? ¿Está clara la información que presentas? ¿Está bien organizado el contenido? ¿Has hecho uso correcto del lenguaje?

OPCIÓN 3: La comunidad y tú: fase uno

Haz un breve estudio de las organizaciones comunitarias de tu pueblo o de tu universidad. Esto se puede realizar mediante el Web, un periódico local, o inclusive la guía telefónica. Prepara una lista de las organizaciones que has llegado a conocer mediante tu estudio. ¿A qué o a quiénes se dedican? ¿Se pueden clasificar dentro de diferentes categorías (p. ej. para mujeres y niños, para la gente sin hogar, para los inmigrantes, para víctimas de desastres, etc.)? Compara los resultados de tu investigación con los de tus compañeros de clase. ¿Qué semejanzas y diferencias encuentras entre tu pueblo y los de tus compañeros? Si investigaste tu universidad, ¿qué tipo de comunidad existe allí? ¿Refleja ésta una conciencia social? Elige una de las organizaciones e intenta hacer un contacto personal. ¿Se busca voluntarios para algún proyecto o servicio? ¿Se busca tutores del inglés? ¿Voluntarios para visitar a mayores? ¿Para colectar donaciones? Ofrece tus servicios para la oportunidad que más te interese. Comenta lo que aprendas en clase.

Capítulo 7

Vista del Canal de Panamá

Encrucijadas

Panamá, Estados Unidos y el transporte de comercio y cultura

Metas
En este capítulo vamos a:

a. conocer la comunidad panameña en EE.UU. y su identidad pluricultural. *(Orgullo cultural, meta 1)*

b. explorar la historia del Canal de Panamá y su doble papel de tránsito y eslabón. *(Orgullo cultural, meta 2)*

c. examinar la historia, la política y la geografía del istmo de Panamá. *(Orgullo cultural, meta 3)*

d. emprender la segunda fase de nuestra participación en servicios comunitarios y así buscar conexiones entre nuestra realidad personal y la de la comunidad. *(Orgullo cultural, meta 4/Estrategia comunicativa)*

e. examinar la terminología científica e informática en español y aumentar nuestro vocabulario en estos campos. *(Registro)*

f. estudiar los conceptos básicos del sistema verbal. *(Gramática)*

g. estudiar los cambios ortográficos en las conjugaciones verbales. *(Ortografía)*

h. generar y contestar preguntas que nos ayudarán a entender una lectura. *(Estrategia de lectura)*

i. practicar el escribir un glosario de palabras profesionales. *(Estrategia de escritura)*

A navegar mundos reales y virtuales

Piénsatelo

El Canal de Panamá

El Canal de Panamá está considerado como una de las grandes maravillas de la ingeniería moderna. El material excavado durante la construcción del Canal sería suficiente para construir una réplica de la Gran Muralla China desde San Francisco hasta Nueva York.

Vista del Canal de Panamá

1. ¿Qué es un canal? ¿Para qué sirve? Con un(a) compañero(a), prepara una breve definición y prepárate a comentarla en clase.
2. ¿Cómo se dice *canal* en inglés? ¿Cómo se compara esta palabra con la versión en español?
3. ¿Hay estructuras semejantes al Canal de Panamá en Estados Unidos y/o en otras partes del mundo? ¿Cómo se llaman y dónde se encuentran?
4. ¿Qué impacto tienen los canales en el comercio? ¿En el medioambiente? ¿Dónde se consiguen los fondos para construirlos? ¿Quién(es) lo construyen? ¿A quién(es) beneficia un canal y a quién(es) no? Comenta estas preguntas con dos o tres compañeros y prepárense a comentar las observaciones de su grupo con la clase.

Testimonios y trasfondos

El Canal de Panamá

Para comenzar...

Palabras clave

Rellena los espacios a continuación con la palabra o frase subrayada de la lectura que corresponda en significado a cada definición.

_____ mente; centro nervioso situado en el cráneo

_____ conjunto de computadoras interconectadas para intercambiar información; el (o la) Internet

_____ comenzar

_____ computadoras

_____ *to surf the Web*

_____ aparato que se usa para explorar por computadora sin teclar; *mouse*

_____ capital; objetos de compra y venta

Lectura 1
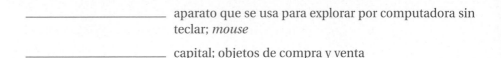
El Canal de Panamá

esde los tiempos antiguos, los seres humanos han buscado la manera de viajar. Tras los años hemos desarrollado diversos modos y rutas de transporte no sólo para viajar nosotros mismos sino para enviar <u>bienes</u> de todo tipo de un lugar a otro. Hoy en día, en la era de la tecnología, no sólo es posible viajar a otros planetas y a las profundidades del mar, sino que es posible tomar viajes virtuales por medio de la computadora y la famosa <u>red informática</u>. La idea de viajar por computadora se manifiesta incluso en el lenguaje. No es por nada que existen expresiones tales como "<u>navegar por Internet</u>". Además de <u>emprender</u> viajes virtuales de esta manera, también podemos mandar y recibir información casi instantáneamente y así conocer nuevos mundos al toque de una tecla o del <u>ratón</u>.

Para facilitar el transporte virtual, los científicos de varias disciplinas (informática, ingeniería, psicología, neurociencia, etc.) están investigando distintos modos de establecer conexiones directas entre los <u>ordenadores</u> y el <u>cerebro</u> humano. La mente, una obra maestra de ingeniería que rivaliza el Canal de Panamá, es considerada como una especie de súper computadora por su poder y flexibilidad al recibir, analizar y transmitir información. Para crear las mejores computadoras —es decir, las que disponen de más memoria y más poder, y que así permiten mayor comunicación entre individuos y naciones— es esencial entender cómo funciona el cerebro.

Testimonios y trasfondos

Doctora Gabrielle Britton

Para comenzar...

Sobre la científica

Ahora vas a leer sobre una científica cuyas investigaciones están a la vanguardia* de los estudios actuales en torno al cerebro humano. Además, ¡es hispana! Gabrielle B. Britton es doctora en psicología y neurociencia. Nacida en la Ciudad de Panamá, ella es investigadora y profesora universitaria en Estados Unidos. Completó el bachillerato en ciencias en Vanderbilt University, la maestría en Mount Holyoke College y el doctorado en Indiana University. Actualmente, es profesora en la facultad de psicología y neurociencia de Lafayette College en Easton, Pennsylvania.

Gabrielle Britton

*delante de los demás

Antes de leer el segmento a continuación, considera las siguientes preguntas:

1. A juzgar por el título de la lectura, ¿de qué trata el artículo?
2. A juzgar por los encabezamientos de las secciones, ¿qué se va a presentar acerca de este tema en la segunda sección? ¿Y en la tercera?
3. La lectura ofrece definiciones de una serie de términos técnicos. Echa un vistazo rápido con el fin de determinar cuáles son estos términos. Subraya las oraciones donde se encuentran las definiciones de estos términos.

Palabras clave

Rellena los espacios a continuación con la palabra o frase subrayada de la lectura que corresponda en significado a cada definición.

_____ signos

_____ acumula, guarda (raíz = almacén)

_____ el acto de aprender

_____ incentivo

_____ categorizar algo como parte de una serie de códigos o signos

_____ modo de conducta

_____ cantidad extremadamente grande

_____ materia de que se compone el cuerpo humano

_____ secuencia, corriente

_____ célula especializada en transmitir información a través del sistema nervioso

_____ complicada

Lectura 2

La neurociencia: investigar el cerebro, la mente y el comportamiento

por Gabrielle Britton

Los neurocientíficos nos concentramos principalmente en el cerebro, por ejemplo, cómo funciona el cerebro al ver una imagen, al aprender, al hablar un idioma y al producir enfermedades mentales cuando funciona defectuosamente. El estudio del cerebro nos ofrece la oportunidad de descubrir los misterios del comportamiento—quiénes somos, cómo aprendemos a navegar en el mundo y cómo procesamos la constante información que recibimos a través de los sentidos. El cerebro humano es quizás la estructura orgánica más compleja del universo, compuesta de billones de neuronas las cuales se comunican con aproximadamente 10.000 otras, formando millas y millas de redes neurales. La comunicación entre neuronas ocurre a través de una multitud de señales químicas diferentes, las cuales causan alteraciones eléctricas, resultando en una cascada de cambios químicos produciendo cambios eléctricos produciendo cambios químicos, etc. Además de ser químicamente y estructuralmente complejo, el cerebro es también extraordinariamente capaz de crecer, de repararse a sí mismo, y de adaptarse constantemente a las necesidades del individuo y las demandas del ambiente.

La memoria, el aprendizaje y el cerebro

La memoria es la representación del conocimiento en el cerebro. El aprendizaje es el proceso que nos permite cambiar el comportamiento a causa de la experiencia. Por ejemplo, cuando aprendemos a patinar, cambiamos nuestro comportamiento para acomodar las nuevas habilidades que obtenemos a través de la experiencia, y estos cambios entonces son incorporados en nuestra memoria. Decimos entonces que el aprendizaje nos permite modificar nuestro comportamiento, y la memoria sirve para codificar estas experiencias para uso futuro. El cerebro constituye la estructura principal que nos permite aprender, codificar y expresar el comportamiento. La memoria es uno de los fenómenos más extraordinarios del mundo natural—consiste en el vocabulario y el conocimiento del idioma, de todos los hechos que hemos aprendido, de los recuerdos de experiencias de la vida, de las personas que hemos conocido y de todas las habilidades y los conocimientos prácticos que hemos aprendido, inclusive la forma de hablar, caminar, jugar deportes y mucho más. De alguna manera el cerebro almacena toda esta información para que podamos obtenerla y usarla. ¿Cómo puede una masa de tejido que pesa menos de 3 libras cumplir todas estas funciones? Es improbable que las memorias de cada persona estén guardadas en neuronas individuales. Creemos que las memorias son codificadas y almacenadas en las configuraciones de las miríadas de conexiones sinápticas entre las neuronas en el cerebro. En esta forma, el cerebro puede usar el espacio que ocupa con mayor eficiencia.

Hasta hace poco tiempo, se creía que el cerebro no cambiaba después del nacimiento. Sabemos hoy que el cerebro tiene una capacidad extraordinaria de crecer y cambiar a través del desarrollo. A esta capacidad de cambiar le llamamos plasticidad neural y es una de las características del cerebro que nos permite aprender, cambiar y crecer a través de los años. En estudios en los cuales las ratas son expuestas a diversos paradigmas de aprendizaje, los animales demuestran una plasticidad neural que ocurre en tan poco tiempo como minutos. Esta plasticidad se manifiesta en varias formas: un aumento en el número de neuronas, nuevas conexiones neurales (más complejas y elaboradas) y un mejoramiento en transmisión sináptica (más rápida y eficiente). Todos estos cambios reflejan la complejidad y habilidad del cerebro de adaptarse a un mundo que también cambia constantemente en varias formas. Si el cerebro fuera una estructura rígida, no seríamos capaz de aprender nada.

Direcciones de investigación

En pocos años, varios desarrollos tecnológicos han hecho posible la investigación del cerebro a niveles que hace poco parecían imposibles. La aplicación de la biología molecular, por ejemplo, ha tenido un impacto profundo en el estudio de las neuronas y la función cerebral. Recientemente se completó el *Human Genome Project*, el cual nos permitirá aumentar el conocimiento de los genes que dirigen el desarrollo del sistema nervioso y las enfermedades neurodegenerativas que afligen a millones de seres humanos. Adicionalmente, procedimientos no-invasores desarrollados para formar imágenes del cerebro humano (p. ej. *imagen de resonancia magnética, MRI*) han proveído un gran ímpetu para el estudio del aprendizaje en los seres humanos, incluyendo el aprendizaje de idiomas. Esta nueva área de estudio, llamada neurociencia cognitiva, representa un gran adelanto en el estudio del cerebro. Utilizando el desarrollo tecnológico y las investigaciones básicas, será posible algún día explicar la forma en que las funciones del cerebro se traducen a lo que somos, al conocimiento y a lo que llamamos *mente*, la cual actualmente todavía evade explicación. La meta de la neurociencia es abrir el portal de esa explicación.

¡A ver qué aprendiste!

Paso primero: ¿Qué pasó en la lectura? Contesta las siguientes preguntas sobre la lectura.

1. ¿Qué estudian los neurocientíficos y con qué fin o propósito?
2. ¿Por qué es el cerebro humano la estructura orgánica más compleja del universo?
3. ¿En qué consiste la memoria? ¿Cómo es distinta del aprendizaje?
4. ¿Cómo se define la plasticidad neural? ¿Cómo se manifiesta este fenómeno?
5. ¿Qué es la neurociencia cognitiva? ¿Qué se estudia en esta disciplina?

Paso segundo: La lectura, la vida y tú. Contesta las preguntas a continuación con dos o tres compañeros de clase. Cada grupo debe elegir un(a) secretario(a) que apunte los comentarios del grupo.

Los científicos han demostrado que en momentos de ansiedad el cuerpo segrega una hormona (corticosterona) que causa la repentina pérdida de memoria. Los efectos de esta hormona pueden perdurar hasta una hora después de terminarse la situación que causa la ansiedad. Es por eso que algunos estudiantes se quedan en blanco en los exámenes.

¿Te has quedado en blanco alguna vez en una situación de estrés? ¿Qué has hecho en tal caso? ¿Recuperaste la memoria una vez que pasó la situación de estrés?

Paso tercero: La lectura y la lengua. Contesta las preguntas a continuación con dos o tres compañeros de clase.

1. La lectura ofrece una serie de definiciones de términos técnicos. En base a la información presentada, escribe definiciones para los siguientes términos: *neurocientíficos, comportamiento, aprendizaje, memoria, plasticidad neural*.
2. Haz una lista de los diez términos más importantes de tu especialización y escribe una breve definición de cada uno. Si es apropiado, incluye ejemplos explicativos.

¡Vamos más allá! Entrevista a una persona mayor que hable español. Ésta puede ser un(a) profesor(a), un(a) amigo(a) o un pariente (tu abuela, un tío, tu madre, un hermano mayor, etc.). En español, pregúntale sobre su recuerdo más feliz. Pídele que te lo describa en gran detalle. Si es posible, haz una grabación de la entrevista y apunta tus observaciones con respecto al lenguaje que utiliza y las características del recuerdo que describe.

¿Cómo se organiza el recuerdo que describe el entrevistado? ¿Lo recuerda cronológicamente, como una serie de fechas? ¿Se concentra en las personas que estuvieron presentes y lo que hacían? ¿O se fija en otros detalles? Utilizando tus apuntes de la actividad anterior, escribe un breve análisis de la entrevista y prepárate para comentarla con la clase.

Testimonios y trasfondos

La presencia panameña en EE.UU.

Para comenzar...

Palabra clave

antillano(s)   gente de las Antillas

Dictado a la carrera. En este ejercicio, vas a enriquecer tu conocimiento sobre la historia de la comunidad panameña en EE.UU. Al mismo tiempo, vas a poner tu memoria a prueba y afilar tus habilidades de escritura y de comprensión oral.

Cada estudiante tendrá exactamente cinco minutos para estudiar cuidadosamente la lectura a continuación *sin tomar apuntes*. Una vez pasados los cinco minutos, se cerrarán los libros y la clase se dividirá en grupos de tres o cuatro. El/La profesor(a) escogerá <u>dos</u> segmentos y los dictará en voz alta tres veces. OJO: El dictado se llevará a cabo *a la velocidad del lenguaje conversacional*, es decir, al ritmo acelerado del habla oral y no se harán pausas entre frases para dar tiempo a escribir. Sin embargo, entre cada ronda de lectura de los dos segmentos, se hará una pausa para que los integrantes de cada grupo intercambien notas, aclaren dudas entre sí, formulen estrategias cooperativas para completar el dictado, etc. Después de terminar las tres rondas del dictado, los grupos usarán sus apuntes y la memoria para preparar el dictado. El grupo que presente la mejor aproximación al texto será declarado campeón. ¡Ánimo!

Lectura 3

La presencia panameña en EE.UU.

Segmento uno

En gran parte, la inmigración panameña a Estados Unidos se arraiga en el canal. En particular, la presencia americana en el canal ha resultado en matrimonios y nexos profesionales entre panameños y americanos, todos los cuales han aumentado el número de panameños en EE.UU. Actualmente, ese número se calcula entre 100 y

150 mil. Aunque la comunidad panameña no tiene el mismo grado de concentración geográfica que otros grupos latinos en EE.UU., el estado de Nueva York contiene el mayor número de inmigrantes panameños en el país.

Segmento dos

Muchos de los primeros inmigrantes panameños eran descendientes de los obreros <u>antillanos</u> que desempeñaron un papel fundamental en la construcción del Canal de Panamá. Culturalmente, estas personas eran afro-antillanas, profesaban la fe protestante, y hablaban inglés como primer idioma. Más tarde, la segunda ola de inmigrantes sería hispanoparlante en su mayoría.

Segmento tres

Entre 45 y 50 mil trabajadores participaron en la construcción del Canal de Panamá. Para los últimos años del proyecto, un 75% de esta fuerza laboral constaba de trabajadores negros. Al principio, estos obreros y sus familias vivían en barrios separados en la zona del canal. En los años 40, debido a nuevas leyes de la desegregación, se integraron en la comunidad general panameña donde sus hijos adoptaron el español como primera lengua.

Segmento cuatro

Víctimas del prejuicio social y racial en Panamá, muchos de los obreros afro-antillanos huyeron a EE.UU. en los años 50. Sin embargo, lucharon para lograr la aceptación aquí también. Al principio no podían encontrar sitio ni en la comunidad afro-americana ni tampoco en los barrios hispanos. Por último, fundaron su propia comunidad que hoy día es reconocida como una parte viva del panorama cultural de nuestro país.

¡A ver qué aprendiste!

¿Qué pasó en la lectura? En base a la lectura, marca si la información en cada oración a continuación es verdadera, falsa o indeterminable.

1. La primera ola de inmigración panameña a los EE.UU. fue la mayor de todas las olas.	V F I
2. Los primeros inmigrantes panameños eran culturalmente latinos.	V F I
3. Entre 34 y 38 mil trabajadores de raza negra participaron en la construcción del Canal.	V F I
4. Hay panameños en diferentes regiones de EE.UU.	V F I
5. Los inmigrantes panameños se han integrado a la comunidad afro-americana de este país.	V F I

¡Vamos más allá!

De todos los inmigrantes panameños en EE.UU., quizás el más famoso y talentoso es Rubén Blades. Este cantautor de fama internacional ha recibido seis premios Grammy, ha hecho películas en español y en inglés, y ha trabajado con los mejores músicos latinos y americanos de esta época. Su colaboración con el famoso trombonista neoyorquino Willie Colón resultó en un disco (*Willie Colón presenta a Rubén Blades*), ahora conocido como un clásico de la salsa. ¡Y como si con eso no bastara, es activista social! En 1974 se graduó como abogado de la Universidad Nacional de Panamá, terminó sus estudios once años más tarde en Harvard University Law School, y en 1994 ganó un 20% del voto en las elecciones presidenciales en su país natal. Una década después fue nombrado Ministro de Turismo en Panamá. A continuación tienes la letra de una canción de Blades dedicada a Panamá.

Rubén Blades

Puente del Mundo

Verde cinta de tierra, que estando ausente llevo por dentro;
olas de Norte y Sur se unen en tu centro.
Roja, azul, blanca aurora, nació del tajo de una sandía;
un alma de inmigrante fue tu semilla, y la sangre del indio
formó tu orilla. ¡Piedra de cielo! ¡Agua de luna!
Ngobe Bugle, Emberá, Chocó, blanco, negro y Kuna:
perfiles de una esperanza que no se esfuma.

Un paraíso compraron cuentas de vidrio, telas y espejos;
fuente de juventud para un viejo imperio.
La luz dentro de tu entraña se transformó en camino de
acero, y nuestra gente en sombras de lo que fueron.
¿Cuándo seremos manos, en vez de dedos?
Con claro oscuro, con socavón, ¡con fiesta y duelo!
Pedazos de corazón formaron tu suelo.
Siempre estaremos aquí, aunque estemos lejos.

En el puente del Mundo
Abiá Yala bin sógue*

Para más información sobre Blades, visita el **Online Study Center**. Si necesitas una recomendación para una buena película, "The Milagro Beanfield War", con la actuación de Blades y bajo la dirección de Robert Redford, es magnífica.

*"Amén a la América indígena", en lenguaje Kuna

El lenguaje en uso

Registro

La computadora en español: Un inventario de palabras y expresiones útiles

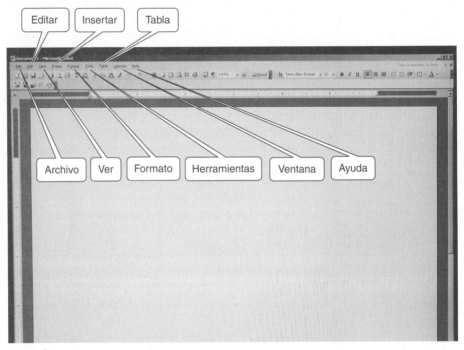

Menú formato

Debido a que la computadora moderna fue inventada en EE.UU., la terminología que se suele utilizar para describir sus diversos componentes y funciones proviene del inglés. **Internet, chat, mouse, e-mail** y **diskette** son sólo algunos ejemplos de los términos informáticos que se entienden tanto en español como en inglés. No obstante, ¡siempre hay más de una manera de expresar las cosas! A continuación, encontrarás una lista de palabras y expresiones en inglés y en español que giran alrededor de la computadora. ¿Conoces otra palabra o expresión que puedas agregar?

inglés	español
@	arroba
CD-ROM	el CD-ROM
compact disk	el disco compacto
to click	pulsar, apretar, cliquear, hacer clic
computer	la computadora, el ordenador
disk drive	la unidad de discos, la unidad de diskettes
diskette, floppy disk	el diskette, el disco flexible
to download	descargar
domain	dominio
to drag	arrastrar
e-mail	el e-mail, el correo electrónico
e-mail address	la dirección electrónica
file	el archivo
hard drive	el disco duro
homepage	la página Web central
Internet	el/la Internet
keyboard	el teclado
keyword	la palabra clave
link; to link	el vínculo, el enlace; vincular, enlazar
to log on	comenzar la sesión
mouse	el mouse, el ratón
online	en línea
restart	reiniciar
return key	la tecla de aceptación, la tecla de retorno
to save	grabar
screen	pantalla
search; to search	la búsqueda; buscar
to send	enviar, mandar
to surf (the Web)	navegar por la red/por Internet
Web site	el sitio Web
World Wide Web	el Web, la Telaraña mundial

¡A ver qué aprendiste!

Ejercicio 1: A continuación hay un extracto de un manual de instrucciones para una utilidad contra el "spam". ¿Por qué crees que hay tantas palabras en inglés? ¿Qué verbos de este escrito puedes añadir a la lista superior?

Ejercicio 2: Haz esta actividad con un(a) compañero(a) de clase. Escribe definiciones para tres términos de la tabla superior, asegurándote de no nombrar el término directamente. Entonces, lee las definiciones a tu compañero(a) para ver si él (ella) logra adivinar de qué término se trata. Después, trabaja junto con tu compañero(a) para pulir sus definiciones. En base a lo hecho, cada grupo determinará: a) qué es una buena definición y b) cuáles son los pasos a seguir para producir una buena definición. Cada grupo presentará sus conclusiones a la clase.

Esta utilidad le permitirá filtrar de manera eficiente todos los mensajes que le lleguen a sus cuentas de correo para evitar así el transporte de la mayor parte de mensajes spam publicitarios a su ordenador personal.

Activación del Anti-Spam (Turn On SpamGuard)
Cuando habilitamos la opción, las normas para bloquear los e-mails spam serán activadas. Puede activar o desactivar el bloqueo en la casilla **Turn On SpamGuard** y después pulsar en **Save Settings**.

Añadir direcciones e-mail a bloquear (Block E-mail Addresses)
Introduzca una dirección e-mail para bloquear, pulse en **Add Block** y después en **Save Settings** para añadir la dirección e-mail al listado de direcciones e-mail a bloquear.

Listado de direcciones e-mail a bloquear (Blocked Addresses)
Todos los mensajes que provengan de cualquiera de las direcciones e-mail pertenecientes a este listado serán bloqueadas y si ha especificado un nombre de archivo en la casilla **Blocked Mails to Store to File** (Mensajes bloqueados a almacenar en el fichero), los mensajes serán colocados en este fichero.
Para quitar de la lista direcciones e-mail a bloquear, seleccione una o más direcciones, pulse en **Remove Block** y después en **Save Settings**.

Añadir palabras "spam" para bloquear (Block Words)
Introduzca una palabra que normalmente contengan los mensajes spam para bloquear, pulse en **Add Block** y después en **Save Settings** para añadir la palabra al listado de palabras "spam" a bloquear.

Listado de palabras "spam" a bloquear (Blocked Words)
Todos los mensajes que contengan cualquiera de las palabras pertenecientes a este listado serán bloqueados y si ha especificado un nombre de archivo en la casilla **Blocked Mails to Store to File** (Mensajes bloqueados a almacenar en el fichero), los mensajes serán colocados en este fichero.
Para quitar de la lista palabras "spam", seleccione una o más palabras, pulse en **Remove Block** y después en **Save Settings**.

Fichero de mensajes bloqueados (Blocked Mails to Store to File)
En el fichero que aquí indique serán almacenados los mensajes que hayan sido bloqueados mediante bloqueo de direcciones e-mail y de palabras (anteriormente descritos). Si no desea almacenar los mensajes bloqueados déjelo en blanco y serán automáticamente eliminados.
Para cambiar el nombre del fichero, seleccione el nombre actual, introduzca el nuevo y pulse en **Save Settings**. También puede indicar un path con el directorio y el fichero.
(Los nombres de directorios y ficheros deberán contener únicamente caracteres alfanuméricos normales, la barra de subrayar o el guión. No se permite por ejemplo el "." punto.)
Una vez realizados los cambios, pulse en **Save Settings**.

Ejercicio 3: Los *emoticons* forman parte del vocabulario esencial de la correspondencia electrónica. Conecta los emoticons en la columna de la izquierda con su significado en la columna de la derecha. ¿Conoces otros emoticons para añadir a esta lista?

:-/	sarcástico	>:-[	soy un santo
O:-)	una flor para ti	@——>——	soy un diablo
>:->	muy chistoso	:-D	escéptico
:-(	furioso	;-)	triste

Ejercicio 4: ¿Dónde, es decir en qué tipo de documento, se encuentran las siguientes palabras? Trabajando en grupos de tres, escribe un breve documento que incluya este vocabulario en un orden apropiado y prepárate a presentarlo en clase.

direcciones, para, responder, reenviar, imprimir, previo, siguiente, de, asunto, responder a todos, eliminar

Gramática

Clases de palabras: Los verbos

> Yo amo, tu amas, él ama, nosotros amamos, vosotros amáis, ellos aman... Ojalá no fuese conjugación sino realidad.

(Mario Moreno [Cantinflas])

1. Los verbos en español se clasifican según su terminación. Los verbos de **la primera conjugación** son aquellos que terminan en **-ar** en su forma infinitiva (la forma que aparece en el diccionario). *Hablar, terminar, estudiar* y *mirar* son todos verbos de la primera conjugación. Los verbos de la **segunda conjugación** son aquellos que terminan en **-er**, como por ejemplo *comer, beber, deber* y *vender*. Finalmente, los verbos *vivir* y *escribir* pertenecen a la **tercera conjugación**, ya que terminan en **-ir** en su forma infinitiva.

Los verbos en español se conjugan para seis personas diferentes:

	Persona	Número
yo	primera	singular
tú (Ud. es formal)	segunda	singular
él/ella	tercera	singular
nosotros(as)	primera	plural
vosotros(as) (sólo en España)	segunda	plural
ustedes	segunda	plural
ellos/ellas	tercera	plural

Cada verbo sigue su propio patrón conjugacional. Los ejemplos a continuación muestran la conjugación de *hablar*, *comer* y *vivir* en el presente del indicativo. Más adelante estudiaremos otras conjugaciones verbales (por ejemplo, el pasado y el futuro).

Persona	1ª	2ª	3ª
yo	habl-o	com-o	viv-o
tú	habl-as	com-es	viv-es
Ud./él/ella	habl-a	com-e	viv-e
nosotros	habl-amos	com-emos	viv-imos
Uds./ellos/ellas	habl-an	com-en	viv-en

2. Los verbos de la primera conjugación que siguen el patrón de *hablar* se conocen como verbos **regulares**. De la misma manera, los verbos de la segunda y tercera que siguen el patrón de *comer* y *vivir*, respectivamente, se consideran verbos regulares. Así pues, *estudiar*, *beber* y *escribir* son verbos regulares, ya que éstos siguen el mismo patrón de *hablar*, *comer* y *vivir*.

yo	estudi-o	beb-o	escrib-o
tú	estudi-as	beb-es	escrib-es
Ud./él/ella	estudi-a	beb-e	escrib-e
nosotros	estudi-amos	beb-emos	escrib-imos
Uds./ellos/ellas	estudi-an	beb-en	escrib-en

Los verbos que no siguen el patrón de conjugación de *hablar*, *comer* o *vivir* se consideran verbos **irregulares**. Por ejemplo, la forma verbal *tengo* es irregular. ¿Cómo sabemos esto? Porque *tener*, su infinitivo, es un verbo de la segunda conjugación (termina en *-er*). De esta manera, si este verbo fuera regular se conjugaría como se conjuga *beber* con el pronombre *yo*, es decir: *bebo/teno*. Como *tengo* no sigue este patrón, *tener* no puede ser regular.

Tipos de irregularidades verbales

—Soldado, métase en la trinchera*.
—No cabo, mi Cabo.
—¡No se dice cabo, se dice quepo!
—No cabo, mi quepo.

Hay tres tipos de irregularidades verbales: a) las que siguen cierto patrón de conjugación, b) las que no siguen ningún patrón y c) las ortográficas. En esta sección nos enfocamos en los dos primeros tipos de irregularidades y en la sección de ortografía nos enfocamos en la tercera.

Las irregularidades que siguen cierto patrón de conjugación

Dentro de los verbos irregulares, hay algunos que obedecen ciertas reglas de conjugación, aunque no sean las más comunes. En esta sección nos concentraremos en sólo dos clases de irregularidades verbales de este tipo.

*trench

Los diptongos alternantes En este paradigma verbal, el diptongo [ie] alterna con la vocal [e]:

p[e]nsar   p[**ie**]nso, p[**ie**]nsas, p[**ie**]nsa, p[e]ns**a**mos, p[**ie**]nsan
s[e]ntir   s[**ie**]nto, s[**ie**]ntes, s[**ie**]nte, s[e]nt**i**mos, s[**ie**]nten
m[e]ntir   m[**ie**]nto, m[**ie**]ntes, m[**ie**]nte, m[e]nt**i**mos, m[**ie**]nten

De la misma manera, el diptongo [ue] alterna con la vocal [o]:

v[o]lver   v[**ue**]lvo, v[**ue**]lves, v[**ue**]lve, v[o]lv**e**mos, v[**ue**]lven
p[o]der   p[**ue**]do, p[**ue**]des, p[**ue**]de, p[o]d**e**mos, p[**ue**]den
c[o]ntar   c[**ue**]nto, c[**ue**]ntas, c[**ue**]nta, c[o]nt**a**mos, c[**ue**]ntan

Los llamados diptongos alternantes, [ie] y [ue], obedecen una regla muy simple: el diptongo nunca aparece en una sílaba que no lleva el acento. Al hablar del acento en este caso, no nos referimos al acento ortográfico o escrito, sino al acento que se oye, es decir el tónico. En los ejemplos anteriores, hemos marcado la sílaba acentuada en negrita. Como se puede comprobar, el diptongo sólo se manifiesta en una sílaba acentuada. De esta manera, *vuelver* y *vuelvemos* no existen en el español estándar porque estas formas tienen un diptongo alternante en una sílaba que no lleva acento. Sin embargo, en algunos dialectos del español hablado, se coloca el diptongo también en sílabas no acentuadas: p[ie]ns**a**r, v[ue]lv**e**r, p[ie]ns**a**mos, v[ue]lver**e**mos. Aunque esto no interfiere con la comprensión, esta práctica no corresponde a las reglas gramaticales del español estándar.

La terminación -zco Algunos verbos que terminan en **-cer** o **-cir** se conjugan según el patrón de *conocer*. Las formas irregulares de este verbo se destacan a continuación mediante el uso de negritas.

conozco, conoces, conoce, conocemos, conocen
conozca, conozcas, conozca, conozcamos, conozcan

Algunos verbos de este tipo son: *agradecer, aparecer, crecer, desaparecer, envejecer, introducir, merecer, obedecer, ofrecer, parecer(se), pertenecer, producir* y *traducir.*

Los verbos que no siguen un patrón productivo

Hay verbos que exhiben irregularidades únicas o irregularidades que son difíciles de analizar como parte de un patrón del lenguaje. Aquí mencionaremos algunos de los verbos más comunes de este tipo:

decir   digo, dices, dice, decimos, dicen
caber   quepo, cabes, cabe, cabemos, caben
caer   caigo, caes, cae, caemos, caen
hacer   hago, haces, hace, hacemos, hacen
ir   voy, vas, va, vamos, van
oír   oigo, oyes, oye, oímos, oyen
tener   tengo, tienes, tiene, tenemos, tienen
saber   sé, sabes, sabe, sabemos, saben
salir   salgo, sales, sale, salimos, salen
ser   soy, eres, es, somos, son

¡A ver qué aprendiste!

Ejercicio 1: ¿Son regulares o irregulares los siguientes verbos? Para contestar esta pregunta, sigue los siguientes pasos: a) en la tercera columna, escribe el infinitivo del verbo en cuestión; b) en la segunda columna, indica para qué pronombre está conjugado este verbo; c) en la cuarta columna, conjuga el verbo regular correspondiente (hablar, comer, vivir) para el pronombre indicado; d) por último, en la quinta columna, determina si la forma verbal es regular o irregular, en base a la comparación entre la primera y cuarta columnas.

	Pronombre	Infinitivo	Conjugación	¿Regular o irregular?
miro	yo	mirar	hablar → yo hablo	regular
preparo				
vas				
estamos				
inventas				
vende				
interrumpo				
hago				
dice				
cocina				
traigo				
ves				

Ejercicio 2: Rellena los espacios en blanco con la forma del verbo que corresponda. Recuerda que los diptongos [ie] y [ue] nunca aparecen sílabas en átonas (sin acento oral) en las formas verbales.

infinitivo	yo	tú	él/ella	nosotros	ellos
	pienso				
		quieres			
				podemos	
			juega		
soñar					
					vuelan
				sonamos	
	cierro				
		mueres			

Ejercicio 3: Rellena los espacios en blanco.

1. Yo _____ (agradecer) todos los actos de cariño, por simples que sean.

2. El jefe insiste en que sus obreros _____ (producir) más que nunca.

3. El niño malcriado contestó: yo me _____ (merecerse) muchos juguetes.

4. Quiero que me _____ (obedecer) en todo lo que te pida.

5. El estudiante _____ (traducir) al inglés todo lo que oye en español.

6. Yo _____ (pertenecer) a dos culturas; la americana y la cubana.

Ejercicio 4: Completa las siguientes relaciones lógicas. Sigue el modelo.

MODELO: comer: como

decir: _____*digo*_____

1. escribir: escribo

caber: _____

2. vivir: vives

_____ : sientes

3. estudiar: estudiando

creer: _____

4. practicar: practiques

tocar: _____

5. leer: leo

distinguir: _____

6. aprender: aprendo

saber: _____

7. esperar: esperamos

morder: _____

8. salir: salgo

oír: _____

Ejercicio 5: Utiliza los verbos siguientes para escribir diez frases originales y creativas sobre ti mismo(a). Cambia tus oraciones con un(a) compañero(a) y pídele que determine cuáles de ellas son verdaderas y cuáles falsas.

> *tener, venir, decir, ir, soñar, pensar, jugar, salir, tocar, vivir, creer, escribir, averiguar, caber*

Modelo: *Siempre digo la verdad.*

Ejercicio 6: Contesta las preguntas según se sugiere entre paréntesis. Incluye el verbo indicado en tu respuesta.

1. ¿Averiguaste la información? (sí)
2. ¿Cuánto pagaste por el carro? ($25.000)
3. ¿Sabes por qué se pierde memoria con el pasar de los años? (no)
4. ¿A qué hora pueden pasar a buscarnos? (10.00)
5. ¿Tocaste algo en la cocina? (no)
6. ¿Cabes en el ascensor? (sí)
7. ¿Conoces al presidente de la asociación de estudiantes? (sí)
8. ¿A quién te pareces? (papá)
9. ¿Traduces del inglés al español o del español al inglés? (de las dos maneras)
10. ¿Quién escoge el menú en tu casa? (yo)

Ejercicio 7: Vuelve a la lectura sobre la neurociencia y busca las formas de los siguientes verbos que se representan.

1. afligir
2. incluir
3. traducir
4. poder
5. servir
6. decir
7. almacenar
8. demostrar
9. manifestar
10. dirigir

Ortografía

Las irregularidades ortográficas

Hay verbos que son irregulares sólo desde el punto de vista de la ortografía, mas no desde el punto de vista de su pronunciación. Por ejemplo, el verbo *escoger* se escribe *escojo* cuando tiene el pronombre *yo* como sujeto. La sustitución de *j* por *g* en esta forma verbal permite conservar el mismo sonido del infinitivo, ya que si se mantuviera la consonante *g*, la palabra se pronunciaría "*escogo*". Así pues, desde el punto de vista ortográfico *escojo* es irregular, ya que se escribe con una consonante que no aparece en su forma infinitiva. Sin embargo, desde el punto de vista oral, esta forma es totalmente regular. A continuación se encuentran las principales reglas ortográficas del español que se aplican a la conjugación verbal.

Repaso

Todas las consonantes iniciales dentro de cada grupo a continuación tienen el mismo sonido:

- *ga, gue, gui, go, gu:* galleta, guerra, guitarra, goma, gusano
- *ja, je, ji, jo, ju, ge, gi:* jamón, jerarquía, jinete, jota, juego, gemelo, gitano
- *ca, que, qui, co, cu:* casa, queso, química, cosa, cuervo
- *za, ce, ci, zo, zu:* zapato, cero, cien, zorra, zumo
- *gua, güe, güi, guo, gu:* guante, cigüeña, pingüino, averiguo, gusano (OJO: el sonidos güi y güu no existe en español)

Cambios ortográficos en las conjugaciones verbales

g > j: Los verbos que terminan con *-ger* o *-gir* cambian a *j* para preservar el sonido del infinitivo en la primera persona del presente:

escoger	**escojo**, escoges, escoge, escogemos, escogen
fingir	**finjo**, finges, finge, fingimos, fingen

g > gu: Los verbos que terminan en *-gar* usan *-gue* para preservar el sonido del infinitivo en el subjuntivo.

pagar	pago, pagas, paga, pagamos, **pagan, pague, pagues, etc.**

gu > g: Los verbos que terminan en *-guir* usan *g* para preservar el sonido del infinitivo en la primera persona (yo) del presente.

seguir	**sigo**, sigues, sigue, seguimos, siguen
distinguir	**distingo**, distingues, distingue, distinguimos, distinguen

gu > gü: Los verbos que terminan en *-guar* cambian a *güe* para preservar el sonido del infinitivo.

averiguar	averiguo, averiguas, averigua, averiguamos, averiguan, **averigüe, averigües, averigüe, averigüemos, averigüen**

c > z: Los verbos que terminan en *-cer* cambian a *z* para preservar el sonido del infinitivo.

vencer	**venzo**, vences, vence, vencimos, vences **venza, venzas, venza, venzamos, venzan**

i > y: La vocal *i* cambia a *y* cuando ésta se encuentra entre otras dos vocales. Como todos los cambios ortográficos anteriores, éste altera sólo la ortografía, no la pronunciación de dos verbos, *creer* y *leer*.

leer	leyendo (no leiendo), leyó (no leió), leyeron (no leieron)
creer	creyendo (no creiendo), creyó (no creió), creyeron (no creieron)

c > qu: Los verbos que terminan en *-car* usan *-qué* en el pasado (y en el presente del subjuntivo) para conservar el sonido del infinitivo.

tocar	toco, tocas, toca, tocamos, tocan **toque, toques, toque, toquemos, toque**

¡A ver qué aprendiste!

Ejercicio 1: Conjuga cada uno de los siguientes verbos en el presente, según el pronombre indicado. Presta atención especial a los cambios ortográficos que se han explicado en esta sección.

1. yo (perseguir) _____
2. yo (exigir) _____
3. yo (elegir) _____
4. tú (conseguir) _____
5. tú estás (leer) _____

6. yo (convencer) _____
7. yo (ejercer) _____
8. yo (proteger) _____
9. yo (dirigir) _____
10. tú estás (creer) _____

Ejercicio 2: Rellena los espacios en blanco para formar las palabras indicadas.

_____erra (*war*)

_____orra (*cap*)

_____ero (*zero*)

_____ante (*glove*)

si_____iente
(*following*)

pin_____ino (*penguin*)

_____ardar (*to put away*)

lu_____es (*lights*)

ejér _____ito (*army*)

a_____ado (*watery*)

ven_____ido (*beaten*)

pa_____ar (*to pay*)

e_____ipaje (*luggage*)

_____itarra (*guitar*)

pe_____ecito
(*small fish*)

La República de Panamá

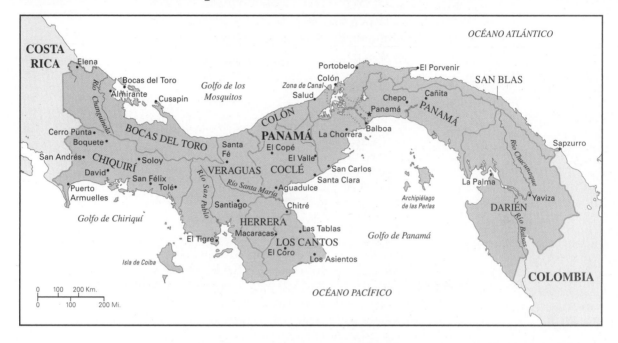

Nosotros hemos tenido varias independencias: la de España (en 1821), la de Colombia (en 1903) y la de Estados Unidos (en 1999), que es una forma de independencia.

Cada vez lo hemos logrado por astucia y por diplomacia, no con derramamiento de sangre. Ése es un típico rasgo panameño: lograr sus objetivos pacíficamente.

(Ricardo Arias Calderón, Vicepresidente de Panamá, 1989–1992)

A conocer Panamá

Para comenzar... (Parte primera)

Palabras clave

Rellena los espacios a continuación con la palabra o frase subrayada de la lectura que corresponda en significado a cada definición.

_____ controversia sobre cuestiones políticas, literarias, científicas, etc.

_____ ancho; distancia de un lado al otro

_____ tierra estrecha que une dos continentes

_____ enlaza; une

Lectura 4 (Parte primera)
La República de Panamá

A pesar de que el istmo en que se sitúa forma uno de los países más pequeños de América Latina, la República de Panamá ocupa una posición de enorme importancia en el terreno del comercio, la política y la cultura mundial. Como puente geográfico entre las Américas, el país eslabona el océano Pacífico y el Atlántico. La tremenda ventaja que esta posición le confiere a la región se ha reconocido desde hace quinientos años cuando los marineros europeos empezaron a explorar el Nuevo Mundo.

El nombre del país, Panamá, proviene del lenguaje de la gente indígena que habitaba la tierra cuando los exploradores españoles llegaron en el siglo XVI, y significa "tierra de abundantes peces". Situado entre Costa Rica al oeste y Colombia al sureste, el istmo varía entre 48 y más de 185 kilómetros de anchura y abarca aproximadamente 77.082 kilómetros cuadrados. Dividido por una serie de montañas nombrada La Cordillera Central, Panamá dispone de un clima tropical, varias bahías y puertos naturales, lagos, ríos, selva lluviosa y un volcán.

El país se divide en nueve provincias, las cuales se dividen en distritos. Estos en turno se dividen en corregimientos. En cuanto a la población, hay casi tres millones de habitantes en el istmo y éstos representan una miríada de etnicidades (afro-antillano, blanco, tribus indígenas tales como los Kuna, Guaymí y Chocó, y gente mestiza) y lenguas (español, inglés y lenguas indígenas).

La historia política de Panamá es complicada pero fascinante. El país ha sufrido múltiples guerras, levantamientos y tipos de gobierno desde su independencia de España en 1821, y más tarde de Colombia en 1903. Con respecto a la historia contemporánea, sus relaciones con Estados Unidos —su principal socio comercial en la construcción del Canal— también conllevan mucho tumulto político, económico y social. Hasta el año 2000, cuando Estados Unidos cedió la dirección del Canal a Panamá, la cuestión del control de la zona estaba al centro de una compleja y amarga polémica entre los dos países. Sin embargo, es importante reconocer que la colaboración de estos dos países produjo uno de los mayores logros de la ingeniería que se ha visto. Así y todo, no se puede entender ni la economía ni la historia política de este país sin estudiar el famoso Canal de Panamá dentro de su propio contexto sociohistórico.

Para comenzar... (Parte segunda)

Palabras clave

abastecer	proveer
amparo	ayuda
dictaminar	determinar
esclusas	*floodgates*, compuertas
ferroviario	relativo a los ferrocarriles
franja	frontera
inviable	con muy poca probabilidad de llevarse a cabo
maniobra	un acto malicioso que resulta en determinado fin
pala	máquina de gran potencia que se usa para cavar tierra
pantanoso	donde hay mucha agua y barro
potable	que se puede beber
reanudación	segundo comienzo
remolcador	*tugboat*
remontarse a	datar de

Lectura 4 (Parte segunda)
El Canal de Panamá: Una larga historia

El sueño de construir el Canal de Panamá se remonta al siglo XVI. Ya en 1534, el rey Carlos V de España ordenó una investigación para proyectar la vía marítima que cortaría el istmo para unir el Atántico y el Pacífico. Más tarde, en 1835, sería el turno para el explorador estadounidense Charles Biddle, quien luego de permanecer cuatro días en la selva plagada de mosquitos, dictaminó que tal empresa era impracticable. Finalmente, aquella loca idea comenzó a transformarse en realidad, a partir de la iniciativa del ingeniero francés Ferdinand de Lesseps, responsable de la construcción del Canal de Suez.

Las obras se iniciaron el 1 de enero de 1880, a cargo de la Compañía Universal del Canal de Panamá. En 1889, estalló un escándalo por maniobras fraudulentas que llevaron la empresa a la quiebra. Como consecuencia, se interrumpieron las excavaciones, cuando ya estaban terminados 33 kilómetros de obras.

El costo humano en la primera parte del proyecto fue muy alto: más de 22.000 trabajadores murieron por los frecuentes deslizamientos de tierra, por las explosiones accidentales de dinamita y las enfermedades tropicales.

Tres años más tarde se constituyó la Compañía Nueva del Canal de Panamá para completar la construcción. En 1903, Estados Unidos compró los derechos de la empresa francesa, pensando una vez más en los beneficios de controlar una vía interoceánica.

En esta época se mezclan política e intereses. Panamá, una provincia casi olvidada del extremo norte de Colombia, se independiza bajo el amparo de Washington, y comienza su vida como República y como plataforma estratégica de Estados Unidos en la región.

Construcción del canal: última etapa

A cambio de 10 millones de dólares (U.S.), las autoridades del nuevo país otorgaron una autoridad plena y perpetua a Estados Unidos sobre una franja de 16 kilómetros de ancho a lo largo del canal. La reanudación de las obras fue inmediata, aunque perduraron las malas condiciones de trabajo de la época francesa. En 1905, el ingeniero ferroviario John Stevens quedó a cargo del proyecto y suspendió los trabajos de excavación.

A partir de entonces, organizó una campaña de salud pública para controlar las epidemias de enfermedades tropicales, como la malaria y la fiebre amarilla. Se procedió al drenaje de extensas zonas pantanosas, se instalaron redes de agua potable y colectores, y se construyeron nuevos pueblos en la zona. Asimismo, Stevens rediseñó el proyecto, dado que era inviable seguir construyendo el canal al nivel del mar. Observó la necesidad de construir un sistema de esclusas, y un gran lago artificial en la desembocadura del Río Chagres, con lo que además se contaría con una fuente de energía hidroeléctrica que abastecería todas las instalaciones.

Con el respaldo de una eficiente infraestructura ferroviaria, también diseñada por Stevens, las obras se reanudaron una vez más en 1907 con una plantilla de 24.000 obreros. El trabajo confirmó una vez más su dureza, y un total de 5.000 personas perdieron la vida en la etapa estadounidense, la enorme mayoría inmigrantes del Caribe. El tramo más difícil lo constituyó el llamado Corte Culebra o Gaillard, que atraviesa la columna vertebral del continente, de donde se removieron 300.000 toneladas de rocas.

Hacia el final de la obra, las enormes esclusas comenzaron a tomar forma, cada una de ellas selladas con gigantes compuertas de acero perfectamente balanceadas de forma que sólo requirieran un motor de 40 caballos de fuerza —la mitad de la de un coche moderno— para abrirse y cerrarse. En el extremo atlántico, sólo las Esclusas de Gatún utilizaron un volumen de concreto suficiente para construir una muralla de medio metro de alto a lo largo de Estados Unidos.

La selva conquistada

El 20 de mayo de 1913, dos palas excavadoras se encontraron frente a frente en la mitad del Corte Culebra. En octubre de ese año, el remolcador Gatún realizó el primer cruce de prueba.

A pesar de lo colosal de la obra, la construcción del Canal de Panamá fue concluida antes del tiempo previsto y costó menos de lo esperado: un total de 400 millones de dólares (U.S.) de la época. Finalmente, el 15 de agosto de 1914, el buque Ancón inauguró oficialmente la vía que, desde entonces, separa la tierra y une al mundo. Un trayecto de 82 kilómetros de largo, cuyo cruce insume un promedio de nueve horas, que acorta, por ejemplo, en más de 7.000 kilómetros la distancia entre Londres y Tokio. Lo demás es otra historia.

¡A ver qué aprendiste!

¿Qué pasó en la lectura? Contesta las siguientes preguntas sobre Panamá.

1. ¿Por qué es tan importante el istmo de Panamá?
2. ¿De dónde proviene el nombre del país? ¿Qué significa?
3. Describe la geografía del istmo.
4. ¿Cuándo se independizó de España Panamá? ¿Y de Colombia?
5. ¿Desde hace cuándo existe el sueño de construir el Canal de Panamá?
6. ¿Quién fue el primero en intentar el proyecto? ¿Por qué fracasó?
7. ¿Por qué murieron tantos obreros en la primera fase de la construcción?
8. ¿Cuándo se inició el segundo intento de construir el Canal? ¿Quiénes se encargaron del proyecto esta vez?
9. ¿Cómo se controlaron las enfermedades tropicales que se sufrían durante la construcción?
10. ¿Cuál fue el tramo más difícil del proyecto y por qué?
11. ¿Cuántos caballos de fuerza requerían las esclusas del canal para abrirse y cerrarse?
12. ¿Cuándo se hizo el primer cruce de prueba del Canal?
13. ¿Cuál fue el nombre del primer buque de cruzar el Canal oficialmente y cuándo se hizo el cruce?
14. ¿Cuánto costó el proyecto en total?
15. ¿Qué tan largo es el Canal? ¿Cuánto tiempo toma para cruzarlo?

¡Vamos más allá! Vuelve a examinar la última frase de la lectura: "Lo demás es otra historia". ¿Qué puede significar? Haz una lista de posibles temas que se dejaron fuera de la lectura. ¿Qué país está a cargo del Canal hoy en día? Visita el **Online Study Center** para informarte de lo que ocurrió el 31 de diciembre de 1999.

Exploraciones

Exploraciones culturales: Los Kunas

Mola de la comunidad Kuna

De los pueblos indígenas de Panamá, tal vez los más conocidos son los Kuna, cuyas molas tradicionales de vivos colores gozan de fama internacional. Sin embargo, lo que muchos no saben es que la creación de la República de Panamá impactó de manera muy negativa en este pueblo. Resulta que la línea fronteriza que se trazó en 1903 separando a Panamá de Colombia dividió en dos el territorio de los Kuna, dejando así a algunos de ellos en Colombia y a otros en Panamá. ¿Te puedes imaginar qué tipos de problemas creó esta división?

En 2003, con motivo de la celebración de los cien años de fundación de la República de Panamá, la BBC entrevistó a Enrique Arias, el secretario general del

Congreso General Kuna, sobre lo que esta división significó y sigue significando para su pueblo. En el **Online Study Center** encontrarás un enlace a esta fascinante entrevista. ¿Se te ocurre algo que se pueda hacer hoy en día para ayudar a este pueblo?

Exploraciones lingüísticas: Los juegos de palabras

El anagrama: Un anagrama es una palabra o frase obtenida de la transposición de las letras de otra palabra o frase. Por ejemplo, un anagrama de amor es ramo.

El Istmo de Panamá tiene un famoso anagrama: Tío Sam me da pan. ¿Puedes formar un anagrama con las siguientes palabras: *Argentina, frase, conservación, aretes*? ¿Puedes crear tu propio anagrama usando otras palabras?

El palíndromo: Un palíndromo es una frase o palabra que se lee igual de izquierda a derecha que de derecha a izquierda. En inglés hay un palíndromo referente al Canal de Panamá: **A man, a plan, a canal: Panamá!**

Estos son palíndromos en español: *Anita patina; Anita lava la tina; luz azul; la ruta natural; la ruta nos aportó otro paso natural.*

¿Se te ocurren algunas palabras sueltas que sean palíndromos?

Testimonios y trasfondos

Doctora Rosa María Britton

¿Te suena el dicho "De tal madre tal hija"? En el siguiente segmento, vamos a ver un ejemplo vivo de esta expresión. En la primera sección de este capítulo, conocimos a la doctora Gabrielle Britton. En esta última lectura, vamos a conocer a otra científica famosa la cual, además de ser médico, es autora. Y como si eso fuera poco, ¡estas dos mujeres son de la misma familia!

Para comenzar...

¿De qué trabajan tus padres? ¿Piensas seguir en sus pasos o preferirías hacer algo distinto? Si decidieras trabajar en la misma profesión que tu padre o madre, ¿cómo crees que él o ella reaccionaría?

Sobre la autora y su obra

Rosa María Crespo de Britton nació en la ciudad de Panamá. Cursó estudios primarios en la ciudad de Panamá y los secundarios en el Colegio de las Dominicas francesas en La Habana, Cuba. Se graduó de Medicina en la U. de Madrid y completó su especialidad en ginecología y oncología en los Estados Unidos. Dirigió en hospital de Oncología de Panamá por 20 años y ha ocupado importantes coargos en la región, además de haber trabajado en St John General Hospital en Canadá. Ha ocupado igualmente la Presidencia de la Federación Latinoamericana de Asociación de Oncología. En 1982 inició su carrera como escritora, recibiendo varios premios nacionales e internacionales por sus novelas, libros de cuentos y obras de teatro, que han sido tradicodas a varios idiomas.

La doctora Rosa María Britton

Junto a numerosas publicaciones de carácter profesional —de las que sobre-
sale el ensayo divulgativo "La costilla de Adán" (1985)— ha publicado varios
libros, cuentos y obras teatrales. Su obra literaria incluye las novelas *El ataúd de
uso*, *El Señor de las lluvias y el viento* y *No pertenezco a este siglo;* y las obras de
teatro *Esa esquina del Paraíso* y *Banquete de despedida/Miss Panamá Inc.* Entre
sus premios literarios destacan el Nacional "Ricardo Miró", recibido en su
versión de novela en las convocatorias de 1982, 1984 y 1991, de cuento en 1985 y
de teatro en 1986 y 1987. Posee otras condecoraciones como la "Gran Cruz" de la
Orden de la Democracia, concedido por la República de Colombia en reconocimiento a sus méritos científicos y literarios. La doctora Britton también escribe
en inglés. Las obras que ha publicado en esta lengua incluyen *When New Flowers
Bloomed*, *Contemporary Short Stories from Central America* y *Out The Mirror
Garden*.

Antes de leer: Estrategias

La visualización: Publicado en el año 1987, "La muerte tiene dos caras" es el
primero de una colección que lleva el mismo título. El cuento trata de la muerte
desde la perspectiva de un señor mayor que pasa sus últimos días en el hospital.
Al leer la historia, considera las siguientes preguntas:

1. ¿Qué significa el título del cuento? ¿Qué dos caras puede tener la muerte?
   ¿Cómo visualizas estas caras?
2. El cuento presenta varias imágenes visuales. ¿Cuáles son estas imágenes?
   ¿Cómo dibujarías una de ellas?
3. ¿Qué influencia tendrá la especialización profesional de la doctora Britton en
   el tema, el escenario y los eventos que se llevan a cabo en el cuento?

Palabras clave

se fue colando (*inf.* colarse)	fue penetrando
concurso	competencia
hálito	aliento
hastiados	cansados
agotado	acabado
piedad	compasión
estirarse	tenderse
sedosas	de seda (*silky*)
presentir	adivinar que algo va a pasar
resquicio	oportunidad favorable
fundirse	arruinarse
incoloro	falto de color, pálido
resabio	sabor desagradable
umbral	entrada
fustigar	azotar
aletear	agitar
mohín	mueca, gesto

Lectura 5
La muerte tiene dos caras

por Rosa María Britton

La muerte se le fue colando por el oído izquierdo. La sintió llegar con su hálito un poco frío que se le pegó a la cara y alivió de sopetón la fiebre que encendía sus mejillas. Ella fue pasando suavemente por su frente y recordó de repente todas aquellas oraciones aprendidas en la escuela primaria aquel año que ganó el concurso eucarístico, por saberse de memoria las ciento treinta páginas del catecismo cristiano. Los ojos se le fueron hundiendo en la cabeza como hastiados y sus párpados se tornaron en espejos capaces de reflejar las imágenes por dentro y fuera de su mente. Blancas cortinas rodeaban la cama, aislándolo del resto de la humanidad que piadosamente trataba de ocultar la agonía: su agonía.

Quiso gritar que ya terminaba todo, pero Ella le acarició la garganta, ahogando los sonidos que se deslizaron débiles entre sus labios resecos. Se entretuvo repasando las imágenes que reflejaban los espejos y vio a sus hijos, que hacía tantos días que no venían a visitarlo, porque su larga enfermedad les había agotado la paciencia. No era justo morirse así, en pedazos. La piedad por mucho que se estire no da para tanto. La menor de sus hijas, la del pelo bonito y pestañas sedosas que había tenido después de viejo con esa mujer que le sacó fiesta en el trabajo, lo venía a visitar tarde, después que los otros se habían marchado para evitar peleas y malas caras. Ella sí había llorado bastante; ahora, la presentía en la humedad de lágrimas que aún quedaba impregnada sobre las sábanas. Ya no iba a poder terminar la escuela como él le había prometido y ella también se cansó como los otros que iban y venían con ese: ¿Hasta cuándo va a durar el viejo? Doctor, ¿no puede usted hacer algo? Mire cómo sufre, tiene días que no prueba bocado, ¿no puede usted hacer algo? Y después de las quejas, la inyección que lo metía en ese limbo de los muertos en ida, con aquel dolor clavado en medio de la barriga por mucha inyección que le pusieran…. Los nietos tan juguetones, ¡qué poco los conocía! Se los imaginó ya grandes en la Universidad, gente importante, su semilla. Hacía tiempo que todos lo habían dejado a un lado, pero él comprendía; con los estudios y tantas cosas interesantes por hacer, no alcanzaba el tiempo para un viejo enfermo.

El espejo reflejó la mosca su amiga de muchos días, que majestuosamente se paseaba como un astronauta por las montañas lunares de las sábanas, deteniéndose aquí o allí, para detectar un nuevo olor, o saborear minúsculos fragmentos de su humanidad derramados sobre la cama, porque ya sus sentidos funcionaban por cuenta propia, sin hacerle el menor caso a la vergüenza. Treinta y seis pares de ojos lo contemplaron curiosos por unos segundos, para proseguir indiferente en la búsqueda cuidadosa por todos los resquicios, de vez en cuando frotándose satisfecha patas delanteras.

El fruto blanco colgado del árbol de metal descargaba gota a gota a través de tubos transparentes el líquido que lo mantenía con vida. Al meterse por sus venas tensas sobre la piel amarillenta, le ardía como un latigazo obstinado en mantenerlo despierto. Ella, jugueteó con la aguja y de un solo soplo detuvo el líquido rojo que circulaba por su cuerpo, convirtiendo la rápida carrera en un lento oscilar de pequeñas olas que morían al llegar a su pecho.

El monstruo que atormentaba sus entrañas, comenzó a <u>fundirse</u> en un magma <u>incoloro</u> y recogió sus tentáculos de animal mitológico y Ella, con sus manos frías apagó el fuego que lo devoraba y se sintió aliviado por primera vez en mucho tiempo. Los sentidos perdieron el <u>resabio</u> y su cuerpo, ligero como una nube, lo iba llevando hasta la entrada del corredor que lo recibía con fragancia de misterio y aquel viso de eternidad que lo llenó de un júbilo desconocido. Al final del túnel, los espejos se agobiaron inundados de luz.

Y fue entonces cuando los sintió palpando su pecho frío, pidiendo a gritos ayuda y casi en el <u>umbral</u> de la perfección se detuvo indeciso, a tiempo para sentir el choque de la corriente eléctrica que recorría su cuerpo, devolviendo al líquido rojo el ímpetu de su fuerza y el débil <u>aletear</u> se convirtió en latido. Quiso gritarles que pararan, que la corriente estaba alertando al monstruo, pero Ella, enojada, se detuvo en su garganta y con un <u>mohín</u> de malhumor se fue, saliendo por el oído derecho no sin antes despertar en su lengua aquella sed amarga que tanto lo atormentaba. Abrió los ojos para encontrarse rodeado por la muralla blanca sembrada de rostros ansiosos, gente que no conocía y árboles de metal cargados con sus frutos blancos rellenos del líquido vital que <u>fustigaba</u> sus sentidos y devolvía la forma al monstruo que anidaba en su barriga. Y llegaron los hijos a la visita, con aquellos ojos de ¿hasta cuándo, Dios mío, hasta cuándo? y se resignó a esperar que ocurriera el milagro nuevamente.

¡A ver qué aprendiste!

Paso primero: ¿Qué pasó en la lectura? Contesta las siguientes preguntas.

1. ¿Dónde se encuentra el protagonista durante el cuento? Describe el escenario.
2. Describe los estados físico y mental del protagonista. En otras palabras, ¿cómo se siente éste y cuál es su actitud hacia su condición física?
3. ¿Cómo reacciona la familia del protagonista ante la condición de éste?
4. ¿Quién es "Ella"? ¿Cómo se describe en el cuento?
5. ¿Quién o qué es "el monstruo"? ¿Cómo se lleva con "Ella"?
6. ¿Qué ocurre al final del cuento? ¿Qué significa cuando "Ella" se va y "el monstruo" vuelve? ¿Cómo reacciona el protagonista ante esto?
7. ¿A qué se refiere cuando dice al final que "se resignó a esperar que ocurriera el milagro nuevamente"?
8. ¿Qué terminología médica se revela en el cuento? ¿Sabes si hay vocabulario equivalente en inglés? Prepara una lista y compara y contrasta las palabras en los dos idiomas.
9. ¿Cómo se manifiesta la religión en el cuento?

Paso segundo: La lectura, la vida y tú. La tecnología médica ha hecho posible que hoy en día se prolongue la vida de personas muy enfermas. ¿Consideras que esto sea ético? ¿Por qué sí o no? ¿En qué situaciones considerarías prolongar la vida de un pariente? ¿Y en cuáles no lo harías? Habla de estos temas con un(a) compañero(a) de clase.

Paso tercero: La lectura y la lengua. En términos de estilo y contenido, ¿cómo se compara este escrito con el de la *otra* Doctora Britton a quien conocimos en la primera parte de este capítulo? ¿Cuál de los escritos usa un lenguaje técnico y preciso? ¿Cuál de los dos usa imágenes poéticas? ¿A qué se debe esta diferencia? Habla con un(a) compañero(a) de clase.

OPCIÓN 1: **El microcuento**

Se cuenta que el famoso escritor americano Ernest Hemingway hizo una apuesta con William Faulkner, F. Scott Fitzgerald, Dorothy Parker y otros grandes escritores de su época, que él podía producir un cuento conmovedor con tan sólo seis palabras. Hemingway ganó la apuesta con el siguiente cuento:

Baby shoes for sale. Never worn.

¿Cómo se explica el impacto de este cuento? ¿Se te hace conmovedor? ¿Puedes redactar un microcuento conmovedor de menos de 20 palabras?

OPCIÓN 2: **El glosario de términos profesionales**

Todas las profesiones y oficios tienen su propio vocabulario. Prepara un glosario bilingüe del vocabulario de tu especialidad de estudio o de la profesión que quieres ejercer una vez que termines tus estudios. Para hallar los términos más importantes, es recomendable que estudies entre tres y cinco sitios electrónicos en español referentes al campo. Toma nota de los sustantivos, adjetivos y verbos que más se repiten. Además, haz tu propia lista de los términos que más a menudo utilizas al hablar sobre este tema en inglés, y procura buenas traducciones de estos términos. Clasifica todos los términos en cuanto a su clase gramatical (sustantivo, adjetivo, verbo) y género. Para cada verbo, escribe (o copia del Internet) una frase en español que use el término. Por último, coloca todos los términos en orden alfabético, al estilo de los diccionarios. Asegúrate de citar todas las fuentes de información que consultaste para completar este proyecto.

OPCIÓN 3: **La comunidad y tú: fase dos**

Utiliza una guía telefónica, la red y los periódicos locales para recopilar información y material sobre los servicios de salud disponibles para los latinos en tu ciudad. Enfoca tu búsqueda en torno a un aspecto particular, por ejemplo, los servicios de salud para las mujeres o niños, los servicios de salud mental, etc. Organiza la información recopilada en un álbum, portafolio o cualquier otro formato que la represente de manera clara y accesible. Asegúrate de incluir anotaciones que ayuden al lector de habla hispana a evaluar la utilidad de cada servicio.

Niña maya

Las gentes de la eterna primavera

Guatemala y la presencia guatemalteca e hispano-indígena en EE.UU.

Metas

En este capítulo vamos a:

a. **conocer la población guatemalteca en EE.UU.** *(Orgullo cultural, meta 1)*

b. **examinar la historia, la política y la geografía de Guatemala.** *(Orgullo cultural, meta 2)*

c. **explorar la vida y las leyendas de las gentes mayas.** *(Orgullo cultural, meta 3)*

d. **emprender la última fase de nuestra participación en servicios comunitarios y así reflexionar sobre nuestras responsabilidades como miembros y partícipes en una sociedad diversa.** *(Orgullo cultural, meta 4/Estrategia comunicativa)*

e. **hacer uso de las ilustraciones para especular sobre el carácter temático de una lectura.** *(Estrategia de lectura, meta 1)*

f. **implementar varias estrategias presentadas en capítulos anteriores (ojear/hojear; formular preguntas sobre el tema antes de leer; identificar cognados y cognados falsos, etc.) para mejor entender la lectura.** *(Estrategia de lectura, meta 2)*

g. **explorar el contacto lingüístico entre el español y el náhuatl y el impacto que esta lengua indígena sigue ejerciendo en el léxico de diversas partes del mundo hispano.** *(Registro)*

h. **estudiar las formas regulares de los tiempos sencillos.** *(Gramática)*

i. **practicar la organización de nuestros escritos mediante la lluvia de ideas, un bosquejo, un borrador y una versión final.** *(Estrategia de escritura)*

205

Contactos y encuentros: los hispano-indios en EE.UU.

Piénsatelo

Hombres de Maíz por Pedro Rafael González Chavajay, artista maya guatemalteco

Cuando danzamos, los espíritos danzan. Litógrafo de L. David Eveningthunder

1. Examina los cuadros de arriba. Con respecto a los estilos que reflejan, ¿cómo se distinguen? ¿cómo se asemejan?
2. Con respecto a la temática, ¿qué semejanzas y/o diferencias notas entre estos retratos?
3. ¿Qué significa ser "nativo"? ¿Cuáles son los beneficios y/o los desafíos asociados con esta manera de identificarse?
4. ¿Sabes cuántas tribus nativas hay en Norteamérica hoy en día? ¿En Centroamérica? ¿En Sudamérica? Prepara una lista de todas las tribus o naciones indígenas originarias de estas regiones que puedas recordar.
5. ¿Vives cerca de una comunidad indígena? ¿Cuál(es)?
6. ¿Has observado algunos rituales o ceremonias indígenas? Describe tus observaciones.

Los primeros americanos

Para comenzar...

Palabras clave

Rellena los espacios a continuación con la palabra o frase subrayada de la lectura que corresponda en significado a cada definición.

_____ diseminarse, propagarse

_____ instrumentos manuales con que se hace algún trabajo

_____ rasgos, evidencia de la existencia de algo o de alguien

_____ *Ice Age*

_____ murieron (*inf.* perecer)

_____ antepasados

_____ *as much as the latter did the former*

_____ por ejemplo

Lectura 1

Los primeros americanos

El año 1492 representa un momento clave en la historia del mundo occidental. La llegada de Cristóbal Colón y los exploradores europeos a las tierras americanas dio paso a grandes cambios en este paisaje. Sin embargo, es claro que los marineros del Viejo Mundo no fueron los primeros habitantes de las Américas. Estas tierras han sido pobladas por miles de años. Los primeros residentes —siendo ellos mismos exploradores— llegaron desde Asia durante la <u>época glacial</u>, 40.000 años atrás. En contraste con las teorías más tempranas, estas gentes no eran del todo primitivas. Más bien andaban rectos como el ser humano actual y llevaron consigo una miríada de destrezas y <u>herramientas</u> avanzadas. Al <u>difundirse</u> por los continentes americanos y las islas circundantes crearon civilizaciones que rivalizaban con las más avanzadas del mundo, incluso las de la China, el Medio Oriente y Europa. Además, introdujeron arte, política, costumbres, arquitectura y tecnología muy elaboradas cuyas <u>huellas</u> se revelan en el mundo de hoy en múltiples formas. Estos primeros residentes son los antepasados de los americanos nativos pertenecientes a centenares de tribus o naciones que viven actualmente en Norte-, Centro- y Suramérica y que hablan cientos de lenguas además del español, francés e inglés.

Desde la llegada de Colón, las gentes indígenas han tenido que adaptarse a circunstancias y condiciones de cambio constante o enfrentarse a la extinción. De hecho, debido a las enfermedades anteriormente desconocidas que los exploradores europeos trajeron consigo y a las condiciones sociales extremadamente diferentes a que el encuentro entre el Viejo Mundo y el Nuevo a menudo les exponía, algunas comunidades indígenas <u>perecieron</u> por entero. A pesar de todo, los primeros americanos mantienen una presencia viva en las Américas. En Centroamérica <u>verbigracia</u> hay más de seis millones de mayas entre México, Belice y Guatemala. A lo largo de las Américas se puede ver la influencia de las gentes indígenas y sus <u>progenitores</u> en el arte, la política, la comida y el idioma. Esta influencia profunda también se refleja del otro lado del océano. Así es que el Nuevo Mundo logró cambiar el Viejo <u>tanto como éste a aquél</u>.

¡A ver qué aprendiste!

La lectura, la vida y tú. Contesta las siguientes preguntas con dos o tres compañeros de clase. Si no sabes las respuestas a estas preguntas, consulta con alguien en tu familia y comenta lo que descubres con tus compañeros de clase.

1. ¿Cuándo vino tu familia a Estados Unidos y de dónde?
2. ¿Quién fue el primero en llegar? ¿Tu abuelo(a)? ¿Tu bisabuelo(a)? ¿Tu(s) padre(s)?
3. ¿Tienes sangre indígena en tu familia? ¿De qué parte del mundo? ¿Cómo se llama la tribu o la nación que representa?

Testimonios y trasfondos

Los mayas guatemaltecos en EE.UU.

Joven madre maya con sus hijos

Para comenzar...

Sobre la comunidad maya de la Florida
En el siguiente artículo vas a leer algunos breves testimonios de representantes de un grupo de más de 15.000 mayas guatemaltecos que se instalaron en el sur de la Florida en ciudades tales como Lake Worth, Palm Beach, Indian Town y Martin. Según Gisela Salomón del periódico *El Nuevo Herald*, estos individuos "no quieren asimilarse sino integrarse a la cultura estadounidense".

Antes de leer: Estrategias
Antes de leer el segmento a continuación, considera las siguientes preguntas:

1. Examina la foto de arriba y comenta lo que ves. ¿Qué te dice en cuanto a la siguiente lectura? Prepara una lista de ideas o temas que deben presentarse en la lectura en conexión con la foto.
2. Examina el título de la lectura. ¿Qué significa "aferrarse" a algo o alguien? ¿A qué puede aferrarse la gente en la foto? ¿A qué o quién te aferras tú?
3. Prepara una lista de preguntas cuyas respuestas deben encontrarse en la lectura, a juzgar por su título. Después de leer el segmento, examina esta lista de nuevo. ¿Cuáles preguntas se contestan y cuáles no? Revisa tu lista formu-

lando preguntas según la información que de hecho se presenta en la lectura. ¿Puedes sugerir otro título que vaya más de acuerdo con el contenido?

4. Hojea el segmento brevemente. ¿Qué palabras te salen a la vista? ¿Puedes inferir algo en torno al contenido de la lectura mediante estas palabras?

5. ¿Ves algunos cognados y/o cognados falsos en el segmento? ¿Cuáles son sus equivalentes en inglés? ¿Qué significan? ¿Qué te revelan sobre el tema?

Palabras clave

Rellena los espacios a continuación con la palabra o frase subrayada de la lectura que corresponda en significado a cada definición.

_____ sobresalir, *to excel*

_____ poco común, insólito

_____ (de *cosmogonía*) relativo a la creación del universo

_____ estación de la cosecha

_____ futuro

_____ ropa típica o tradicional

_____ costumbres que han perdurado por miles de años

_____ vehículo comercial

Lectura 2

Inmigrantes mayas se aferran a su cultura

por Gisela Salomón

Huyeron de sus tierras porque eran perseguidos o buscaban un mejor porvenir. Más allá de las fronteras de su país encontraron un sitio en el que conservan su cultura y sus costumbres milenarias, hablan sus lenguas, visten sus trajes típicos...

Más de 15.000 indígenas mayas guatemaltecos preservan en el sur de la Florida sus ricas tradiciones, pues no quieren asimilarse, sino integrarse a la cultura estadounidense. Y otros 15.000 llegan cada año en octubre, al empezar la temporada agrícola, para luego emigrar al norte cuando termina ésta en junio. "Buscamos integrar a la cultura maya, de manera que conserve su identidad cultural y sus valores, y al mismo tiempo aprenda a funcionar en esta sociedad sin avergonzarse de su identidad", aseguró Jaime Zapata.

Éste es el concepto de identidad que tratan de fomentar desde el Centro Maya-Guatemalteco, con sede en Lake Worth, que dirige Zapata, colombiano de 52 años. No es nada extraño ver en las calles de Lake Worth, en el condado de Palm Beach, o de Indian Town, en el de Martin, a hombres y mujeres de baja estatura y rasgos indígenas que conversan en kanjobal, mame, quiché o alguno de los 22 dialectos que se hablan en Guatemala. "Los mayas nos queremos superar, pero lo importante es no olvidar nuestras raíces y nuestra identidad", explicó Miguel Ángel Chiquin-Yat, del grupo kecche [k'iche], que escapó de Guatemala en 1989 por temor a que grupos militares lo mataran.

Tampoco es <u>desusado</u> ver a mujeres jóvenes de largos y lacios cabellos oscuros que llevan sus embarazos vestidas con coloridas ropas típicas, mientras se comunican con sus pequeños hijos en dialecto, o con otros mayas o hispanos en dificultoso español. "Lo fundamental para todos los pueblos del mundo es mantener viva su cultura", destacó Chiquin-Yat, de 46 años, mientras manejaba una <u>furgoneta</u> en la que transportaba a embarazadas.

Al parecer, la cultura estadounidense ha abierto las puertas a los mayas y ha fortalecido sus deseos de mantener sus tradiciones, según María Teresa López, quien desciende de mayas y españoles. "En Guatemala, los mayas son permanentemente discriminados. No tienen oportunidades de estudiar y progresar, y es por ello que muchas veces se avergüenzan y ocultan su identidad para que no los humillen", comentó López. "Pero aquí [en el sur de la Florida] se han motivado porque no sienten discriminación, y entonces se animan a sacar su cultura y lo que ellos son", agregó.

Maura Andrés es una de las que no oculta su origen. "Me visto con ropa típica para que no me confundan. Me gusta que me reconozcan como maya", señaló. Andrés es una kanjobal de 18 años que luce <u>vestimentas a la usanza</u> de su grupo y lleva una abundante cabellera que le llega a la cintura. Ella es quien atiende a los inmigrantes que se acercan al Centro Maya-Guatemalteco.

En la cultura del grupo, la tierra y la naturaleza representan la fuente generadora de toda la vida. Chiquin-Yat, que es fundador y vicepresidente de la Organización de Pueblos Mayas en el Exilio, explicó: "Somos <u>cosmogónicos</u>. Nos enseñan a vivir con la madre naturaleza y con el cosmos desde muy temprana edad", aseguró. Este concepto encontró eco en Lucio Pérez Reynoso, kanjobal que se graduó de abogado en la Universidad de Miami y administra el Centro Maya-Guatemalteco. "La tierra tiene un valor muy especial porque nos da comida y vida. Tiene el mismo valor que le damos a una madre, sin ella no estaríamos aquí", expresó Pérez Reynoso. Y es esta relación tan estrecha que ellos tienen con la tierra la que los motiva a trabajar en la agricultura.

En Guatemala, la mayoría siembra maíz y frijoles en sus propias tierras. En el sur de la Florida, muchos de ellos continúan en las actividades agrícolas, sembrando tomates, chile o calabazas. Otros se dedican a la jardinería o trabajan en viveros. Los menos laboran en la construcción. Jerónimo Camposeco, kanjobal que en los años 80 escapó de Guatemala y consiguió asilo político en Estados Unidos, señaló que "no se puede considerar al maya separado de la tierra, es como la madre y su hijo". Según Camposeco, antropólogo de 60 años, el libro sagrado maya [el *Popol Vuh*] dice que todos los hombres fueron creados del maíz. Basados en este concepto, los mayas rinden tributo y respeto a la agricultura.

Herlinda Francisco Andrés extraña el contacto directo con la tierra. Al llegar de su país en 1993, trabajó recogiendo tomate y chile, pero desde hace tres años ayuda a sus amigas embarazadas como traductora cada vez que van a un control médico. "Me sentía bien tranquila con mi gente [cuando trabajaba en el campo], pero cuando comencé en la oficina no me sentía muy bien porque necesitaba ver la tierra, tocarla", explicó Herlinda, la joven kanjobal de 27 años que todos los días luce vestidos multicolores típicos con cuellos redondos que representan el sol.

Los mayas comenzaron a llegar a la Florida en los años 80. En un principio arribaban mayormente familias, pero en la actualidad muchos hombres jóvenes dejan a sus esposas e hijos en Guatemala y viajan para las estaciones de cosechas en busca de bienestar económico. Uno de ellos es Pedro, que en noviembre dejó a sus cinco hijos y a su esposa en San Marcos, Guatemala. "Es la primera vez que vengo y lo hice por necesidad", manifestó con cierta vergüenza y timidez el miembro del grupo mame, quien por temor a las autoridades de inmigración no reveló su apellido.

Pedro, de 24 años, trabaja entre siete y ocho horas diarias recogiendo tomates en los campos de Lantana. Gana el mínimo, es decir $5.25 la hora; pero con lo que consigue en un día y medio supera todo lo que gana en Guatemala en un mes, que apenas alcanza los $45.

El sentido de comunidad continúa ejerciéndose entre los mayas y les ayuda a sentirse unidos. Así Andrés Cruz, director de la organización Corn Maya de Indian Town, explicó que "casi no extraña a su país" al convivir a diario con otros mayas. "Cultivo con mi gente y hablo mi idioma", señaló Cruz. "Casi no nos relacionamos con otros grupos porque entre nosotros solucionamos nuestros problemas", agregó.

Entre las costumbres y tradiciones que conservan los mayas están, además del idioma y el respeto a la naturaleza, la comida y el reconocimiento a los ancianos. "Quiero seguir con mis costumbres mayas en mi familia, hablar nuestra lengua, comer nuestra comida y respetar a los mayores, que son nuestros líderes", aseguró Gregorio Huehuetenango, de 25 años, que continúa hablando kanjobal con su esposa e hijo de 18 meses.

Si bien la comunidad maya del sur de la Florida es numerosa, no todos ellos hablan los mismos dialectos y, en consecuencia, no todos ellos pueden comunicarse en sus lenguas nativas. Así, un maya que habla kanjobal no entiende a otro que habla en kecche. Es por ello que muchas veces el español se convierte en el nexo entre uno y otro grupo. Sin embargo, y al igual que el inglés, no todos lo hablan, especialmente las mujeres. "Cuando quiero hablar con un maya de otro dialecto es como si quisiera hablar con alguien en inglés", contó Herlinda Francisco Andrés, y explicó que muchas veces en Guatemala logran comunicarse a través de señas.

La conquista de las tierras guatemaltecas por parte de los españoles está muy viva en la memoria de los mayas, que se molestan cada vez que los llaman hispanos o los confunden con los "ladinos [mestizos que sólo hablan español]". Zapata, el director del Centro Maya-Guatemalteco, explicó: "Se resisten a que los clasifiquen como hispanos, porque lo identifican con la invasión española que destruyó su propia cultura".

Primer paso: ¿Qué pasó en la lectura? Contesta las siguientes preguntas sobre la lectura.

1. Describe el lenguaje que se utiliza en este artículo. ¿Qué tono comunica? ¿Qué impresión te da de los entrevistados?
2. Describe las diversas maneras en que los inmigrantes mayas conservan su cultura. ¿Qué valores representan estas acciones?
3. ¿Qué significa ser "cosmogónico"? Según los mayas, ¿cuáles son los elementos más importantes de la vida? ¿Qué conexión tienen estos elementos con el trabajo más común de esta gente?
4. ¿Cuáles son algunos de los grupos étnicos en que se dividen los mayas guatemaltecos? ¿Hablan éstos el mismo idioma? ¿Se entienden fácilmente los unos a los otros?

5. ¿Por qué no quieren los mayas identificarse como "hispanos"?
6. ¿Ves algunos cognados y/o cognados falsos en el segmento? ¿Cuáles son sus equivalentes en inglés? ¿Qué significan? ¿Qué te revelan sobre el tema?

Paso segundo: La lectura, la vida y tú. Contesta las preguntas a continuación con dos o tres compañeros de clase. Cada grupo debe elegir un(a) secretario(a) que apunte los comentarios del grupo.

1. ¿Tienes tu propia cosmogonía? ¿En qué consiste?
2. ¿Cuál es la diferencia entre los términos "asimilación" e "integración"? ¿Cuál término utilizarías tú al describir tu relación con la sociedad?
3. ¿Qué papel desempeña la naturaleza en tu vida? En tu opinión, ¿qué rol desempeña para la mayoría de los estadounidenses en general? ¿Cómo se compara/contrasta con su función dentro de la comunidad maya?

¡Vamos más allá! Antes de leer este capítulo, ¿qué tanto sabías de las gentes mayas? Organiza tus ideas anteriores en un bosquejo y coméntalo con tus compañeros de clase. Luego, consulta el **Online Study Center** y enriquece tu conocimiento aún más. Después de consultar los recursos en el **Online Study Center**, revisa tu bosquejo. ¿Cómo han cambiado tus impresiones?

Lluvia de ideas

Hay más de quinientos grupos indígenas en Norteamérica. Consulta el siguiente texto y estudia una de las tribus cuya historia y tradiciones se describen:

Malinowski, Sharon, ed. *The Gale Encyclopedia of Native American Tribes.* Gale Group, 1998.

Apunta tus ideas en otro bosquejo. Luego, en un breve reportaje escrito (1–3 páginas), compara y contrasta la historia, lengua y costumbres del grupo que elegiste con los mayas. Tu reportaje debe incluir una introducción que describa el propósito del escrito, unos párrafos que presenten la información que encontraste y una conclusión que resuma la idea principal. Prepárate para presentarlo en clase. **OJO:** Éste es un reportaje que se va a exhibir en un contexto académico. Por lo tanto, al escribirlo, no te olvides de incluir algunas palabras o frases de las listas de *Vocabulario útil para la redacción académica* en el Capítulo 6.

Exploraciones

Exploraciones culturales: Los guatemaltecos en EE.UU.

¿Qué tanto sabes sobre las comunidades guatemaltecas en EE.UU.? Enriquece tu conocimiento contestando las siguientes preguntas.

1. En 1980 se calculó que _____ guatemaltecos habían llegado a EE.UU. buscando refugio y trabajo.
   a. 10.000
   b. 60.000
   c. 15.000
   d. 4.000

2. El Censo 2000 indica que la población guatemalteca estadounidense ha subido a _____ .
   a. 372.487
   b. 37.248
   c. 478.723
   d. 723.478

3. Estadísticamente, la población total de EE.UU. fue de 281.421.906 en el año 2000. De esta suma, _____ o un 12.5% son hispanos.
   a. 23.000.000
   b. 44.500.000
   c. 35.500.810
   d. 35.305.818

4. Los guatemaltecos constituyen un _____% de la población hispana en este país.
   a. 2.5
   b. 4.1
   c. 1.1
   d. 9.8

5. Las ciudades norteamericanas con las poblaciones guatemaltecas más grandes son _____ .
   a. San Francisco, Los Ángeles, Houston, Washington, D.C., Chicago, Nueva York
   b. Boston, Filadelfia, San Antonio, Raleigh, Palm Beach, Tallahassee
   c. Minneapolis, Tucson, Santa Barbara, Albuquerque, Albany, Indianapolis
   d. Seattle, Newark, Miami, Portland, San Diego, St. Louis

6. Actualmente, hay unos _____ mayas guatemaltecos viviendo en el sur de este país.
   a. 22.222
   b. 36.000
   c. 15.000
   d. 8.000

7. En general, los mayas que vienen a EE.UU. se dedican a la agricultura (sembrando tomates, chiles o calabazas); jardinería; trabajo en viveros (*nurseries*) porque _____ .
   a. les faltan suficientes habilidades para hacer otra cosa
   b. quieren mantener su relación profunda y estrecha con la tierra y la naturaleza
   c. tal trabajo es su única opción

El lenguaje en uso

Online Study Center

Registro

Manifestaciones del contacto interlingual español/náhuatl

¿Pones *tomate* y *aguacate* en tu *guacamole*? ¿Masticas *chicle*? ¿Te gusta el *chocolate*? ¿Prefieres comer *enchiladas* o *tamales*? Si puedes contestar estas preguntas, también sabes unas palabras importantes en náhuatl, el lenguaje indígena de los aztecas. Náhuatl ha servido como una especie de *lingua franca* o lenguaje común entre las gentes de diversas etnias en México y Centroamérica. Además, los estudiosos Robert Smead y J. Halvor Clegg mantienen que los exploradores españoles utilizaban este idioma "para facilitar la conquista misma de distintas regiones y hablas" (Smead et al, 24). Según Smead y Clegg, el náhuatl "gozó de mucho prestigio" como medio principal de comunicación durante la mayor parte del siglo XVI entre exploradores misioneros y varias tribus de americanos nativos. Aunque el español ha sido el lenguaje oficial de México y los países de Centroamérica desde 1590, la influencia del náhuatl es, hasta hoy día, evidente. Como resultado del largo período de bilingüismo y contacto interlingual, el español ha tomado en préstamo mucha materia léxica náhuatl. Las palabras que usamos en español que provienen del náhuatl, lengua de los aztecas, les llamamos *aztequismos*.

Smead y Clegg han concluido que la influencia léxica del náhuatl se puede clasificar de la manera siguiente:[1]

Aztequismos generalizados que se encuentran en otros idiomas tales como inglés, francés, italiano y español. Algunos ejemplos son:

aguacate
chicle
chocolate
enchilada
guacamole
tamal (tamale)
tequila
tomate (jitomate)

---

[1] *Bibliografía.* Para más información, puedes consultar el estudio siguiente: Smead, Robert N. y J. Halvor Clegg. "Aztequismos en el español chicano." En Bergen, John, ed. *Spanish in the U.S.: Sociolinguistic Issues.* Washington, D.C.: Georgetown University Press, 1990. 23–40.

Aztequismos americanos que se encuentran en el español "de las Américas en general, en Centroamérica (incluyendo el Caribe), o en Sudamérica":

chamaco	*chaval, chico*
chueco	*tuerto, falso*
mitote	*barullo, fiesta ruidosa* (Centroamérica)
chapulín	*langosta*
ejote	*habichuela*
esquite	*palomitas*
tepalcates	*chucherías, cosas de poco valor* (Suramérica)
chicoteada	*azotamiento*
petacona	*una mujerona*

Aztequismos mexicanos

apapachar	*mimar*
cochino	*sucio*
cuate	*gemelo*
chi(s)pear	*lloviznar*
pizca	*cosecha*

Aztequismos chicanos o méxico-americanos

asquela	*mosquito*
chayote	*dólar*
mezquite	*mes*

¡A ver qué tanto sabes ya!

Ejercicio 1: Comenta las siguientes preguntas con un(a) compañero(a) de clase:

1. De las palabras en las listas de arriba, ¿cuáles te son conocidas?
2. ¿Conoces otras palabras semejantes a las de arriba? ¿Conoces otros significados fuera de los que se presentan aquí?
3. ¿Qué tienen en común las palabras en estas listas? Al responder a esta pregunta, considera la ortografía y el significado.

Ejercicio 2: La clase debe dividirse en grupos de tres o cuatro. Cada grupo debe preparar un diálogo de cinco o seis frases utilizando un mínimo de dos vocablos de cada uno de las siguientes listas:

a. Aztequismos generales y sudamericanos
b. Aztequismos mexicanos y chicanos
c. Aztequismos mexicanos y centroamericanos

Los secretarios deben escribir los diálogos en una hoja de papel. Una vez terminados, cada diálogo debe pasarse al grupo a la izquierda para que éste lo repase, haciendo cualquier corrección que se considere necesaria. Al repasar el primer diálogo, los grupos deben pasar la hoja una vez más para que otro grupo corrija el siguiente diálogo. Cuando cada grupo reciba la hoja donde sus diálogos fueron escritos, debe repasar las correcciones y elegir uno de los diálogos para presentar en clase.

Gramática

Los siete tiempos sencillos: Formas regulares

En el Capítulo 7 anterior empezamos nuestro estudio de la conjugación verbal con un análisis del tiempo presente del indicativo. Éste es uno de siete tiempos distintos que se emplean en español. Además, cada uno de estos tiempos viene en dos versiones distintas—una sencilla que se forma con una palabra sola, y una compuesta que consiste en dos verbos, uno auxiliar y otro léxico. En este capítulo vamos a examinar los siete tiempos sencillos, cómo se forman y cómo funcionan.

Tanto en español como en inglés, los verbos se organizan alrededor de dos ejes (*axes*) temporales—el presente y el pasado. Consideremos el verbo *hablar* en los siguientes contextos:

Presente	Pasado
I. Ana **habla** por teléfono ahora.	I. Ana **habló** por teléfono por dos horas ayer.
	II. Ana **hablaba** mucho por teléfono cuando era chiquilla.
II. Es posible que Ana **hable** con su madre hoy.	III. Era posible que **hablara** con su madre ayer.
III. Ana **hablará** con su profesor después de la clase hoy.	IV. Ana dijo que **hablaría** con su profesor después de la clase ayer.

Como puedes ver, hay tres tiempos que se asocian con el eje del presente y cuatro que corresponden al pasado. A continuación se presentan los nombres y patrones conjugacionales de los siete tiempos sencillos para un verbo regular de cada una de las tres conjugaciones, es decir, los verbos terminados en **-ar** (primera conjugación), **-er** (segunda) e **-ir** (tercera). En el Capítulo 7, estudiamos las irregularidades ortográficas que se manifiestan en varios verbos en el presente del indicativo. En el próximo capítulo, estudiaremos los patrones conjugacionales de los verbos irregulares en los tiempos restantes.

Eje del presente

Presente del indicativo

hablar	
yo **hablo**	nosotros **hablamos**
tú **hablas**	
él/ella/Ud. **habla**	ellos/ellas/Uds. **hablan**

comer	
yo **como**	nosotros **comemos**
tú **comes**	
él/ella/Ud. **come**	ellos/ellas/Uds. **comen**

escribir	
yo **escribo**	nosotros **escribimos**
tú **escribes**	
él/ella/Ud. **escribe**	ellos/ellas/Uds. **escriben**

Presente de subjuntivo

hablar	
yo **hable**	nosotros **hablemos**
tú **hables**	
él/ella/Ud. **hable**	ellos/ellas/Uds. **hablen**

comer	
yo **coma**	nosotros **comamos**
tú **comas**	
él/ella/Ud. **coma**	ellos/ellas/Uds. **coman**

escribir	
yo **escriba**	nosotros **escribamos**
tú **escribas**	
él/ella/Ud. **escriba**	ellos/ellas/Uds. **escriban**

Futuro

hablar	
yo **hablaré**	nosotros **hablaremos**
tú **hablarás**	
él/ella/Ud. **hablará**	ellos/ellas/Uds. **hablarán**

comer	
yo **comeré**	nosotros **comeremos**
tú **comerás**	
él/ella/Ud. **comerá**	ellos/ellas/Uds. **comerán**

escribir	
yo **escribiré**	nosotros **escribiremos**
tú **escribirás**	
él/ella/Ud. **escribirá**	ellos/ellas/Uds. **escribirán**

Eje del pasado

Pretérito

hablar	
yo **hablé**	nosotros **hablamos**
tú **hablaste**	
él/ella/Ud. **habló**	ellos/ellas/Uds. **hablaron**

comer	
yo **comí**	nosotros **comimos**
tú **comiste**	
él/ella/Ud. **comió**	ellos/ellas/Uds. **comieron**

escribir	
yo **escribí**	nosotros **escribimos**
tú **escribiste**	
él/ella/Ud. **escribió**	ellos/ellas/Uds. **escribieron**

Imperfecto del indicativo

hablar	
yo **hablaba**	nosotros **hablábamos**
tú **hablabas**	
él/ella/Ud. **hablaba**	ellos/ellas/Uds. **hablaban**

comer	
yo **comía**	nosotros **comíamos**
tú **comías**	
él/ella/Ud. **comía**	ellos/ellas/Uds. **comían**

escribir	
yo **escribía**	nosotros **escribíamos**
tú **escribías**	
él/ella/Ud. **escribía**	ellos/ellas/Uds. **escribían**

Imperfecto del subjuntivo

hablar	
yo **hablara**	nosotros **habláremos**
tú **hablaras**	
él/ella/Ud. **hablara**	ellos/ellas/Uds. **hablaran**

comer	
yo **comiera**	nosotros **comiéramos**
tú **comieras**	
él/ella/Ud. **comiera**	ellos/ellas/Uds. **comieran**

escribir	
yo **escribiera**	nosotros **escribiéramos**
tú **escribieras**	
él/ella/Ud. **escribiera**	ellos/ellas/Uds. **escribieran**

Condicional

hablar	
yo **hablaría**	nosotros **hablaríamos**
tú **hablarías**	
él/ella/Ud. **hablaría**	ellos/ellas/Uds. **hablarían**

comer	
yo **comería**	nosotros **comeríamos**
tú **comerías**	
él/ella/Ud. **comería**	ellos/ellas/Uds. **comerían**

escribir	
yo **escribiría**	nosotros **escribiríamos**
tú **escribirías**	
él/ella/Ud. **escribiría**	ellos/ellas/Uds. **escribirían**

Raíces y terminaciones

Según vimos en el Capítulo 7, cada forma verbal se construye con una **raíz** y una **terminación** o desinencia. La raíz es la parte del verbo antes de las últimas dos letras de la forma infinitiva (a saber, los verbos terminados en -*ar*, -*er* o -*ir* tales como *hablar, comer, escribir*, etc.). Por tanto, la raíz de *hablar* es *habl-*, la de *comer* es *com-* y la de escribir es *escrib-*. La terminación consta de las letras que le agregamos a la raíz para formar las distintas conjugaciones verbales. Repasemos lo que analizamos en el Capítulo 7 sobre esto. La terminaciones se destacan mediante el uso de **negritas**.

Persona	1a	2a	3a
yo	habl-**o**	com-**o**	escrib-**o**
tú	habl-**as**	com-**es**	escrib-**es**
él/ella/Ud.	habl-**a**	com-**e**	escrib-**e**
nosotros	habl-**amos**	com-**emos**	escrib-**imos**
ellos/ellas/Uds.	habl-**an**	com-**en**	escrib-**en**

El patrón conjugacional de cinco de los siete tiempos sencillos aquí presentados se forma de la misma manera. Por ejemplo, el pretérito de *hablar* se construye de la raíz *habl-* más las terminaciones -*é*, -*aste*, -*ó*, -*amos*, -*aron*.

El futuro y el condicional son los únicos tiempos que se conjugan de manera distinta. En su caso, la raíz a que se le agregan las terminaciones es el infinitivo completo (*hablar, comer, decir*, etc.). De modo que el futuro de hablar se construye así: *hablar-é, hablar-ás, hablar-á*, etc. Estudiaremos los verbos que no se conforman con estos patrones en el capítulo siguiente.

¿Sabías qué?

Los patrones conjugacionales que acabamos de estudiar representan el español normativo. Es decir, son las formas que se enseñan en la clase y que deben entenderse en todas partes del mundo de habla española como estándar. Sin embargo, en el español popular que se habla en distintas partes de Estados Unidos, se oyen variaciones que también son comunes. Por ejemplo, en el español del Suroeste, en ciertas regiones de estados tales como Texas y Nuevo México, el morfema -*mos* que forma parte del patrón conjugacional de la primera persona del plural (nosotros) en todos los tiempos verbales se reemplaza con -*nos*. Examinemos los siguientes ejemplos de imperfecto del indicativo y condicional:

Imperfecto del indicativo

necesitábamos	→	necesitába**nos**
usábamos	→	usába**nos**
vivíamos	→	vivía**nos**

Condicional

comeríamos	→	comería**nos**

En otra variación que se oye en diferentes regiones del país, la *s* de la terminación -*iste* de la segunda persona del singular (tú) del tiempo pretérito cambia de lugar y se agrega al final de la terminación. Por ejemplo:

comiste	→	comites
fuiste	→	fuites
mercaste	→	mercates

Esta variación se arraiga en el hecho de que la *s* que se encuentra entre vocales suele aspirarse en el español que se habla en algunas zonas, y por eso no se oye. A estas formas les llamamos populares precisamente porque son muy conocidas entre mucha gente de varias comunidades. La única diferencia entre ellas y las formas normativas que presentamos en la lista de arriba es que éstas representan las reglas de gramática establecidas por la Real Academia Española, un instituto histórico español que tiene sucursales en muchos países hispanos y que ha estudiado este idioma que hablamos desde hace siglos.

¿Has oído otras variaciones de los patrones normativos presentados en este capítulo y/o en el texto en general? Haz una lista con dos o tres compañeros y prepárate a comentarla en clase.

¡A ver qué aprendiste!

Ejercicio 1: Llena cada espacio en blanco con la conjugación correcta.

Modelo: imperfecto del subjuntivo/hablar: ellas ____*hablaran*____

1. presente del subjuntivo/nadar: tú _____

2. pretérito/vender: nosotros _____

3. condicional/vivir: Ud. _____

4. imperfecto del indicativo/correr: yo _____

5. futuro/iniciar: ellas _____

6. imperfecto del subjuntivo/emprender: Uds. _____

7. presente del indicativo/insistir: él _____

8. pretérito/bajar: yo _____

9. presente del subjuntivo/hablar: nosotros _____

10. condicional/vivir: tú _____

Ejercicio 2: Conjuga los siguientes verbos con la forma más apropiada.

MODELO: Mis abuelos _____*vivieron*_____ (vivir) en la Ciudad de Panamá por treinta años.

1. ¿Qué _____ (comer) ahora, m'ijita?

2. Anoche te _____ (llamar), Gloria.

3. El otro día yo _____ (navegar) por Internet cuando perdimos la electricidad. Por eso no pude seguir haciendo mi tarea.

4. ¿Ves a aquel muchacho? Él y yo nos _____ (conocer) la semana pasada en la clase de español.

5. Manolito me dijo que _____ (lavar) el coche ayer.

6. Dentro de tres años, _____ (graduarse) mis hermanos mayores.

7. Ojalá que México no _____ (perder) el próximo partido de la Copa Mundial.

8. Si tú _____ (correr) más, no pesarías tanto.

9. Yo _____ (insistir) que me dejes pagar.

10. ¿Cuándo _____ (volver) Uds. del cine?

Ejercicio 3: Usa cada uno de los verbos a continuación en una frase que revele algo sobre ti que resulte interesante, cómico o fuera de lo común.

1. bailar _____   6. olvidar _____

2. entender _____   7. oler _____

3. volver _____   8. mentir _____

4. sentir _____   9. conocer _____

5. patinar _____   10. dormir _____

Guatemala, país de la eterna primavera

A conocer Guatemala

Para comenzar...

Palabras clave

Rellena los espacios a continuación con la palabra o frase subrayada de la lectura que corresponda en significado a cada definición.

_____ *shanty town*

_____ destruida (cognado: *decimated*)

_____ complejos

_____ *Gross National Product*

_____ un país pequeño gobernado despóticamente que queda económicamente dependiente de otro

Lectura 3

Guatemala, país de la eterna primavera

El país que se llama la tierra de la eterna primavera es también una tierra de mucha diversidad étnica, lingüística y geográfica. Casi del mismo tamaño que el estado de Ohio, Guatemala abarca unas 108.780 millas cuadradas y consta de cuatro regiones geográficas principales: las tierras bajas y la selva lluviosa de Petén al norte, las tierras altas con una sierra de 33 volcanes activos al centro del país, y una estrecha zona de tierra baja en la costa Pacífica. La mayoría de la población rural reside en las tierras altas.

La capital del país, la Ciudad de Guatemala, es una urbe industrial de mucho comercio, numerosos museos y centros culturales que presentan exposiciones de arte y escultura creadas por artistas guatemaltecos de varios orígenes étnicos. No obstante, Guatemala es también una ciudad de enorme polución, con un extenso barrio de chabolas en su periferia. La ciudad de Antigua, vieja capital del país, queda a unas 15 millas al oeste de la capital actual en un área rodeada de volcanes. Es un sitio colonial de mucha artesanía y turismo, además de ser el hogar de múltiples escuelas de lengua. Otro lugar de importancia sociocultural es San Antonio Aguascalientes, un pueblo maya cerca de Antigua. Los artistas mayas que residen en este pueblo son bien conocidos por sus textiles intrincados.

En cuanto al comercio, Guatemala tiene la economía más grande de Centroamérica. A pesar de esto, la mayoría de la población no goza de los beneficios que ésta produce. Mediante el cultivo del café, azúcar, frutas y vegetales, la agricultura es la industria principal del país, constando de un 25% del Producto Nacional Bruto (PNB). Sin embargo, en 1979, se estimaba que un 65% de la tierra estaba en manos de sólo 2.2% de la población. En contraste, un 89% de la población vivía en la pobreza. Dada una distribución tan desigual de tierra, Guatemala es considerada una república bananera. Así es que la tierra simboliza la riqueza para algunos y la supervivencia para los demás.

Además de tener la economía más grande de Centroamérica, Guatemala también tiene una de las poblaciones indígenas más extensas de todas las Américas. Es más, es el único país que conserva una población mayoritariamente indígena. De unos diez millones de habitantes, entre el 55 y 65% son de origen maya, el 40–45% son ladinos —o sea guatemaltecos que no se identifican como indígenas— y el 4% consiste en gentes afrocaribeñas. Con la llegada de los europeos hace quinientos años, la población maya fue casi <u>diezmada</u> por la explotación y por las enfermedades que los exploradores trajeron consigo, contra las cuales los indígenas no tenían inmunidad. Por esas razones, evitaban el contacto con los exploradores al huir a la sierra, donde vivían en relativo aislamiento. De esa manera, los mayas han logrado conservar sus costumbres, sus vestimentas tradicionales y numerosos idiomas (¡hay 21 lenguas mayas en uso hoy en día!). La alta sierra de Guatemala todavía se asocia con la cultura maya.

A pesar de su éxito en la conservación de su cultura, por dos siglos los mayas han sido explotados como una fuerza laboral casi esclavizada en Guatemala. Su sufrimiento ha aumentado enormemente a causa de los actos de severa brutalidad llevados a cabo por una serie de gobiernos militares durante el siglo veinte. Estos gobiernos recibían apoyo y entrenamiento de la CIA estadounidense que intentaba proteger los intereses comerciales de The United Fruit Company, una compañía originaria de Boston que se adueñó de grandes cantidades de tierra en el país para la exportación de frutas. En reacción contra la brutalidad de estos gobiernos, varios grupos guerrilleros se formaron, y una guerra civil de más de dos décadas irrumpió en la década de 1970. En 1994, el gobierno firmó un acuerdo de paz con la Unidad Nacional Revolucionaria de Guatemala, una organización a la que varios grupos guerrilleros pertenecían. Según este acuerdo, ambos lados prometieron respetar los derechos humanos de todos los ciudadanos, tanto mayas como ladinos. En 1996, se firmó un acuerdo de paz en el que se prometieron reformas constitucionales y electorales que posteriormente darían lugar a la democracia.

¡A ver qué aprendiste!

Paso primero: ¿Qué paso en la lectura? Contesta las siguientes preguntas sobre la lectura.

1. ¿Qué tan grande es Guatemala?
2. Describe la geografía básica del país.
3. ¿Cuál es la capital actual? ¿Cómo es esta ciudad?
4. ¿Dónde se encuentra San Antonio de Aguascalientes? ¿Por qué son conocidos (renombrados) los habitantes de este pueblo?
5. ¿Cuál es el comercio principal de Guatemala?
6. ¿De qué estatus goza la economía guatemalteca en relación con el resto de Centroamérica?
7. De la población total, ¿cuántos viven en la pobreza?
8. ¿Cómo se caracteriza la población del país?
9. ¿Cómo lograron los mayas conservar su identidad cultural después de la llegada de los españoles?
10. ¿Cuántos idiomas mayas se hablan hoy en día?
11. ¿Qué es una república bananera? ¿Cómo se dice esto en inglés?
12. ¿Cómo ha sido la vida para los mayas guatemaltecos durante los últimos siglos?

13. ¿Cuáles fueron los eventos clave del siglo XX en Guatemala? ¿Qué impacto tienen estos eventos en la comunidad maya?

Paso segundo: La lectura, la vida y tú. Contesta las preguntas a continuación con dos o tres compañeros de clase.

1. De los datos que se presentan en esta lectura, ¿cuáles te sorprenden más y por qué?
2. ¿Qué opinas tú del papel que la CIA ha desempeñado en la historia contemporánea de Guatemala?

¡Vamos más allá! Haz un breve análisis que compare y contraste la relación entre EE.UU. y Guatemala, y entre EE.UU. y otro país latinoamericano. Utiliza cualquier recurso a tu disposición—la biblioteca, el Internet, informantes nativos de los países en cuestión, etc. ¿Qué semejanzas y/o diferencias notas? Prepárate para comentar tus observaciones con la clase.

Testimonios y trasfondos

Leyendas mayas

Para comenzar... (Parte primera)

Desde el nacimiento de su civilización, los mayas han preservado su historia, sus tradiciones, sus lenguas y su cultura, transmitiéndolas totalmente a generaciones futuras mediante cuentos, mitos y leyendas. En esta última lectura, vas a explorar dos leyendas mayas que revelan la identidad de esta comunidad tan culturalmente diversa.

Antes de leer: Estrategias

Después de leer las dos leyendas a continuación, haz un análisis de ellas a base de la comparación y el contraste. También, considera las preguntas siguientes:

1. ¿Qué es una leyenda? ¿Para qué sirve?
2. ¿Quiénes son los personajes principales? ¿Cómo se llevan? ¿Qué relación hay entre ellos?
3. ¿Cómo es el estilo en que estas leyendas se han escrito?
4. ¿Cuáles son los temas generales que se presentan en las dos leyendas? ¿Qué reflejan estos temas en torno a la perspectiva maya?
5. ¿Cómo es el lenguaje que se utiliza? ¿Contiene palabras mayas? ¿Cómo son? ¿Qué significan? ¿Sabes algunos sinónimos en español? ¿En inglés?

Palabras clave

Rellena los espacios a continuación con la palabra o frase subrayada de la lectura que corresponda en significado a cada definición.

_____ jefe de una tribu indígena

_____ *Once upon a time; One time...*

_____ *overcome his troubles*

Lectura 4 (Parte primera)
El hombre que vendió su alma

Cierta vez un hombre bueno pero infeliz decidió salir de apuros vendiendo su alma al diablo. Invocó a Kizín y cuando lo tuvo delante le dijo lo que quería. A Kizín le agradó la idea de llevarse el alma de un hombre bueno.

A cambio de su alma el hombre pidió siete cosas; una para cada día. Para el primer día quiso dinero y en seguida se vio con los bolsillos llenos de oro. Para el segundo quiso salud y se le fue concedida. Para el tercero quiso comida y comió hasta reventar. Para el cuarto quiso mujeres y lo rodearon las más hermosas. Para el quinto quiso poder y vivió como un cacique. Para el sexto quiso viajar, y en un abrir y cerrar de ojos estuvo en mil lugares.

Kizín le dijo entonces:

—Ahora ¿qué quieres? Piensa en que es el último día.

—Ahora sólo quiero satisfacer un capricho.

—Dímelo y te lo concederé.

—Quiero que laves estos frijolitos negros que tengo, hasta que se vuelvan blancos.

—Eso es fácil— dijo Kizín.

Y se puso a lavarlos, pero como no se blanqueaban, pensó: "Este hombre me ha engañado y perdí un alma. Para que esto no me vuelva a suceder, de hoy en adelante habrá frijoles negros, blancos, amarillos y rojos".

¡A ver qué aprendiste!

¿Qué pasó en la lectura? Contesta las siguientes preguntas sobre la leyenda.

1. ¿Quién es el protagonista de la leyenda? ¿Qué decide hacer para salir de apuros?
2. ¿Quién es Kizín? ¿De dónde proviene este nombre?
3. ¿Cuáles son las siete cosas que el protagonista le pide a Kizín?
4. ¿Qué sucede cuando Kizín intenta cumplir con el último pedido?
5. ¿Qué hace Kizín para asegurar que semejante cosa no ocurra en el futuro?

Para comenzar... (Parte segunda)

Palabras clave
Rellena los espacios a continuación con la palabra o frase subrayada de la lectura que corresponda en significado a cada definición.

_____ ave de plumas largas originaria de América Central y México

_____ buho; ave rapaz nocturna de cabeza redonda y ojos grandes

_____ una especie de buitre (palabra náhuatl)

Lectura 4 (Parte segunda)

La tristeza del maya

Un día los animales se acercaron a un maya y le dijeron:

—No queremos verte triste, pídenos lo que quieras y lo tendrás.

El maya dijo:

—Quiero ser feliz.

La lechuza respondió:

—¿Quién sabe lo que es la felicidad? Pídenos cosas más humanas.

—Bueno —añadió el hombre—, quiero tener buena vista.

El zopilote le dijo:

—Tendrás la mía.

—Quiero ser fuerte.

El jaguar le dijo:

—Serás fuerte como yo.

—Quiero caminar sin cansarme.

El venado le dijo:

—Te daré mis piernas.

—Quiero adivinar la llegada de las lluvias.

El ruiseñor le dijo:

—Te avisaré con mi canto.

—Quiero ser astuto.

El zorro le dijo:

—Te enseñaré a serlo.

—Quiero trepar a los árboles.

La ardilla le dijo:

—Te daré mis uñas.

—Quiero conocer las plantas medicinales.

La serpiente le dijo:

—¡Ah, esa es cosa mía porque yo conozco todas las plantas! Te las marcaré en el campo.

Y al oír esto último, el maya se alejó. Entonces la lechuza dijo a los animales:

—El hombre ahora sabe más cosas y puede hacer más cosas, pero siempre estará triste.

Y la chachalaca se puso a gritar: —¡Pobres animales! ¡Pobres animales!

¡A ver qué aprendiste!

Paso primero: ¿Qué pasó en la lectura? Contesta las siguientes preguntas sobre la lectura.

1. ¿Quiénes son los personajes principales? ¿Qué le ofrecen al maya y por qué?
2. ¿Por qué está triste el maya?
3. ¿Sigue siéndolo al final de la leyenda? ¿Por qué?

Paso segundo: Análisis de la lectura. Contesta las siguientes preguntas con dos o tres compañeros de clase.

1. Según lo que observas en estas leyendas, ¿cómo es la relación entre el maya y sus dioses? ¿Entre el maya y el mundo de la naturaleza?
2. ¿Tienen alguna moraleja estas leyendas? Intenta resumirla(s) en dos o tres frases.

¡Vamos más allá!

1. Para más información sobre la historia, la vida, la lengua y las costumbres mayas, visita el **Online Study Center**.

¡Sí se puede!

OPCIÓN 1: **En tu portafolio**

Paso 1: ¿En qué consiste una leyenda? ¿Cómo son los personajes por lo general? ¿Qué tipos de temas se presentan? ¿Qué tipo de lenguaje se usa en ellas—formal, informal, complicado, simple? ¿Quién suele ser el público que las oye o lee? Considera estas preguntas al escribir tu propia leyenda. Como temática, puedes utilizar tu universidad, tu familia, tus amigos o cualquier otro grupo de gente con el cual te asocies. Además, prepara al menos una ilustración que represente algún aspecto del cuento que tu leyenda comunica.

Paso 2: Comparte tu leyenda ilustrada con dos o tres compañeros de clase. Primero, muéstrales tu(s) ilustraciones y pídeles que intenten examinarlas para determinar algunos aspectos del tema. ¿Cuánto lograron determinar sólo con examinar tu(s) ilustraciones?

Paso 3: Lee el escrito en voz alta. Tus compañeros deben escuchar cuidadosamente y determinar el tema o la moraleja de la leyenda. ¿Concuerda lo visual con lo que oyeron?

Paso 4: Ahora, tus compañeros deben leer lo que has escrito y ayudarte a revisarlo a base de las siguientes preguntas:

- ¿Cuál es la moraleja o idea principal de la leyenda? ¿En qué parte del cuento se revela?
- ¿Cuáles son los detalles en el cuento que mejor ejemplifiquen su moraleja?
- ¿Hay detalles en la leyenda que parezcan innecesarios?
- ¿Hay partes en el cuento en que te sientas perdido(a)? ¿Hay algo que se pueda dejar fuera del escrito para que éste tenga más sentido?
- En general, ¿qué cambios recomendarías?
- ¿Qué es lo que más te gusta del escrito?

Apunta los comentarios de tus compañeros y escribe una segunda versión de tu leyenda utilizándolos como punto de partida.

OPCIÓN 2: **Lenguaje en uso**

Vuelve a examinar la última lectura. ¿Cuántos tiempos puedes reconocer en las dos leyendas? Analiza el uso de tiempos en una de ellas. Haz una lista de verbos que aparecen en cada uno de los siete tiempos simples. ¿Qué tiempo(s) se usa(n) con más frecuencia? ¿Qué tipo de acción comunican? ¿Qué eje temporal representan?

OPCIÓN 3: En tu diccionario...

¿Sabes lo que es un jeroglífico? Las antiguas civilizaciones mayas los utilizaban como alfabeto principal. A través del **Online Study Center**, puedes acceder a una descripción de los jeroglíficos mayas y cómo se los puede utilizar para comunicarse. Consulta el sitio y aprende a escribir tu nombre en jeroglíficos mayas. Prepárate a presentar los resultados a la clase.

OPCIÓN 4: La comunidad y tú: fase tres

Ahora te toca reflexionar un poco sobre tus experiencias con el servicio comunitario. ¿Qué aprendiste mediante tu participación en esta actividad? ¿Qué aprendiste en cuanto a la sociedad en que vivimos? ¿Las condiciones sociales y socioeconómicas? ¿La justicia? ¿Tú mismo(a)? ¿Quisieras continuar trabajando en este campo de alguna manera en el futuro? Prepara una breve presentación oral sobre estas cuestiones y prepárate para compartirla con la clase.

OPCIÓN 5: El indigenismo una vez más

Vuelve al reportaje que escribiste en la primera parte de este capítulo en torno a las tribus indígenas. Cambia tu reportaje con el de un(a) compañero(a) de clase y examina este escrito a base de las preguntas presentadas en el primer ejercicio de esta sección (**Opción 1**). Comenta tus observaciones con tu compañero(a). De igual manera, apunta los comentarios de tu compañero(a) y escribe una segunda versión de tu reportaje.

OPCIÓN 6: Relaciones extranjeras una vez más

Vuelve al análisis comparativo que hiciste en torno a las relaciones políticas, sociales y económicas entre EE.UU. y Guatemala y entre EE.UU. y otro país hispano *(Lectura 3, ¡Vamos más allá!)*. A base de los resultados de tu análisis, prepara un estudio escrito de entre una y tres páginas con una introducción, un segmento informativo que presente detalles pertinentes y una conclusión. Una vez escrito, cambia tu estudio con un(a) compañero(a) de clase y analiza su ensayo utilizando las preguntas de la *Opción 1 (Paso 4)* de esta sección. Por fin, examina los comentarios de tu compañero(a) con respecto a tu propia composición y escribe una segunda versión de ésta.

Chile, Lago Pehoe y Los Cuernos del Paine, Parque Nacional Torres del Paine, Patagonia

Voces del Cono Sur

La comunicación en la era de la publicidad

Piénsatelo

> Quien logra comunicar sus ideas en forma certera tiene asegurado el éxito.

(Isabel Valdés, ejecutiva chilena)

1. ¿Estás de acuerdo con Isabel Valdés que el éxito es una consecuencia segura de la comunicación clara?

2. ¿Se te ocurren algunas consecuencias positivas que tiene la comunicación certera?

3. En tu opinión, ¿qué personajes públicos se comunican bien? ¿Qué técnicas o estrategias comunicativas emplean estos individuos?

Publicidad en español

Isabel Valdés

Testimonios y trasfondos

Isabel Valdés y su visión del mercado hispano

Para comenzar...

Sobre la lectura

En los últimos años, las empresas americanas han puesto mucho afán en atraer al consumidor latino en Estados Unidos. Este interés deriva de la enorme presencia demográfica y económica que los latinos presentan como grupo. Sin embargo, captar el interés y la lealtad del consumidor latino no es algo simple, sino que requiere un conocimiento íntimo de las normas sociales, las características culturales y las preferencias de las diferentes comunidades de hispanohablantes que viven en EE.UU. La ejecutiva chilena Isabel Valdés es una pionera del campo de la publicidad en español en Estados Unidos. A continuación, Valdés presenta su visión de las ventajas y los desafíos que el mercado latino presenta para las empresas en este país.

Antes de leer: Estrategias

Antes de comenzar una lectura, es buena idea evaluar el **nivel de dificultad** que ésta presenta. Para tomar una determinación de este tipo es importante considerar tres aspectos diferentes de la lectura: su temática, su género y su lenguaje. Una vez que hayas completado los pasos a continuación, contesta la pregunta: ¿Qué tan difícil anticipas que te resultará la lectura?

1. En este caso, el tema de la lectura es la mercadotecnia y la publicidad para la comunidad latina. ¿Conoces algo acerca del tema? ¿Consideras que la dificultad de este tema sea de alto, moderado o bajo nivel? Prepárate a explicar tu razonamiento.

2. Esta lectura proviene del periódico de Los Ángeles *La Opinión*. Por regla general, ¿te resulta difícil o fácil leer el periódico? ¿Estás familiarizado(a) con el género periodístico?

3. Ojea rápidamente la lectura con el fin de determinar el nivel de dificultad del vocabulario. ¿Conoces o puedes adivinar el significado de la mayoría de las palabras? Si te resulta muy difícil, ¿a cuáles recursos puedes acudir para conseguir ayuda? ¿Diccionarios, profesores, otros estudiantes, parientes, la Web? Consulta con tus compañeros de clase y haz una lista de posibles fuentes de ayuda.

Palabras clave

Rellena los espacios a continuación con la palabra o frase subrayada de la lectura que corresponda en significado a cada definición.

_____ acometer, atacar

_____ presentaron, ofrecieron

_____ deseosos, dispuestos

_____ *moving target*

_____ llamada

_____ perdona, excusa

_____ dinero que entra a un negocio

_____ pequeño, ligero

_____ el estudio del mercado y los hábitos de compra del consumidor

_____ *sponsor*

_____ poder de compra

_____ resulta

_____ fama

_____ adversos

_____ establecimiento que depende de otro central

_____ compañía secundaria

_____ portafolio

Lectura 1
Una mujer contra todo

Isabel Valdés rechaza los convencionalismos más clásicos que otros investigadores de mercados atribuyen al mercado hispano

(Valeria Agis, Especial para La Opinión)

Isabel Valdés, presidenta de Cultural Access Group, una firma de mercadotecnia y publicidad con una cartera de más de 200 clientes, dice tenerlo muy claro: "A los latinos hay que hablarles en su idioma". Los argumentos que exhibe son de naturaleza variada, pero por encima de todo, destaca el que la publicidad en español redunda tanto en beneficio de la corporación patrocinadora como del consumidor en particular. Y pese a que esta tendencia no es nueva, Valdés, no es de las que se unan a la corriente predominante y comulguen a pies juntillas con los dogmas establecidos. No, ella tiene un mensaje propio que destacar. "A excepción de las compañías telefónicas, el resto de las grandes empresas no apunta con suficiente claridad a los hispanos, sino que nos ven como un 'mal necesario'", apunta Valdés, quien cuenta entre sus clientes a corporaciones del calibre de American Airlines, Coca-Cola, Pepsi, Bank of America, El Pollo Loco, Disneyland, AT&T y otros.

Pero, además de la barrera del idioma, parece haber otros factores en la comunidad hispana que atentan contra su propio desarrollo comercial. Según Valdés, los consumidores hispanos se muestran reticentes a comprar a otros latinos. "A diferencia de todas las otras etnias, los latinos no nos compramos entre nosotros. Esto impide el crecimiento de miles de pequeños negocios. ¿Por qué elegir los servicios de un profesional anglosajón cuando hay tantos buenos hispanos ávidos de trabajo?", se pregunta. Valdés piensa que hasta que no cambie esta conducta, no habrá una verdadera independencia económica en el mercado hispano, aunque de este mea culpa, la ejecutiva no exime al pequeño empresario hispano. "Años atrás, cuando decía a un latino 'Tienes que anunciar tu negocio en las páginas amarillas', me miraba sin comprender por qué. Hoy en día, quien no lo hace sabe que no existe; ya nadie duda de ello", dice la empresaria. Este arremeter contra propios y extraños no es gratuito, Valdés tiene una historia muy larga que la ha llevado a pensar así.

La historia
A mediados de la década de los años 70, Valdés llegó al norte de California de Chile para continuar con sus estudios universitarios en la carrera de comunicación en la Universidad de Stanford. Entre su menudo equipaje, trajo consigo cierto renombre logrado en Latinoamérica. "Había trabajado con mucho éxito en Sudamérica desarrollando campañas publicitarias estatales relacionadas con la salud", cuenta Valdés.

Nada más llegar a Stanford, Valdés fue convocada para realizar estudios de mercado que determinaran cuáles eran las necesidades de la comunidad latina de California en materia de salud. Las conclusiones de Valdés arrojaron datos claros: los latinos de los Estados Unidos repetían ciertas conductas y características sociales que traían desde sus países de origen, por ejemplo la pobreza y la marginación. A partir de esos resultados, percibió que había mucho por hacer para mejorar las conductas de los hispanos de este país, y que la comunicación era una de las claves. "Comencé a hacer estudios por cuenta propia", relata. Así fue como empezó su propio negocio.

En la actualidad, Cultural Access Group posee más de 20 empleados, además de una <u>sucursal</u> en Los Ángeles, y es <u>subsidiaria</u> de Access Worldwide, firma que reúne a otras cinco consultoras de mercado especializadas en diferentes grupos étnicos y sociales. Entre la clientela figuran todas las corporaciones antes mencionadas, las que percibieron en la comunidad latina una interesante fuente de <u>ingresos</u>. El problema era el desconocimiento de la misma, su cultura, costumbres e idioma. "Siempre hubo una visión ridiculizada del hispano. Hasta que se dieron cuenta de su enorme <u>poder adquisitivo</u> y comprobaron que ridiculizándoles se perderían ingresos suculentos para sus empresas, ahí cambiaron las cosas", comentó Valdés.

Los números

"El mercado latino es un '<u>blanco móvil</u>'. Es tan dinámico que apenas uno le apunta ya se ha movido", explica metafóricamente. La razón, dice, está en el constante crecimiento del consumo latino procedente de una mejora en los ingresos y en las oportunidades laborales. "El crecimiento es exponencial en todos los niveles. A diario crecen los ingresos, mejoran los empleos y comienzan a insertarse más activamente en la sociedad. Por lo tanto somos una fuerza de gran contribución a la economía americana", afirma.

¡A ver qué aprendiste!

Paso primero: ¿Qué pasó en la lectura? Contesta las siguientes preguntas.

1. Según Valdés, ¿qué visión tienen las grandes compañías del mercado latino?
2. ¿Qué consecuencias tiene el hecho de que los latinos no estén dispuestos a comprar a otros latinos?
3. ¿A qué conclusiones llegó Valdés en cuanto a sus estudios sobre la salud de los latinos de California?
4. ¿A qué se refiere Valdés cuando afirma que el mercado hispano es un blanco móvil?
5. ¿Cuál es el argumento principal que Valdés destaca a favor de la publicidad en español?

Paso segundo: La lectura, la vida y tú. Contesta las preguntas a continuación con dos o tres compañeros de clase. Cada grupo debe elegir un(a) secretario(a) que apunte los comentarios generales del grupo y los presente ante la clase.

1. ¿Estás de acuerdo con Valdés que los latinos no se compran entre sí? De ser así, ¿cómo explicas esto?
2. ¿Frecuentas negocios latinos? ¿Cuáles? ¿Qué ventajas y desventajas ofrecen los negocios latinos?
3. ¿Se hace suficiente publicidad en estos negocios? En tu opinión, ¿qué podrían hacer estos negocios para destacarse más y atraer a un mayor número de clientes?
4. ¿Te dejas influenciar por la publicidad? ¿Hay algún tipo de productos o servicios que la publicidad te incite fácilmente a comprar?

Paso tercero: La lectura y la lengua. Contesta las preguntas a continuación con dos o tres compañeros de clase.

1. Según Valdés, "a los latinos hay que hablarles en su propio idioma". ¿Qué idioma es éste? ¿Español? ¿Inglés? ¿Spanglish?
2. ¿Usarías el mismo idioma para comunicarte con los adolescentes, con los padres de familia y con los mayores? ¿Qué tono adoptarías para comunicarte con cada uno de estos grupos? ¿Usarías un vocabulario diferente en cada caso?
3. Dentro de lo que se considera español, ¿qué variante de esta lengua emplearías para hacer la publicidad en Miami? ¿Y en Los Ángeles? ¿Y al nivel nacional en EE.UU.?
4. Después de casi todas las citas de la lectura, la redactora de este artículo emplea un sinónimo de la palabra *dice*. ¿Cuántos de estos sinónimos puedes encontrar?
5. La lectura utiliza unos cuantos términos del campo de los negocios. ¿Cuántos de éstos puedes encontrar? ¿Puedes dar una definición específica de estos términos?

Lluvia de ideas

¿Cuáles son las diferencias culturales, lingüísticas y sociales más importantes que los patrocinadores americanos deben tener en cuenta al hacerle publicidad a la comunidad latina en EE.UU.? Anota un diferencia importante entre los latinos y los norteamericanos en lo que respecta a los factores indicados.

Características pertinentes a	latinos	norteamericanos
la familia		
la religión		
las relaciones entre los hombres y mujeres		
las personas mayores		
el rol de la mujer		
el rol de los hombres		
el gobierno		
el éxito personal versus el profesional		
el inglés		
el español		
Añade tus propias categorías		

¿Qué estrategias emplearías para tratar con estas diferencias al intentar vender cierto producto o servicio a una población hispana? Con dos o tres compañeros de clase, selecciona uno de los productos o servicios a continuación:

- seguros de salud
- servicios de guardería

- servicios de contabilidad
- servicios de abogado
- un *minivan*
- cerveza
- café
- una computadora
- un puesto de trabajo en el área de ___?___
- bienes raíces (*real estate*)

Luego, prepara un bosquejo en el que propones diferentes técnicas que se enfocan en tres de las características mencionadas arriba con el fin de hacer el producto o servicio apetecible a esta clientela. Tu grupo debe presentar su bosquejo en clase.

¡Vamos más allá!

1. Trae un anuncio en español que consideras excelente y compártelo con tu grupo. Identifica las estrategias que este anuncio emplea para comunicar sus ideas. Después de que cada miembro del grupo haya presentado su anuncio, elijan el mejor de éstos. Presenten a la clase la publicidad ganadora y expliquen qué criterios usaron para seleccionar este anuncio.

2. Con tu grupo, emplea algunas de las estrategias utilizadas en esta publicidad para crear un breve anuncio original. Este puede ser en forma escrita, una página Web, una diapositiva PowerPoint o cualquier otra forma que les venga a la mente. Prepárense a presentarlo en clase y elegir el mejor de todos.

Publicidad chilena

Testimonios y trasfondos

La polémica en torno a la publicidad

Para comenzar...

Sobre la lectura

La siguiente lectura fue escrita por Juan Lázara, presidente de Lázara Grupo Editor S.A., una casa editorial argentina. Lázara es autor de unas 40 publicaciones para los jóvenes a punto de decidir sus estudios superiores. También es conductor de diversos ciclos televisivos y radiales, y brinda servicios de marketing a instituciones educativas. En esta lectura, el autor presenta los principios básicos de la publicidad y los argumentos más citados a favor y en contra de este campo. Puedes acceder a las otras columnas de Lázara a través del **Online Study Center**.

Antes de leer: Estrategias

1. Esta lectura aborda el mismo tema general que el artículo anterior, es decir, la publicidad. Sin embargo, la organización y el lenguaje de este artículo son del género académico, no periodístico. Ojea la lectura con el fin de determinar el nivel de dificultad que se manifiesta en ella. ¿Consideras que ésta te sea más o menos difícil que la anterior? Prepárate a justificar tu respuesta en clase.

2. Revisa los capítulos anteriores y anota en la tabla a continuación las principales estrategias de lectura que se presentan en cada capítulo. Identifica las
estrategias que mejor te puedan servir con la lectura siguiente.

Capítulo	Estrategia(s)
1	
2	
3	
4	
5	
6	
7	
8	

Palabras clave

Rellena los espacios a continuación con la palabra o frase subrayada de la
lectura que corresponda en significado a cada definición.

_____ plantee, presente

_____ dominado

_____ algo que compensa

_____ practicado, usado (un derecho)

_____ elevados

_____ llama a; convence

_____ uniforme

_____ prosperar, mejorar

_____ mensaje que va más allá de lo explícito

_____ especialista en política

_____ (*inf.*) excluir, prohibir

_____ subordinada

_____ palomitas de maíz

_____ porción cortada de algo; "una tajada de melón"

Lectura 2

Qué es la publicidad

La publicidad es, probablemente, el fenómeno comercial más increíble. <u>Exhorta</u> a millones de consumidores a comprar un producto. Sin embargo, no puede obligar a ninguno de ellos a actuar. Cada persona tiene el derecho —un derecho <u>ejercido</u> con mucha frecuencia— de decir no. La mayor parte de nosotros todavía tomamos nuestras decisiones acerca de los productos que compramos debido a los atractivos y emocionales informativos que vemos y oímos en los anuncios comerciales. Aunque tratamos con grandes cifras (miles de millones de dólares, millones de receptores de televisión, miles de estaciones de radio y televisión), un atractivo publicitario sólo trata con una persona a la vez. Si una persona siente que un anuncio le habla directamente a él o a ella, esa persona prestará atención. Es indiferente al hecho de que el anuncio se dirija a millones de seres humanos al mismo tiempo.

"No venda el champagne, venda las burbujas en la copa"[1]

Con esta frase comienza un capítulo de un viejo manual norteamericano de técnicas de venta que, además, aconsejaba aplicar los cinco puntos Wheeler para aumentar las ventas de un producto:

1. No venda <u>la tajada</u>. Venda su sabor. El publicista debe lograr con su trabajo que la empresa de seguros venda protección más que una póliza o que la fábrica de electrodomésticos venda confort más que un aparato más.

2. No escriba: telegrafíe. Las primeras cinco palabras de un aviso son más importantes que las cien siguientes, ya que el consumidor se ve <u>avasallado</u> por una inmensa cantidad de mensajes publicitarios a diario y tiende a evitarlos.

3. Dígalo con flores. Una pieza publicitaria, si es además bella y original, será recordada por mucho tiempo por el consumidor que, además, probablemente, recuerde también la marca del producto; aunque respecto al arte aplicado a las piezas publicitarias hay mucha polémica. Publicistas como Ogilvy y Vázquez en la Argentina prefieren la publicidad que aumenta las ventas del producto más que aquella publicidad que por su creatividad gana premios internacionales.

4. No diga "si…", pregunte "¿cuál?" Este punto asocia la publicidad a las técnicas de marketing. Por ejemplo, la gran variedad de packagings del tradicional arroz Gallo no nos pregunta desde la góndola "si queremos comprar arroz", sino "¿Cuál arroz se llevará hoy, con hongos o con champiñones?"

5. Vigile su voz. Así como un vendedor debe cuidar su tono de voz, una campaña publicitaria debe ofrecer una imagen sólida y <u>homogénea</u> de la marca que respalda al producto que se intenta vender.

Son cinco consejos útiles para cualquier publicitario que, luego de más de 50 años de haberse escrito, aún conservan toda su actualidad. El interés de la persona depende de la forma como el mensaje publicitario <u>aborde</u> sus problemas, deseos y metas. La publicidad motiva a los seres humanos al hacer un llamado a estos deseos, e intenta

[1] Elmer Wheeler, *Frases que han hecho vender. Cómo anuncian y venden los norteamericanos*, Luis Miracle, editor. Barcelona, 1949.

ofrecer medios para resolver estos problemas y lograr esas metas. La gente compra productos y servicios debido a los beneficios que esperan obtener de ellos. Un producto no es tanto un objeto comercial como un conjunto de satisfacciones para los consumidores individuales. Los automóviles proporcionan movilidad, pero también dan status. La publicidad no sólo es un mensaje acerca de los atributos del producto, sino además un metamensaje que asocia el producto a símbolos que motivan al consumidor al acto de compra.

El diablo de la publicidad

La publicidad siempre tuvo enemigos. Antes de la caída del muro de Berlín, en los países del Este se criticaba al capitalismo porque generaba, a través de la publicidad, hábitos y gastos innecesarios en el consumidor. La legendaria publicidad subliminal de la Coca-Cola se instaló como uno de los mitos negativos de la publicidad. Pocos saben que la publicidad subliminal se originó en un humilde cine de Nueva Jersey cuando un publicista llamado Jim Vicary logró que el dueño de aquella sala vendiera más pochoclo y Coca-Cola. Vicary instaló un segundo proyector que emitía imágenes con frases del tipo "beba Coca-Cola" y "coma pochoclo", que se superponían a gran velocidad a las imágenes de la película y que no eran advertidas en forma directa por el espectador. El dueño de la sala aumentó así un 50% la venta de pochoclo y un 17% la de Coca-Cola. La prensa norteamericana e inglesa reaccionó de inmediato, determinando que el Instituto Británico de Profesionales de la Publicidad proscribiera el uso de estas técnicas subliminales.

Desde Occidente se criticaba a los gobiernos comunistas por desarrollar un aparato de propaganda al servicio de la ideología dominante. Lo cierto es que, a lo largo de la historia, muchos publicistas han trabajado al servicio de gobiernos totalitarios de diferentes signos. J. A. C. Brown[2], un reconocido psiquiatra inglés de mediados de siglo, analiza en un libro clásico, titulado *Técnicas de Persuasión,* todas las formas modernas de convencimiento masivo que van desde la propaganda hasta el lavado de cerebro. Acusa así tanto al nazismo en Alemania como a la Revolución de Mao en China de utilizar sofisticados aparatos de propaganda para persuadir a las masas de las bondades de sus regímenes y ocultar o justificar sus objetivos criminales. Como contrapartida, la politóloga Hanna Arendt[3] relativiza la importancia de los aparatos de propaganda de las dictaduras al describir con qué rapidez las imágenes de Stalin y de Hitler pudieron ser olvidadas y reemplazadas por las masas a pesar de haber sido sostenidas durante largos años por inmensos aparatos publicitarios.

Otro libro clásico que denuncia la manipulación del hombre comtemporáneo por parte de los modernos sistemas publicitarios es el de Vance Packard, *Las formas ocultas de la propaganda*. El autor se pregunta acerca de la ética de los publicistas de entonces: "¿Cuál es la moralidad de inducir a las amas de casa a comprar alimento familiar de modo impulsivo e irracional? ¿Cuál es la moralidad de fomentar ocultas debilidades y flaquezas, como son nuestras angustias, los sentimientos agresivos, el temor a la disconformidad y los rasgos infantiles, con el objeto de vender productos? Específicamente ¿cuál es la ética de los negocios que lanzan campañas destinadas a medrar basándose en las

[2] J.A.C. Brown, *Técnicas de Persuasión, Desde la propaganda al lavado de cerebro*, Compañía General Fabril editora. Buenos Aires, 1965.

[3] Hannah Arendt, *Los orígenes del totalitarismo. Tomo 3, El Totalitarismo*, Alianza Editorial. Buenos Aires, 1987. [1951]

debilidades por ellos diagnosticadas? ¿Cuál es la moralidad de manipular a niños pequeños, que aún no han llegado a la edad en que son legalmente responsables de sus actos?
¿Cuál es la moralidad de tratar a los electores como clientes infantiles que buscan la
imagen de sus padres? ¿Cuál es la moralidad de explotar nuestra sensibilidad y nuestros
deseos sexuales más hondos con propósitos comerciales?"[4]

Las virtudes de la publicidad

Así como la actividad publicitaria estuvo sometida a las más diversas acusaciones,
también tiene apasionados defensores. El especialista Alberto Borrini recuerda que el
mismo Packard ya había superado aquella etapa de denuncia y explica: "La publicidad
no cambia al hombre; por el contrario, tiene que cambiar constantemente para adaptarse a un hombre que, nos guste o no, vive hoy de manera diferente a la de veinte
años atrás. La publicidad no inventó la rueda, ni la heladera, ni las minicalculadoras.
La publicidad es menos poderosa de lo que los críticos exaltados nos quieren hacer
creer pero más poderosa de lo que estiman ciertos anunciantes y hasta no pocos
publicitarios"[5].

David Ogilvy reserva el último capítulo de sus *Confesiones de un publicitario* para
responder a las críticas a la publicidad. Entre las virtudes de la publicidad destaca las
siguientes:

1. La publicidad baja los precios: Contra la idea vulgar que sentencia un aumento de
   precio de los productos a causa de la inversión publicitaria, en realidad se produce
   un descenso en los precios, ya que al aumentar la demanda desciende el precio
   unitario del producto al fabricarse en gran escala.

2. La publicidad mejora la calidad de los productos: ninguna empresa que haya deci-
   dido invertir en publicitar los beneficios de sus productos va a defraudar su propia
   campaña. Si una empresa no respalda con la realidad lo que dice en sus avisos,
   estaría, en realidad, condenándose a muerte, ya que su inversión publicitaria le
   jugaría en contra en lugar de ayudarla a vender.

3. La publicidad mejora el nivel de vida: más que lograr que la gente desee comprar
   productos que no necesita, le genera nuevas necesidades que hacen que su nivel
   de vida se eleve. Es cierto que en el pasado se podía vivir sin heladeras, desodoran-
   tes o papel higiénico. En su momento y gracias a la publicidad, estos productos
   que hoy son considerados de primera necesidad, se los podría haber visto como
   productos innecesarios.

¡A ver qué aprendiste!

Paso primero: ¿Qué pasó en la lectura? Contesta las preguntas a continuación con dos o tres compañeros de clase.

1. ¿Qué exactamente quiere decir el consejo: "No venda la tajada. Venda su
   sabor"?

[4] Vance Packard, *Las formas ocultas de la propaganda*, Editorial Sudamericana. Buenos Aires,
1969. [1959]

[5] Alberto Borrini, *Publicidad: el quinto poder*, Ediciones El Cronista Comercial. Buenos Aires,
1980.

2. ¿Por qué es importante ser breve al hacer la publicidad?
3. ¿Qué críticas se le han hecho a la publicidad?
4. Según el autor, ¿qué ventajas presenta la publicidad?
5. Según el autor, ¿qué motiva a las personas a comprar un producto?

Paso segundo: La lectura, la vida y tú. Contesta las preguntas a continuación con dos o tres compañeros de clase. Cada grupo debe elegir un(a) secretario(a) que apunte los comentarios generales del grupo y los presente ante la clase.

1. Según Ogilvy, la publicidad mejora el nivel de vida. Por otro lado, Packard argumenta que la publicidad manipula al hombre. ¿Cuál de estas dos posiciones te parece más acertada? ¿Por qué?
2. El autor afirma que la publicidad no obliga a nadie a comprar. ¿Estás de acuerdo? Explica tu respuesta.
3. ¿Puedes dar algún ejemplo de un anuncio que ilustre el principio: No venda el champagne, venda las burbujas en la copa?
4. Si mañana el campo de la publicidad dejara de existir, ¿cómo cambiaría nuestra sociedad? ¿Crees que estos cambios serían para el bien o para el mal de esta sociedad? Justifica tu respuesta.

Paso tercero: La lectura y la lengua. Contesta las siguientes preguntas con dos o tres compañeros de clase.

1. La lectura emplea una variedad de sinónimos y frases para referirse a los productos publicitarios. ¿Cuántas de estas expresiones puedes localizar?
2. La sección titulada "No venda el champagne, venda las burbujas en la copa" contiene ocho mandatos. ¿Cuáles son los verbos correspondientes?
3. Identifica diez cognados con el inglés que se encuentran en la lectura. Marca las diferencias ortográficas entre los términos **en español** y sus cognados **en inglés**.

Lluvia de ideas

Trabaja en grupos de dos o tres para completar el siguiente ejercicio.

Paso 1: Identifiquen una necesidad en nuestra sociedad o causa social para la cual sería beneficioso y efectivo crear una campaña publicitaria; por ejemplo, la educación, el medioambiente, la salud.

Paso 2: Identifiquen el cliente al cual iría dirigida tal campaña publicitaria (p. ej. los jóvenes latinos, los padres latinos, la sociedad en general, etc.). En base a las características de este cliente, decidan cuál va a ser el tono de la publicidad (serio, amenazador, humorístico, informal, formal, etc.).

Paso 3: Diseñen una pieza publicitaria y compártanla con la clase.

¡Vamos más allá! En las dos lecturas anteriores, hemos visto que el nivel de dificultad de un texto puede variar según el género. Siguiendo la escala indicada, asigna un puntaje de dificultad a cada uno de los géneros en la tabla. Al evaluar el nivel de dificultad de cada tipo de texto, toma en consideración los siguientes factores:

1. ¿Como es el vocabulario que emplean los textos de este tipo: técnico, conversacional, rebuscado, simple?
2. ¿Son largas o cortas las oraciones que emplean los textos de este género?
3. ¿Es transparente o compleja la organización del texto?
4. ¿Qué tan denso es el texto en cuanto a la cantidad de información que intenta comunicar?
5. ¿Qué tanto se aproxima o aleja el texto del lenguaje oral?
6. ¿Qué tan familiar te resulta este género?

Escala:	1	2	3	4	5
	Muy fácil				Muy difícil

Género	Nivel de dificultad
El ensayo académico	
El ensayo científico	
La carta comercial	
La carta personal	
La noticia periodística	
El editorial	
La entrevista	
La poesía	
La novela/el cuento	
La obra teatral	
El anuncio publicitario	
El mensaje electrónico	
El memorándum	
El contrato legal	

El lenguaje en uso

Registro

Palabras clave

Rellena los espacios a continuación con la palabra o frase subrayada de la lectura que corresponda en significado a cada definición.

_____ el tratar de *tú*, el usar el trato de confianza

_____ dado

El voseo

Si alguna vez has tenido la oportunidad de escuchar el español argentino, quizás te haya llamado la atención un fenómeno lingüístico que se conoce como el **voseo**—es decir, el uso del pronombre **vos**. (Hay una breve introducción al voseo en el Capítulo 7.)

La larga y complicada historia del *vos* ilustra la importancia del prestigio social en la evolución lingüística. Este pronombre de origen latino se utilizó en la Península Ibérica primeramente como forma de tratamiento para las clases nobles. Sin embargo, con el pasar del tiempo, el uso del *vos* se extendió entre todas las clases sociales, incluso las clases bajas. Esto hizo que el pronombre perdiera el prestigio y la exclusividad que su asociación original con la nobleza le había <u>proporcionado</u>. Como resultado, las clases nobles abandonaron por completo el uso del *vos* y crearon una nueva forma de tratamiento, *vuestra merced*, la cual más tarde pasó a ser *usted*.

Los tres pronombres, *tú, vos* y *usted*, se mantuvieron en uso en España hasta finales del siglo XVII, cuando la asociación del *vos* con las clases de menos prestigio social acabó por causar su extinción total. A partir de ese momento sólo quedaron dos pronombres singulares de segunda persona en España: *tú* y *usted*. La pérdida del pronombre *vos* se registró también en las zonas del Nuevo Mundo de mayor contacto con España, países tales como México, Cuba y Puerto Rico. Sin embargo, en lugares más remotos el uso de estos tres pronombres evolucionó de manera independiente. En algunas partes se mantuvieron los tres pronombres mientras que en otras se eliminó uno de los dos pronombres informales.

Hoy en día, el voseo se encuentra distribuido por muchas zonas de Centro y Suramérica. En algunas zonas, el *vos* tiene su propia conjugación verbal: *vos amá(i)s, vos queré(i)s, vos bebé(i)s*. En otras, el *vos* acompaña las formas verbales del pronombre *tú: vos hablas, vos quieres, vos bebes*. Aún en otras zonas el pronombre *tú* va ligado a las formas verbales del *vos: tú amás, tú querés, tú vivís*.

El valor social del voseo también varía mucho de una región a otra. En países tales como Chile y Perú, el voseo se considera una manera de hablar de las clases bajas. En otros países, el voseo se acepta en el ámbito familiar mientras que el <u>tuteo</u> es la forma aceptada en situaciones formales y en la modalidad escrita. En Argentina, el voseo es ampliamente aceptado por todas las clases sociales y es considerado un símbolo de la argentinidad.

¡A ver qué tanto sabes ya!

Ejercicio 1: Los siguientes párrafos provienen del "Manual del trainee" de la Escuela Superior de Creativos de la Argentina. Subraya todas las formas verbales que corresponden al pronombre *vos*. Reemplaza estas formas con las correspondientes al pronombre *tú*.

EL ORDEN DE LOS FACTORES ALTERA LA PROPUESTA.

Mi sugerencia de cómo armar una carpeta que impresione es la siguiente: Empezá disponiendo tus anuncios en un orden creciente de calidad.

Primero el medio pelo y por último el mejor de todos ellos. 1, 2, 3, 4, 5, 6, 7, 8, 9, 10. Después tomá el último (el mejor) y ponelo al abrir la carpeta. 10, 1, 2, 3, 4, 5, 6, 7, 8, 9. La carpeta ya está lista: un gran anuncio abriendo y enseguida un crescendo de calidad. En el bolsillo lateral, ponés los discutibles y polémicos, y sólo los mostrás si es necesario o si hay un buen clima como para hacerlo.

LE MOSTRÉ LA CARPETA A TODO EL MUNDO Y NO CONSEGUÍ NADA.

Vos sos el que piensa que no conseguiste nada, pero sí lo hiciste. A esta altura tu criterio está más perfeccionado. Después de pasar por un montón de gente, ya descubriste cuáles son los anuncios realmente buenos, cuáles los de medio pelo, etc. La gente difiere un poco, pero lo que es muy bueno y lo que es muy malo aparece claramente. Eso vale oro. Aprovechá para ir promoviendo algunos ajustes en la carpeta. Esto da origen a un sub consejo: no pegués las piezas con un adhesivo que sea muy fuerte. Pegar y despegar va a ser un ejercicio constante.

Tené cuidado también con las piezas fotocopiadas: éstas desprenden un polvillo que se pega en el acetato de la carpeta. Si no es posible evitar la fotocopia, probá rociarlas con un spray fijador. No lo soluciona del todo, pero ayuda.

Nunca dejés la carpeta en el auto: el calor deforma completamente el acetato. Y si te roban el auto, además de que el seguro no te lo cubre, encima existe el riesgo de que el ladrón haga carrera con tus ideas. Pensándolo bien, eso ya debe haber pasado bastante...

Ejercicio 2: Localiza un hablante nativo del español en tu comunidad o universidad que haga uso del voseo. Anota su país y ciudad de origen y entrevístalo con el fin de determinar la siguiente información:

1. ¿Qué versión del voseo usa este/a hablante: a) *vos* y su propia conjugación, b) *vos* y un verbo conjugado para el pronombre *tú* o c) *tú* y un verbo conjugado para el pronombre *vos*?
2. ¿Cuáles son las actitudes de este hablante con respecto al voseo? ¿Considera esta persona que usar el voseo sea algo perfectamente aceptable, algo de uso

restringido al hogar y situaciones informales o algo completamente estigmatizado?

Una vez que todos los estudiantes hayan completado sus entrevistas, la clase elaborará un mapa lingüístico del voseo, según la información recopilada.

Ejercicio 3: Es importante no confundir el voseo con el uso del pronombre *vosotros*. El español de España tiene dos pronombres de **segunda persona** del **plural**, *vosotros*, para el tratamiento informal, y *ustedes* para el tratamiento formal. *Vosotros* tiene su propia conjugación (p. ej. *vosotros amáis, vosotros bebéis, vosotros vivís*) y su uso es similar y paralelo al tuteo. A diferencia de lo que sucede en España, el español latinoamericano tiene un solo pronombre para la segunda persona del plural (Uds.), el cual se usa para el trato formal así como para el informal. En el singular, todos los dialectos del español distinguen entre el trato formal e informal mediante el uso de un pronombre específico.

1. En el español hispanoamericano, ¿hay estrategias comunicativas para crear el efecto de informalidad o formalidad al dirigirse a un grupo de personas? Por ejemplo, ¿qué tono pretende lograr el hablante que usa la frase "damas y caballeros"?
2. ¿Cuál es la situación del inglés con respecto a la segunda persona? ¿Hay manera en esta lengua de hacer distinción entre el plural y el singular al usar el pronombre *you*? ¿Hay forma de marcar la diferencia entre el tratamiento formal e informal?

Gramática

El uso gramatical de las formas simples del subjuntivo

En el Capítulo 8 repasamos la conjugación de las formas simples del subjuntivo. Ahora vamos a estudiar los principios que rigen el uso de estas formas en las frases subordinadas. Antes de examinar las reglas principales de este proceso, es fundamental examinar la estructura de las oraciones compuestas.

Las oraciones simples y compuestas

Por regla general, **las oraciones simples** tienen un sujeto único y un solo verbo conjugado. Las siguientes oraciones son todas simples. Subraya el sujeto y el verbo en cada oración.

1. Mariana adora la comida italiana.

2. El viernes por la mañana Juan nos llamará.

3. Todos los niños durmieron la siesta.

4. Pepe no cree en la astrología.

5. La mamá de Paula le regaló un carro nuevo por su cumpleaños.

Las oraciones compuestas subordinadas tienen un sujeto y un verbo principales y un sujeto y verbo subordinados. En las siguientes oraciones, el sujeto y verbo principales se encuentran subrayados, mientras que el sujeto y verbo subordinados están en negrita y la oración subordinada, es decir la oración que contiene el sujeto y el verbo subordinados, se encuentra entre corchetes. Como notarás, la oración subordinada depende sintácticamente de la oración principal.

1. <u>María quiere</u> [que su **hermano** le **preste** $1.000].

2. <u>Mi hermana duda</u> [que **el gobierno** nos **esté diciendo** la verdad sobre la crisis].

3. <u>Los vecinos</u> piden [que no **hagamos** tanto ruido].

4. <u>Mamá nos llamará</u> [cuando **tenga** noticias].

5. <u>Vino</u> [para que le **explicaran** la tarea].

OJO: En español, no es obligatorio expresar el sujeto. De esta manera, las oraciones anteriores pueden aparecer sin sujeto, cuando se sobrentiende de quién se está hablando. Sin embargo, recuerda que todas las oraciones tienen sujeto, aunque éste no se manifieste.

¡A ver qué tanto sabes ya!

Ejercicio 1: A continuación, las oraciones simples llevan la indicación **S** y las compuestas van indicadas con **C**. Marca todos los sujetos y verbos. Explica por qué cada oración es simple o compuesta.

1. S: Juan se siente muy cansado.
2. S: Ellos disfrutan mucho del buen vino.
3. C: Elena vino para que le cortaran el cabello.
4. C: Esperamos que los vecinos no se ofendan.
5. C: Pasé un susto tremendo cuando me llamaron del hospital.
6. S: El tren llegó tarde.
7. C: Quiero que nos devuelvan el dinero.
8. S: Mañana tenemos un examen muy difícil.
9. C: Busco un hotel que quede cerca del centro del pueblo.
10. C: Juan pasará por aquí cuando tenga tiempo.

Ejercicio 2: ¿Son simples o compuestas las siguientes oraciones? Justifica tus respuestas.

1. ¿Necesitas que llame al médico?
2. No veo la hora de que lleguen las vacaciones de verano.
3. ¿Cuándo es la fiesta?
4. Pedro y Juan son magníficas personas.
5. El jueves de esta semana tenemos cita con el dentista.
6. Ellos llamaron tan pronto como se enteraron de la noticia.
7. Dice que no vengas hasta mañana.

8. Los niños que son crueles con los animales usualmente tienen problemas emocionales.
9. Carmen no ha terminado la tarea todavía.
10. Se despidieron a las cinco de la tarde.

Las reglas del subjuntivo

El subjuntivo es el modo verbal que se utiliza en español para describir situaciones irreales: deseos, posibilidades, hipótesis, etc. El subjuntivo se opone al indicativo, el modo verbal que hace referencia a situaciones que el hablante considera reales. Por ejemplo, la oración "quiero [que nos ayudes]" expresa un deseo, no una realidad. Por tanto, el verbo *ayude* se encuentra en el modo subjuntivo. Por contraste, la oración "sé [que nos ayudas]" se refiere a algo que el interlocutor considera una realidad, de ahí el verbo *ayuda* en su forma indicativa.

Se usa el subjuntivo en la frase subordinada cuando se cumplen las dos condiciones siguientes:

Condición 1: El sujeto de la frase principal es diferente al sujeto de la frase subordinada.

(Yo) quiero que (tú) te <u>comportes</u> mejor.
Sujeto de la frase principal: yo
Sujeto de la frase subordinada: tú
Verbo subordinado: comportes (subjuntivo)

Condición 2: La frase principal expresa:

Deseo o influencia: Quiero que me <u>regales</u> un reloj para mi cumpleaños.
Sentimiento: Qué bueno que <u>estés</u> feliz en tu nuevo trabajo.
Falta de experiencia: No hay nadie que <u>hable</u> diez idiomas de corrido.
No es seguro que <u>lleguemos</u> a tiempo.

Verbos, expresiones y conjunciones que rigen el uso del subjuntivo

El subjuntivo se usa:

1. con verbos que expresan **deseo o influencia:** *desear, querer, pedir, recomendar, prohibir, necesitar, mandar, insistir (en), preferir, sugerir, proponer, ordenar, rogar.*

   Pidió que lo <u>dejaran</u> solo.
   Necesitas que alguien te <u>ayude</u>.
   Prefiero que me <u>llames</u> por la tarde.

2. con verbos que expresan **sentimiento:** *gustar, disgustar, alegrarse, temer, lamentar, doler, impresionar, agradar, molestar, sentir, celebrar, encantar.*

   Me disgustó que me <u>hablaras</u> con un tono irrespetuoso.
   Le duele que no le <u>hagan</u> caso nunca.
   Nos molesta que <u>pongan</u> la música tan alta.

3. para expresar **la falta de experiencia** de las siguientes formas:

- con verbos que ponen en **duda** la existencia o realidad de algo:

  Dudo que muchas personas <u>estén</u> de acuerdo con la nueva ley.
  No creía que <u>aprobáramos</u> el curso.

- con expresiones que **niegan** la realidad o existencia de algo:

  No hay nadie que me <u>comprenda</u>.
  Era imposible que tantas personas <u>estuvieran</u> equivocadas.

- con expresiones que se refieren a acciones **futuras** (y que por tanto están fuera de la experiencia del interlocutor):

  Vendrá cuando <u>tenga</u> un tiempito libre.
  No nos iremos hasta que nos <u>hagan</u> caso.

- con expresiones que se refieren a algo **indefinido** o **desconocido** por el interlocutor:

  Buscaba un apartamento que <u>tuviera</u> tres recámaras.
  Puedes poner tus cosas donde más te <u>convenga</u>.

4. en **las expresiones impersonales**.

Las siguientes expresiones impersonales que expresan deseo, sentimiento o falta de experiencia también requieren el uso del subjuntivo en la frase subordinada: *Es + doloroso, normal (im)posible, (im)probable, ridículo, mejor, peor, preciso, trágico, conveniente, (in)deseable, maravilloso, bueno, difícil, increíble, necesario, importante, fundamental.*

Deseo: Es mejor que no comentes nada de este asunto con nadie.
Sentimiento: Es lamentable que los niños no estén bien de salud.
Falta de experiencia: Es dudoso que haya suficientes fondos para ese proyecto.

5. con ciertas **conjunciones**.

Las siguientes conjunciones *siempre requieren un verbo subjuntivo* en la frase subordinada:

para que	Vino para que le prestáramos dinero.
con tal de que	Esta vez nos va a ayudar con tal de que no lo volvamos a molestar.
a condición de que	Accedió a dar testimonio a condición de que no revelaran su identidad.
sin que	Dio su opinión sin que nadie se la pidiera.
como si	Nos trata como si fuéramos sus criados.
a fin de que	No dice nada a fin de que no lo culpen de ser injusto.

Otras conjunciones sólo requieren el uso del subjuntivo cuando hacen referencia a una acción futura o indefinida. El uso del subjuntivo en este caso indica falta de experiencia. Por contrario, con una acción pasada o habitual, estas conjunciones usan el indicativo.

Conjunción	Acción habitual/pasada → indicativo	Acción futura/indefinida → subjuntivo
cuando	Llama cuando <u>necesita</u> dinero.	Llamará cuando <u>necesite</u> dinero.
tan pronto como	Vino tan pronto como <u>pudo</u>.	Vendrá tan pronto como <u>pueda</u>.
hasta que	Come hasta que no <u>puede</u> más.	Comerá hasta que no <u>pueda</u> más.
después de que	Se acostó después de que <u>comió</u>.	Se acostará después de que <u>coma</u>.
cada vez que	Se enferma cada vez que <u>tiene</u> exámenes.	Se enfermará cada vez que <u>tenga</u> exámenes.

6. con **el verbo** *decir.*

Cuando el verbo **decir** en la frase principal tiene el significado de *reportar,* el verbo subordinado va en el modo indicativo, ya que se comunica una realidad.

> Dice que no te vio en clase hoy.
> Dicen que el nuevo presidente es una persona muy justa.

Cuando el verbo *decir* en la frase principal se usa con el significado de *mandar,* el verbo subordinado va en el modo subjuntivo, ya que se comunica un deseo.

> Dice que vengas lo antes posible.
> Dijeron que tuvieras cuidado con esa persona.

La secuencia de tiempos.

El subjuntivo simple tiene dos tiempos: el presente y el pasado. Se usa el **presente del subjuntivo** si en la frase principal hay un verbo de tiempo presente o futuro, y el verbo de la frase subordinada se refiere al mismo momento o después, en el futuro.

> Quiero que vengas a visitarme.
> Insistirá en que se emprenda una investigación.

Se usa **el pasado del subjuntivo** si en la frase principal hay un verbo de tiempo pasado (pretérito, imperfecto) o condicional, y el verbo de la frase subordinada se refiere a un tiempo pasado.

> Quise que vinieras a visitarme.
> Insistió en que se emprendiera una investigación.

¡A ver qué tanto sabes ya!

Ejercicio 1: Explica por qué las siguientes oraciones todas tienen un verbo subjuntivo en la frase subordinada.

1. Tenemos que terminar el trabajo [antes de que llegue el jefe].
2. Ese señor se comporta [como si tuviese cinco años].

3. Quiere que le regalen una cámara [que no sea muy complicada].
4. El gobierno necesita empleados [que hablen otras lenguas y conozcan otras culturas].
5. Teme [que todos sus amigos lo abandonen] [cuando oigan lo que ha pasado].
6. Habló con su jefe [para que le diera permiso de salir unos minutos antes].
7. Los expertos recomiendan [que se haga media hora de ejercicio al día].
8. La compañía tiene planes de sacar el nuevo producto al mercado [antes de que termine el año].
9. Necesitamos un carro [que acomode una familia de seis].
10. ¿A qué hora prefieres [que pase a buscarte]?

Ejercicio 2: Subraya el verbo subordinado y determina si es subjuntivo o indicativo. Explica el uso del modo en cada caso.

1. Tiene un jefe [que es una maravilla de persona].
2. Juana cree [que la raza humana proviene de un sistema solar muy lejano].
3. Haz tu presentación [cuando mejor te convenga].
4. El político le ofreció dinero al periódico [con tal de que no mencionaran nada sobre su pasado].
5. Pagaron con una tarjeta de crédito [que había sido falsificada].
6. Para evitar peleas, es preferible [que cada niño tenga su propia merienda].
7. Dicen [que ya no quedan boletos para el concierto de Plácido Domingo].
8. Es imprescindible [que los maestros conozcan las necesidades de sus estudiantes].
9. No dice nada [porque tiene miedo de perder el trabajo].
10. Lo hice [según las indicaciones que me mandaron].
11. Aconsejan que [vayas a la jefatura de policía lo antes posible].

Ejercicio 3: Rellena los espacios en blanco con la forma adecuada del verbo entre paréntesis.

1. Espero que no _____ el día de la boda. (llover)

2. Quería que le _____ que sí en todo. (decir)

3. El examen tenía preguntas que _____ a los estudiantes. (confundir)

4. Nos fuimos cuando _____ la fiesta. (terminarse)

5. Dice que le _____ un carro usado en vez de uno nuevo. (vender)

6. Llamó tan pronto como _____ a su casa. (llegar)

7. Contesté tal como me _____ el abogado. (sugerir)

8. Es probable que _____ un poco tarde porque su auto no anda bien. (llegar)

9. Aunque es latino, prefiere que le _____ en inglés. (hablar)

10. Es una persona que nunca _____ el brazo a torcer. (dar)

11. Los antropólogos han excavado un esqueleto que _____ más de 5 millones de años. (tener)

12. Tan pronto como _____, darán una explicación al público. (poder)

13. El benefactor no quiso que _____ su nombre. (publicar)

14. Quieren contratar un persona que _____ seria y trabajadora. (ser)

15. El estado requiere que todos los autos _____ un matrícula vigente. (tener)

En búsqueda de la justicia social

La lucha por la libertad y los derechos humanos en Chile y Argentina

Para comenzar...

Sobre la lectura

Como muchos países de Latinoamérica, Chile y Argentina tienen una larga historia de conflictos militares y de represión política. En esta sección nos enfocaremos en las más recientes dictaduras que azotaron a estos dos países: la dictadura militar argentina de 1976–1983 y la dictadura militar chilena de 1973–1990. Durante esta época, un gran número de ciudadanos de estos dos países se refugiaron en EE.UU. Otros huyeron a Europa, especialmente a España y a Israel.

Antes de leer: Estrategias

1. **Identificar las estrategias a seguir:** Ojea la lectura a continuación y haz una lista de dos o tres estrategias que mejor se presten para comprender esta lectura. Explica en qué basaste tu selección de estrategias. ¿Hay estrategias que son de particular utilidad personal para ti?

2. **Asesorar el nivel de dificultad de un texto:** Subraya con una línea simple los nombres o conceptos clave que te sean familiares. Subraya con una línea doble las ideas y el vocabulario que te sean desconocidos o que representen gran dificultad. En base a este ejercicio, ¿qué nivel de dificultad crees que esta lectura represente para ti?

Palabras clave

Rellena los espacios a continuación con la palabra o frase subrayada de la lectura que corresponda en significado a cada definición.

_____ saqueos, incursiones violentas

_____ elimina

_____ desposeer, desalojar

_____ horrores

_____ saca del poder

_____ dar la cara

_____ muerte

_____ perdona

_____ hace válidas o efectivas

_____ publicadas

_____ pide

_____ sin demora; sin respetar el proceso debido

_____ se hace dueña

Lectura 3
La dictadura militar argentina

En 1974, tras el <u>fallecimiento</u> del presidente Juan Perón, la Argentina queda en manos de Isabel Martínez de Perón, viuda del difunto presidente. Durante la presidencia de Martínez de Perón, la inflación y la violencia política crean fuerte descontento en la población argentina, la cual <u>reclama</u> la restauración del orden civil.

En este marco de desilusión, un golpe de estado militar <u>destituye</u> a Martínez de Perón en 1976 e instala una junta militar en el poder. Bajo el mando del General Jorge Videla, la junta <u>se apodera</u> de empresas y fábricas estatales importantes, prohíbe los partidos políticos, censura a los intelectuales y artistas y <u>aniquila</u> a los opositores del gobierno.

Un estudio preparado por la Embajada de Estados Unidos en Buenos Aires revela que en su primer año en el poder, la junta militar ejecuta a 60.000 individuos y detiene a más de 14.000 presos políticos. En base a estos datos, la administración del Presidente Jimmy Carter se propone combatir las violaciones de derechos humanos en Argentina. Con ese propósito, Carter reduce al mínimo la asistencia militar y financiera a Argentina y durante una visita del General Videla a Washington, el mandatario americano le entrega una lista de desaparecidos al general y le comunica sus quejas por la violación de los derechos humanos.

Por esa época también, un grupo de madres de desaparecidos comienza un movimiento de protesta que se distingue por sus marchas semanales en la Plaza de Mayo de Buenos Aires y por el uso de pañuelos blancos confeccionados de pañales. Este grupo logra enfocar la atención mundial en las injusticias cometidas en Argentina.

En abril de 1982, Argentina invade el archipiélago británico de las Malvinas (Falkland Islands). La humillante derrota de las tropas argentinas unos meses más tarde precipita la caída final de la dictadura militar. En 1983, la junta publica un "documento final" en el que se considera muertos a los desaparecidos de 1976 a 1979 (unas 30.000 personas). Ese mismo año, las primeras elecciones en diez años ponen fin al régimen militar e instalan un gobierno democrático en Argentina.

Un tribunal civil condena al General Jorge Videla y al Almirante Emilio Massera, Comandante en Jefe de la Armada, a cadena perpetua e impone penas de prisión a otros oficiales de alto rango. Sin embargo, en 1989 y 1990 el presidente Carlos Menem <u>indulta</u> a los condenados y <u>pone en vigor</u> dos leyes <u>promulgadas</u> por la administración anterior: la ley de Punto Final que impedía que se abrieran nuevos procesos legales, y la ley de Obediencia Debida que sólo permitía encausar a los oficiales que habían ocupado los puestos más altos dentro de las fuerzas armadas. Se calcula que más de 1.000 oficiales se beneficiaron de estas dos leyes.

Uno de los crímenes más chocantes de la dictadura militar fue la suerte que corrieron más de 200 niños y bebés nacidos de madres después desaparecidas. Estos niños fueron entregados a familias de militares que los criaron como si fueran suyos. Hoy en día continúan los esfuerzos por descubrir la identidad de estos niños y unirlos a sus familias de sangre.

La dictadura militar chilena

El 11 de septiembre de 1973 un golpe de estado derroca al gobierno constitucional del Presidente Salvador Allende e instala en el poder una junta militar encabezada por el General Augusto Pinochet. Tras el bombardeo del Palacio Presidencial en Santiago y el suicidio de Allende, algunos sobrevivientes son ejecutados sumariamente y otros son detenidos y más tarde desaparecen.

Las nuevas autoridades toman medidas represivas de índole política y económica para consolidarse en el poder. El Parlamento queda disuelto, y el gobierno toma el control de todas las actividades administrativas, informativas y educacionales en el país. Se declara el Estado de Sitio y se prohíbe el derecho de reunión y organización. A la vez, se lanza una campaña de persecución y aniquilamiento de los focos de resistencia al gobierno de Pinochet. Entre éstos figuran los sectores rurales, las universidades y otros centros de enseñanza, los partidos de izquierda y los medios de comunicación progresistas.

Para justificar sus acciones, la Junta Militar apela a un supuesto "Plan Zeta" que tenía como propósito asesinar a los oficiales de las fuerzas armadas e instalar una dictadura comunista en Chile. El concepto del "enemigo interno" se invoca para legitimizar la creación de campos de detenidos, torturas, allanamientos a domicilios y poblaciones, ejecuciones extrajudiciales y la desaparición de individuos.

La militarización de Chile, así como de Argentina y otros países latinoamericanos, tiene su base filosófica en la idea que la Unión Soviética y el marxismo representaban una seria amenaza al patrimonio socio-cultural latinoamericano y a la paz mundial. Cabe recordar que el triunfo de la revolución castrista en Cuba sirvió para radicalizar a la izquierda latinoamericana, dando lugar a la creación de grupos terroristas que se planteaban la lucha armada por todo el continente. Muchos de los discursos de Pinochet echan luz sobre la amenaza que el mandatario chileno percibía en el comunismo:

Dura realidad que ya no hace dudar que el mundo de hoy está en el umbral de la Tercera Guerra Mundial, y me atrevería a decir, incluso, que ya entró a ella, pues de qué otra manera podríamos calificar la cruenta expansión comunista, que sin pausa se extiende por el mundo y que ha significado la muerte de millones de hombres en distintas formas de combate, desde el término de la Segunda Guerra Mundial.

Sin importar su mérito o validez, lo cierto es que esta ideología sirvió para legitimizar verdaderas atrocidades contra el pueblo chileno. La Comisión Interamericana de Derechos Humanos afirma:

La sólida evidencia recogida… permite constatar que la práctica de la tortura no ha sido el resultado de excesos individuales cometidos por miembros de los organismos de seguridad ni un fenómeno tolerado ante la indiferencia o debilidad de otras instituciones chilenas; por el contrario, la tortura ha sido y es una política deliberada del gobierno de Chile ejecutada durante todo el período iniciado el 11 de septiembre de 1973. (Comisión Interamericana de Derechos Humanos, OEA/Ser. L/V/II.77.rev 1, Doc 18, 1990)

Pinochet abandona el poder político en 1990 al ser derrotado en un referéndum popular. En el 2002, la Corte Suprema de Justicia Chilena dictamina que el General no estaba en condiciones de <u>enfrentar</u> un juicio a causa de la demencia que lo afecta. Sin embargo, otros militares chilenos han sido sentenciados a cárcel por delitos contra la humanidad.

¡A ver qué aprendiste!

Paso primero: ¿Qué pasó en la lectura? Contesta las siguientes preguntas sobre la lectura.

1. ¿Qué rol desempeña el presidente Carter en Argentina durante la dictadura militar? ¿Qué medidas toma su administración para evitar que continúen las violaciones de derechos humanos en este país?
2. ¿Cómo justifica Pinochet las medidas de represión adoptadas por los militares chilenos?
3. ¿Qué decisión toma Carlos Menem en cuanto a los juicios de los generales?
4. ¿Qué determinación toma la Corte Suprema de Chile en cuanto al futuro de Pinochet?

Paso segundo: La lectura, la vida y tú. Con dos o tres compañeros de clase, considera las preguntas a continuación. Cada grupo debe elegir un(a) secretario(a) que apunte los comentarios del grupo para resumirlos ante la clase.

1. ¿Qué opinas de la decisión de la Corte Suprema de Chile y de Carlos Menem de no someter a juicios adicionales a los militares? ¿Te parecen justas estas decisiones? ¿Qué habrías hecho tú al respecto?
2. ¿Te parece que algo similar a lo que pasó en Chile y Argentina pudiera pasar en los EE.UU.? ¿Por qué sí o no?
3. En tu opinión, ¿qué motiva al ser humano a ser despiadado y cruel? ¿El miedo? ¿Una filosofía particular? ¿El comportamiento en grupo? ¿El control o poder sin límites?

Exploraciones

Exploraciones históricas: La Junta de 1985 en Argentina

En el juicio a la Junta de 1985 en Argentina, el Almirante Emilio Massera alega:

> *Pero aquí estamos. Porque ganamos la guerra de las armas y perdimos la guerra psicológica. Quizás por deformación profesional estábamos absortos en la lucha armada; y estábamos convencidos de que defendíamos a la Nación y estábamos convencidos y sentíamos que nuestros compatriotas no sólo nos apoyaban. Más aún, nos incitaban a vencer porque iba a ser un triunfo de todos. Ese ensimismamiento nos impidió ver con claridad los excepcionales recursos propagandísticos del enemigo y mientras combatíamos, un eficacísimo sistema de persuasión comenzó a arrojar las sombras más siniestras sobre nuestra realidad hasta transformarla, al punto de convertir en agresores a los agredidos, en victimarios a las víctimas, en verdugos a los inocentes.*

Según Massera, la propaganda del enemigo creó una imagen falsa y negativa de los militares. ¿Qué efecto crean en ti estas palabras? ¿Te parece que sean sinceras o no? Para el texto completo del general, consulta el **Online Study Center**.

¡Vamos más allá! El Museo de las Voces te permitirá escuchar los discursos de Isabel de Perón, Videla y otros personajes de la historia argentina. Puedes acceder al museo a través del **Online Study Center**.

Testimonios y trasfondos

Las ilusiones de Roberto Arlt

Roberto Arlt

Sobre el autor y su obra

El novelista y periodista Roberto Godofredo Christophersen Arlt nació en Buenos Aires, en el barrio de Flores, el 2 de abril de 1900, de padre prusiano y madre italiana. Sus columnas diarias *Aguafuertes porteñas* fueron muy populares en su tiempo (1928–1935). Más tarde, éstas fueron recopiladas en un libro del mismo nombre, el cual se considera uno de los clásicos de la literatura argentina. Además de ser escritor, Arlt guardó siempre la esperanza de hacerse rico como inventor. Instaló un taller químico y patentó unas medias reforzadas con caucho que nunca logró vender. Su segunda esposa, Elisabeth Shine de Arlt comenta, "las medias no funcionaban… la gente le decía que mejor se dedicara a escribir y no perdiera el tiempo con eso. Pero él seguía ilusionado con su invento…" La pasión por los inventos es uno de los temas centrales de la obra de Arlt. Este talentoso escritor murió de un ataque cardíaco a los 42 años de edad.

Antes de leer: Estrategias

1. **El cuento periodístico:** El siguiente cuento apareció en una columna periodística de Arlt. Como comprobarás, el relato presenta pocas dificultades de lengua o concepto. ¿Cómo explicas la facilidad con que se entiende este cuento en base a su género?

2. **Manejar el vocabulario:** Ojea la lectura e intenta adivinar el significado de las siguientes palabras en base al contexto en que se encuentran. Escribe un sinónimo o una breve definición de cada palabra. En caso de que no logres adivinar exactamente el significado de la palabra, determina el valor general de la palabra, p. ej. "gula" se refiere a un defecto personal (aunque no sepas cuál). Una vez que hayas escrito tus definiciones, busca el significado de la palabra en el diccionario. ¿Acertaste?

Palabras clave

balandro
bicharracos
comisionista
estafador
lampiño
reanimado
recorrer
trabar

Lectura 4
Un fantástico compañero de viaje

por Roberto Arlt

Fue el otro día, en el viaje de Constitución a Temperley, cuando <u>trabé</u> relación con el más raro sujeto que haya conocido.

Me había acomodado en un rincón de mi banco de madera —yo democráticamente viajo siempre de segunda clase— cuando se sentó frente a mí un estupendo señor gordito, sonrosado y <u>lampiño</u>. Sus ojos azules miraban con ternura en rededor, y lucía una magnífica corbata verde. En la mano derecha le vi un anillo de oro con una esmeralda verde. El señor gordito llevaba, además, una valija de <u>comisionista</u>.

Estuvo mirándome afectuosamente un rato, cambió varias veces de lugar su valija, una vez que el tren se hubo puesto en marcha, me dijo:

—¿Usted, señor, no tienen ningún loro en su casa?

La pregunta me asombró. Le respondí:

—No, ¿por qué?

—No... por nada..., era por saber...

Calló un rato, luego, volviendo a examinarme, dijo:

—Usted perdone..., quería pedirle una opinión... A mí me gusta pedirle opinión a las gentes... La opinión..., voz del pueblo, voz de Dios, dice el refrán... Además..., uno se encuentra una persona en el tren, y de pronto se le ocurre que esa persona puede saber mucho... ¿no es cierto?

—Sí..., a veces.

—Bueno..., como le decía; yo quisiera pedirle una opinión...

—Hombre, pudiendo...,

—Bueno, ¿qué le parece a usted este negocio? Se invierten cincuenta pesos y se ganan mil quinientos pesos.

—¡Formidable! —dije, al tiempo que pensaba: "Este tío debe ser un <u>estafador</u>, pero no me preocupo, porque yo nunca llevo dinero encima. Todo mi dinero está en el banco." —Si yo lo decía.

Y el señor gordito, <u>reanimado</u>, dándome ligeras palmaditas en las rodillas, continuó:

—Suponiendo que usted me guarde secreto, le voy a contar. Un amigo mío se fue enfermo del pecho al Paraguay. Después de unos meses me escribe, hablándome de mil cosas, entre ellas, de que allá un lindo loro se compra por quince centavos. ¿Se da cuenta?

—¿Y...?

—¿Usted no sabe cuánto cuesta un loro aquí?

—No, nunca me interesó...

—Yo, señor mío, me he <u>recorrido</u> todas las pajarerías de Buenos Aires, y un loro no se puede comprar por menos de tres pesos. Mi negocio es éste: comprar mil loros en Paraguay y hacerlos venir en un <u>balandro</u>. Aquí se vendería como el pan, a un peso y cincuenta.

—¿Y los gastos del viaje?

—Deben ser pocos. Con los mil quinientos pesos hago traer diez mil loros... con lo que gane, cien mil loros.

—El Paraguay se va a quedar sin loros. ¿Se da cuenta usted del espacio que ocupan cien mil loros?... Además, ¿quién va a dormir en el viaje con la gritería que dan esos <u>bicharracos</u>? Con cien mil loros no le permiten a usted entrada en ningún puerto.

—Pero ¿le parece a usted que es negocio?...

¡A ver qué aprendiste!

Paso primero: ¿Qué pasó en la lectura? Trabaja con dos o tres compañeros de clase para contestar las siguientes preguntas.

1. ¿Cuál es la idea del señor para ganar dinero?
2. ¿Cómo se le ocurrió esta idea?
3. ¿Qué problemas prácticos presenta la idea?
4. ¿Qué importancia tiene la última pregunta del señor?

Paso segundo: La lectura, la vida y tú. Con dos o tres compañeros de clase, considera las preguntas continuación. Cada grupo debe elegir un(a) secretario(a) que apunte los comentarios del grupo para resumirlos ante la clase.

1. Isabel Valdés afirma: "Quien logra comunicar sus ideas en forma certera tiene asegurado el éxito". Este cuento nos demuestra la importancia de saber escuchar. Los negocios invierten una gran cantidad de dinero en escuchar al consumidor mediante el uso de encuestas de teléfono y cuestionarios. ¿Te molesta que te hagan preguntas sobre tus gustos y hábitos? ¿Te niegas a participar en estudios de este tipo o lo consideras tu obligación como consumidor?
2. Vuelve a leer la cita de Elisabeth Shine de Arlt que se encuentra en la breve biografía del autor. ¿Existe un paralelo entre el señor gordito y Arlt? ¿Y tú? ¿Escuchas los consejos de otros o te aferras a tus ideas?
3. ¿Puedes citar algún ejemplo de una idea de alguien famoso que muchos hayan considerado descabellada pero que haya resultado correcta? ¿Conoces un caso de alguien que por no seguir los consejos de otros haya cometido un error muy serio? ¿Cuándo es importante prestar atención a la opinión de otros y cuándo es mejor mantenerse firme en las ideas propias?

¡Vamos más allá! Hemos visto que para tener éxito es necesario saber escuchar y comunicarse bien. En tu opinión, ¿qué factores adicionales son necesarios para lograr el éxito? Prepara una lista de tales factores y provee argumentos y ejemplos que demuestren su importancia. Compara tu lista con algunos compañeros de clase y confecciona una nueva lista que reúna las mejores sugerencias tuyas y de tus compañeros.

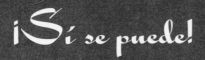

OPCIÓN 1: **En tu portafolio (Parte 1)**

Los estudios del mercado indican que los hispanos de EE.UU. tienen interés en viajar y cuentan con los recursos económicos necesarios para hacerlo. A través del libro hemos estudiado la geografía y cultura de ciertos países de Latino-américa. Escoge uno de estos países y prepara un anuncio publicitario para fomentar el turismo a este país de parte de los latinos de EE.UU. Las siguientes sugerencias te ayudarán a completar este proyecto.

1. Determina a qué grupo de latinos vas a dirigir tu publicidad: por ejemplo, los jóvenes profesionales, los mayores, las familias, etc.
2. Prepara un breve cuestionario que te sirva para conocer las necesidades y preferencias de la población a la cual se dirige tu publicidad. Entrevista cinco o seis personas. Prepara un breve resumen de los resultados de estas entrevistas.
3. En base a estos resultados y a los datos que ya tienes sobre el país, determina la imagen del país que quieres proyectar y los destinos que deseas destacar.
4. Revisa los consejos de la Lectura 2 de este capítulo y elabora un lema o una frase que capte la atención de tu público.
5. Además de esta frase, ¿qué información adicional necesitas o quieres incluir en tu anuncio? Consulta fuentes electrónicas donde puedas encontrar esta información.
6. Confecciona un primer borrador de tu anuncio y compártelo con la clase. Pídeles a tus compañeros que te indiquen: a) cuál es la imagen del país que presentas en el anuncio, b) a qué clientela va dirigido el anuncio y c) si hay suficiente o demasiada información en el anuncio. En base a sus respuestas, revisa tu trabajo y prepara el producto final.

OPCIÓN 2: **En tu portafolio (Parte 2)**

Coloca en una tabla los factores que identificaste previamente como necesarios al éxito. Marca con un "sí" aquéllos que consideras que tú, personalmente, ya dominas o has alcanzado. Marca con un "no" aquellos factores que te queden por dominar. Traza metas para lograr por lo menos uno de estos factores. Por ejemplo, si estimas que necesitas mejorar tus habilidades comunicativas, los siguientes pasos te pueden dar buenos resultados: 1) leer quince minutos al día, 2) llevar contigo una libretita donde apuntes las palabras nuevas que escuchas, 3) escribir por quince minutos al día y 4) escuchar e imitar a los buenos oradores. Comparte tus estrategias con tus compañeros de clase.

OPCIÓN 3: En tu diccionario personal

Prepara un glosario del vocabulario de los verbos de la comunicación y la persuasión. Incluye vocablos como *exhortar, proscribir, afirmar* y frases tales como *es necesario/fundamental/obvio*, etc. Marca las frases y vocablos que requieren el uso del subjuntivo porque expresan un deseo o mandato. Marca también las que no requieren el uso del subjuntivo porque sólo comunican una realidad.

OPCIÓN 4: La comunidad y tú

Amigos de las Américas es una organización internacional que provee entrenamiento en liderazgo y oportunidades de servicio comunitario a estudiantes norteamericanos. En los últimos 30 años, más de 18.000 jóvenes han participado en programas de salud en América Latina auspiciados por esta organización. Para más información sobre Amigos de las Américas, consulta el **Online Study Center**. Teniendo en cuenta las características que apuntaste anteriormente del género periodístico, redacta un artículo noticiario de aproximadamente una página que describa esta organización, su misión y su historia. Debes incluir vocabulario apropiado para este género en tu escrito.

OPCIÓN 5: El arte de la persuasión

Eres director(a) de una nueva sucursal de Amigos de las Américas que acaba de establecerse en tu vecindario. Te toca escribir una carta comercial en la que buscas participantes para un programa para combatir el analfabetismo en Ushuaia, Argentina. Utilizando todas las estrategias persuasivas a tu alcance, intenta convencer a los recipientes de esta carta (los cuales constan en su mayoría de estudiantes universitarios norteamericanos a punto de graduarse) a que tomen parte en este programa.

OPCIÓN 6: Y ahora, ¡a escribir!

Elige uno de los géneros mencionados anteriormente en este capítulo y redacta un breve escrito que utilice las estrategias discursivas asociadas con él. Al hacerlo considera las preguntas siguientes:

- ¿Quién es el público a que este escrito se dirige?
- ¿Qué nivel de formalidad/informalidad debe reflejarse en el lenguaje que se emplea?
- ¿Qué terminología corresponde mejor a este género?

Una vez terminada la primera versión, cambia el escrito con un(a) compañero(a) de clase. Haz un estudio del escrito de tu compañero(a) a base de las preguntas analíticas presentadas en el Capítulo 8 y las de arriba. Tu compañero(a) debe hacer lo mismo con tu redacción. Después de compartir sus observaciones y sugerencias, ambos deben escribir la redacción de nuevo.

Capítulo 10

Compañía española de energía solar

España

Visiones pasadas y futuras

Metas
En este capítulo, vamos a:

a. **estudiar la historia de España como nación conquistadora y conquistada.** *(Orgullo cultural, meta 1)*

b. **explorar el rol actual de España en Latinoamérica.** *(Orgullo cultural, meta 2)*

c. **examinar las oportunidades profesionales que presenta el español para los hispanos en EE.UU.** *(Orgullo cultural, meta 3)*

d. **aprender las propiedades principales y las funciones de las lenguas especiales.** *(Registro)*

e. **practicar la conjugación y el uso de las formas compuestas del subjuntivo.** *(Gramática)*

f. **practicar estrategias de procesamiento del vocabulario desconocido.** *(Estrategia de lectura, meta 1)*

g. **explorar la relación entre el punto de vista y la información que se presenta en un escrito.** *(Estrategia de lectura, meta 2)*

h. **redactar un currículum vitae.** *(Estrategia de escritura, meta 1)*

i. **redactar un nuevo plan de estudio con respecto al español que tome en consideración los logros de este curso y las necesidades futuras de cada estudiante.** *(Estrategia de escritura, meta 2)*

El trabajo y la economía

Piénsatelo

> Los Estados ya no pueden gobernar; sólo negociar.

(Manuel Castells)

1. ¿A qué crees que se refiere el sociólogo español Manuel Castells en esta cita?

2. Una vez que hayas formado una idea de su significado, considera las siguientes palabras adicionales de Castell. ¿Acertaste en tu interpretación? Explica.

   Los Estados han dejado de ser soberanos, por muchas declaraciones que hagan. Sean grandes o pequeños, no tienen por sí mismos capacidad de controlar los flujos globales de capital, de tecnología, los medios de comunicación o Internet.

3. ¿Estás de acuerdo con Castells? ¿Puedes dar algún ejemplo de eventos actuales que apoye o contradiga su idea?

4. Suponiendo que Castells tenga razón en cuanto a la limitación del poder de los Estados, ¿consideras que esto sea algo positivo o negativo para la humanidad? Justifica tu respuesta.

Anuncios clasificados

Testimonios y trasfondos

La sociedad de la información en el siglo XXI

Para comenzar...

Sobre la lectura

Las nuevas tecnologías y la globalización están cambiando radicalmente la vida profesional tanto como la personal. Según Pere Marquès Graells, estos fenómenos en conjunto van creando nuevos modos de ver nuestro mundo y el papel que desempeñamos dentro de él. El salir adelante bajo estas circunstancias requiere el desarrollo de una variedad de diferentes habilidades.

Sobre el autor

El profesor español, Pere Marquès Graells, es actualmente director del Grupo de Investigación "Didáctica y Multimedia" y coordinador de Estudios de Tercer Ciclo del Departamento de Pedagogía Aplicada de la Universidad Autónoma de Barcelona (UAB). Licenciado en economía y doctor en pedagogía, o la ciencia de la educación, Marquès Graells es especialista en el diseño, desarrollo y evaluación de recursos multimedia para la educación y en la aplicación de nuevas metodologías de enseñar que utilizan las Tecnologías de la Información y la Comunicación (TIC).

Antes de leer: Estrategias

1. Todo acto comunicativo tiene un **propósito** u **objetivo** principal. La lectura a continuación tiene como fin informarnos sobre las capacidades necesarias para tener éxito en la sociedad de la información. Subraya la sección donde se encuentran las características básicas de esta sociedad. ¿En qué forma se presentan estas características? ¿Por qué mostrar información de tal manera?

2. Busca las diferentes secciones donde el autor se refiere a las TIC. Aunque el autor no ofrece una definición específica de este término, ¿puedes inferir su significado según el contexto?

3. La lectura también clasifica las capacidades necesarias en cuatro categorías distintas. Usa doble líneas para marcar el lugar donde éstas se encuentran. ¿Qué impacto tiene la tecnología en estas categorías? ¿En qué pueden consistir "las nuevas tecnologías" a que se refiere en la lectura?

Palabras clave

Rellena los espacios a continuación con la palabra subrayada de la lectura que corresponda en significado a cada definición.

_____ esferas de influencia

_____ administración

_____ *networks*

_____ guardar muchas cosas

_____ instructivo

_____ cosas que no se pueden omitir

_____ características

_____ representación gráfica

_____ internacionalización

Lectura 1

La sociedad de la información: una nueva cultura

Por Pere Marquès Graells

La actual sociedad de la información (SI), caracterizada por el uso generalizado de las nuevas tecnologías de la información y la comunicación (TIC) en todas las actividades humanas y por una fuerte tendencia a la mundialización económica y cultural, conlleva una nueva cultura que supone nuevas formas de ver y entender el mundo que nos rodea, el uso de nuevas máquinas e instrumentos y la implantación de nuevos valores y normas de comportamiento.

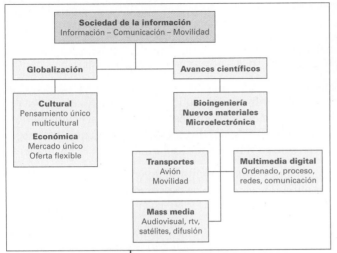

La sociedad de la información

La sociedad de la información, modelada por el avance científico y la voluntad de globalización económica y cultural, tiene entre sus principales rasgos una extraordinaria penetración en todos sus ámbitos de los medios de comunicación de masas, los ordenadores y las redes de comunicación. En ella la información, cada vez más audiovisual, multimedia e hipertextual, se almacena, procesa y transporta, sobre todo en formato digital, con la ayuda de las TIC.

En este nuevo contexto y para afrontar los continuos cambios que imponen en todos los órdenes de nuestra vida los rápidos avances científicos y la nueva "economía global", los ciudadanos nos vemos obligados a adquirir unas nuevas competencias personales, sociales y profesionales que, aunque en gran medida siempre han sido necesarias, hoy en día resultan imprescindibles. Las sintetizamos en el siguiente esquema:

Capacidades básicas para los ciudadanos hoy

Además de las capacidades más "nuevas", relacionadas con la necesaria habilidad en el uso de las TIC o la conveniencia del dominio de varias lenguas, muchas de las capacidades que tradicionalmente requerían las personas se ven ahora influidas por las nuevas tecnologías.

En la siguiente tabla se presentan con más detalle estas habilidades que debemos cultivar, clasificadas a partir de los cuatro ámbitos que señala Jacques Delors en su informe "La educación encierra un tesoro" (1996).

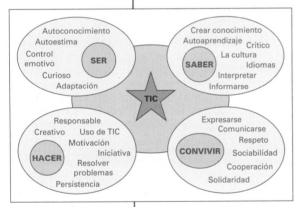

Competencias necesarias para los ciudadanos del siglo XXI

Ser	Autoconocimiento, buscar el equilibrio, cultivar la interioridad. Autoestima. Aprender a ser feliz, aceptarse… Adaptación a las circunstancias cambiantes. Disposición a aprender y desaprender. Aceptar los hechos como una forma de autorrealización, vivir con humor. Control emotivo y del estrés. Curiosidad. Actitud curiosa, observadora y crítica ante lo que nos rodea… Formularse preguntas, investigar.
Saber	La cultura: conocimientos, visiones del mundo, ideas, instrumentos, formas de comunicación, normas, valores… Informarse: observar, leer, buscar información relevante para hacer juicios con buena base.

	Interpretar y valorar con pensamiento abierto y crítico. Analizar datos.
	Construir conocimiento.
	Autoaprendizaje. Técnicas de estudio. Reflexión, autoevaluación. Aprendizaje a partir de los errores. Aprendizaje continuo.
	Idiomas.
Hacer	Iniciativa en la toma de decisiones.
	Perseverancia, persistir en las actividades pese a las dificultades.
	Actitud creativa, que es una manera de percibir el medio, una manera original de realizar las tareas cotidianas, asumir riesgos...
	Motivación y estar dispuesto a asumir riesgos y afrontar fracasos o frustraciones.
	Responsabilidad y flexibilidad en las actuaciones.
	Resolver problemas. Identificar problemas, analizarlos y actuar para solucionarlos: planificar, organizar, aplicar, evaluar.
	Uso eficiente de recursos: información, matemáticas, TIC, tiempo... Utilizar con confianza las técnicas y los conocimientos.
	Tener buenos hábitos de trabajo.
Convivir	Expresarse: hablar, escribir, dibujar, presentar trabajos y conclusiones con eficacia...
	Comunicarse: escuchar, comprender, afirmarse, negociar, intercambiar, empatía... Tener un buen nivel de comunicación interpersonal, con capacidad de gestionar conflictos, discutir, persuadir y negociar.
	Respeto a las personas y a la diversidad.
	Sociabilidad.
	Cooperación. Saber trabajar cooperativamente, en equipo.
	Solidaridad.

Esta influencia de las nuevas tecnologías en muchas de las habilidades básicas que necesitamos hoy en día las personas para vivir en la sociedad de la información exige a su vez que los programas de estudios contemplen nuevas temáticas y que el profesorado tenga unos determinados conocimientos, competencias y actitudes relacionados con las TIC. Veamos a continuación los más importantes:

Conocimientos y competencias básicas en TIC necesarias para los nuevos maestros

SOBRE TIC (para su uso profesional, <u>didáctico</u>, personal...):

- Sociedad de la información y TIC: actitud abierta pero crítica sobre su uso y consecuencias.
  - Nociones de hardware y mantenimiento básico de los equipos.
  - Funcionalidades básicas del sistema operativo: explorar disco, copiar...
- Lenguaje audiovisual, estructuración hipertextual de la información...
  - Textos: procesador de textos, diccionarios, OCR, creación de páginas web sencillas...
  - Imagen y sonido: editor gráfico, escanear, grabación de sonido, fotografía, video...

- Presentaciones: programa de presentaciones, transparencias…
- Los servicios de Internet: navegación, correo electrónico, FTP, listas, chats…

■ Técnicas para la búsqueda, valoración, proceso y transmisión de información con TIC

- Hoja de cálculo y gráficos de <u>gestión</u> (nivel básico)
- Gestor de bases de datos (nivel básico)
- Redes locales (nivel básico)

TEMÁTICOS (relacionados directamente con la temática de su docencia):

■ Fuentes de información y recursos TIC: localización, acceso…

■ Uso de programas específicos de los campos de conocimiento de las temáticas que imparte.

PSICOPEDAGÓGICOS (todas ellas tienen una fuerte componente actitudinal):

■ Integración de las TIC en el diseño curricular.

■ Evaluación objetiva de recursos TIC.

■ Nuevas estrategias de enseñanza/aprendizaje con TIC, autoaprendizaje, trabajo cooperativo…

■ Selección de recursos TIC y diseño de intervenciones formativas contextualizadas.

■ Ayudas TIC para la evaluación de los estudiantes y de la acción docente.

■ Ayudas TIC para la tutoría y la orientación, identificación de las características de los alumnos, seguimiento, informes…

■ Ayudas TIC para la organización y gestión de los centros educativos.

■ La organización y gestión de los recursos TIC en los centros: aulas de recursos, coordinación.

¡A ver qué aprendiste!

Paso primero: ¿Qué pasó en la lectura? Contesta las siguientes preguntas.

1. ¿En qué consiste la sociedad de la información? ¿Qué se entiende por "información" en este contexto?
2. ¿Por qué son ahora "imprescindibles" las nuevas capacidades o "competencias" presentadas en esta lectura?
3. ¿Qué fenómeno influye en las capacidades tradicionalmente necesarias para vivir y tener éxito en la sociedad de hoy?
4. ¿Qué institución en específico debe encargarse de la capacitación de las personas en esta nueva sociedad?

Paso segundo: La lectura, la vida y tú. Contesta las preguntas a continuación con dos o tres compañeros de clase. Cada grupo debe elegir a un(a) secretario(a) que apunte los comentarios generales del grupo y los presente ante la clase.

1. ¿A qué se debe la "fuerte tendencia a la mundialización económica" a la que se refiere el autor en el primer párrafo?

2. El autor menciona las Tecnologías de la Información y la Comunicación (TIC) repetidas veces, asumiendo que nosotros los lectores ya conocemos el término. Con tus compañeros prepara una definición de las TIC utilizando como base la información presentada en la lectura. Luego, busca "TIC" en Wikipedia (en español) y examina la definición de este concepto que se presenta. ¿Estás de acuerdo con esta definición? ¿Estaría de acuerdo Marquès Graells? Explica tu respuesta.

3. La lectura termina con una lista de habilidades básicas en TIC para los nuevos maestros en la sociedad de la información. En tu opinión, ¿cuáles de ellas son más importantes? Justifica tu respuesta.

4. ¿Consideras que las universidades estén preparando a los estudiantes de manera adecuada para conseguir trabajo en esta nueva sociedad?

5. Además del estudio formal, ¿qué experiencias pueden servir para preparar a los jóvenes para una carrera que requiere conocimiento de las TIC?

6. ¿Te consideras capaz de sobrevivir y encima de salir adelante en la sociedad de la información? ¿Qué destrezas o habilidades posees que te cualifican para trabajar en esta sociedad? ¿Qué tipo de trabajo *te gustaría* hacer?

Paso tercero: La lectura y la lengua. Contesta las preguntas a continuación con dos o tres compañeros de clase.

1. ¿Qué sinónimos emplea Marquès Graells al referirse a las siguientes palabras: globalización, computadora, habilidades, educación?

2. En tu opinión, ¿cómo se caracteriza el lenguaje que se usa en esta lectura? ¿Es un lenguaje formal o informal, especializado o general? ¿Cómo contribuyen los sinónimos a la formación de este carácter? Justifica tu respuesta.

3. Considera la palabra *autoconocimiento*. Esta es una palabra compuesta del prefijo *auto-*, la raíz *conocer* y el sufijo *-miento*. Subraya las palabras en la lectura que contienen el prefijo *auto-*. En términos de su significado, ¿qué tienen en común estas palabras?

4. ¿Conoces otras palabras que utilicen el prefijo *auto-* o el sufijo *-miento*? Haz una lista de tales palabras y explica su significado.

Lluvia de ideas

Como nos recuerda el académico español José Antonio Millán, hoy en día, el poder diseñar un buen sitio electrónico es una destreza sumamente importante:

> (H)ace falta educar a los usuarios potenciales (estudiantes, profesores, amantes de nuestra cultura…). Y los usuarios se educan sobre todo en contacto con la red, y mediante esfuerzos de creatividad en la presentación y el uso de esos materiales. Podemos tener digitalizadas nuestra mejor literatura y arte, pero un público mal servido por operadores poco escrupulosos tendrá un acceso deficiente a ella, y unos usuarios poco formados podrán sacarle poco provecho.

Trabaja con dos o tres compañeros de clase para contestar las siguientes preguntas: ¿Cuáles son las cinco características principales de un buen sitio electrónico? ¿Y las de uno no muy bueno? ¿Cuál es el mejor sitio electrónico que conoces?

¡Vamos más allá!

Paso 1: Los anuncios clasificados. Revisa los anuncios clasificados en un periódico en español. ¿Qué tipos de trabajo requieren las capacidades mencionadas en la lectura? ¿Hay puestos que mencionen requisitos lingüísticos? ¿Cuáles son los puestos mejor pagados? ¿Y los que parecen más interesantes? Compara y contrasta los resultados de tu análisis con los del resto de la clase.

Paso 2: El desarrollo académico. Como otras materias académicas, el español se puede estudiar con vistas a desarrollar una capacidad general educativa la cual permita hacer uso de esta lengua a un nivel profesional que facilitaría el éxito en la sociedad de la información. En vista a los resultados del ejercicio anterior, ¿qué tipo de experiencias académicas y personales pueden facilitar el desarrollo de esta capacidad?

Testimonios y trasfondos

La segunda conquista de América

Sobre la lectura

La siguiente lectura es un artículo de opinión que se publicó en el periódico electrónico *Chile Hoy*. Según el autor, hoy en día se está llevando a cabo una segunda conquista de Latinoamérica. Como en el caso de la primera, los conquistadores provienen de España. Sin embargo, a diferencia de la primera, las armas de la conquista actual son de índole económica y capitalista. De acuerdo a la lectura: *Hoy no se trata de ocupar territorios, sino de invertir y comprar empresas en sectores estratégicos.*

Antes de leer: Estrategias

1. Como ya sabes, no es necesario comprender todas las palabras en una lectura para captar las ideas principales que se están comunicando. Ojea la lectura brevemente una vez y considera las siguientes palabras de la lectura: *desbordado, señalan, liderazgo, pregonar, perfil.* ¿Para cuáles de ellas es absolutamente necesario entender su significado si uno quiere comprender la oración en que se encuentra, y por qué?

2. Con las palabras desconocidas que impactan en el significado de una lectura, es buena idea intentar adivinar su significado antes de consultar el diccionario. Hay varias estrategias que te pueden servir para este fin. Primero, tus conocimientos del léxico español te pueden servir para relacionar las palabras desconocidas con palabras familiares. Por ejemplo, el último párrafo contiene la palabra *dirigente*. Esta palabra está relacionada con el verbo *dirigir*. Sabiendo esto, ¿puedes adivinar lo que significa *equipo dirigente*? Segundo, tus conocimientos del inglés te pueden ayudar a adivinar el significado de palabras similares en español. Por ejemplo, *ascendieron* se parece al verbo inglés 'to ascend'. En vista de esto, ¿qué piensas que sea el significado de *ascender*? Tercero, tus conocimientos generales del tema de la lectura y el contexto informativo en que se halla la palabra te pueden ayudar

a descifrar su significado. Por ejemplo, el significado de la palabra *encuestado*, en el quinto párrafo de la lectura, se puede derivar de la información contenida en las primeras dos oraciones de este párrafo.

Palabras clave

Intenta adivinar el significado de las siguientes palabras de la lectura, haciendo uso de una o más de las estrategias señaladas. Utiliza la tabla para marcar la(s) estrategia(s) que usaste y prepárate a explicar ante la clase los pasos que seguiste para adivinar el significado de estas palabras. Sigue el modelo.

MODELO: La palabra **liderazgo** está relacionada con la palabra española **líder**, la cual se parece a la palabra inglesa *leader*. Además, el contexto en que se encuentra esta palabra en la lectura da una indicación de su significado: se contrasta la posición de liderazgo económico con la de mala imagen. Para ilustrar su liderazgo económico, se dice que España es el primer inversor del Perú. Para demostrar su mala imagen, se dice que sólo el 1% de los peruanos lo consideran como el país más amigo.

	Palabra española	Palabra inglesa	Contexto/conocimiento
a la par			
ascender		ascend	
calificar			
competencia			
concitar			
cúmulo			
desbordado			
desembarco			
dirigente	dirigir		
eficacia			
encuestado			
enmendar			
equipo			
ganancia			
ingreso			
inversor			
liderazgo			
perfil			
pregonar			
prever			
privatizaciones			
recurrente			

	Palabra española	Palabra inglesa	Contexto/conocimiento
resquemores			
señalar			
trasero			
unanimidad			

Lectura 2

La segunda conquista de América

Las grandes inversiones españolas en Latinoamérica crean expectativas y <u>resquemores</u>.

El <u>desembarco</u> de empresas españolas en Latinoamérica ha colocado a España <u>a la par</u> de Estados Unidos como país con presencia económica en ese continente. El año pasado las inversiones <u>ascendieron</u> a 3,5[1] billones de pesetas[2], lo que ha llevado a algunos a calificar la situación de segunda conquista de América, aunque hoy no se trata de ocupar territorios sino de invertir y comprar empresas en sectores estratégicos.

La percepción de los latinoamericanos difiere y va del entusiasmo <u>desbordado</u> a la crítica pura y dura por detectar en los nuevos conquistadores una cierta arrogancia, aires de superioridad y actitud neocolonial.

Decir que los españoles están comprando todo es algo más que una frase <u>recurrente</u> a la hora de hablar del nuevo desembarco en América Latina. Hay quienes lo <u>califican</u> de segunda conquista. Hoy no se trata de ocupar territorios, sino de invertir y comprar empresas en sectores estratégicos. Basta una mirada al mercado para comprobarlo: el BSCH y el BBVA en servicios financieros; Repsol, Endesa e Iberdrola en generación y distribución de energía; Iberia, Indra y Aguas de Barcelona en otros sectores y servicios. Argentina, Chile, Venezuela, Colombia, Brasil, Perú, Cuba, México…

España se ha convertido en el segundo o incluso quizá el primer <u>inversor</u> extranjero en América Latina, en clara <u>competencia</u> con EE.UU. El Tío Sam invirtió 14.300 millones de dólares (2,5 billones de pesetas) en su tradicional patio <u>trasero</u> durante 1998, seguido por España con 11.300 millones. Pero el año pasado, las inversiones españolas totalizaron los 20.000 millones y, a falta de las cifras oficiales de Washington, es posible que los españoles hayan ganado esta carrera a los estadounidenses, según <u>prevén</u> los analistas. Sólo es el comienzo, ya que tras las grandes compañías empiezan a llegar en cadena. Las hoteleras Sol Meliá o NH, Vinos Torres, Banco Urquijo, Viajes Barceló, son algunas de ellas.

Un estudio realizado por la Fundación de la Cámara Española de Comercio de Argentina señala que las inversiones extranjeras, y en particular las españolas, son vistas positivamente, ya que aumentan la <u>eficacia</u> y perfeccionan la calidad de los pro-

---

[1] En el sistema numérico de los países de habla hispana el punto y la coma se emplean de manera opuesta a como se emplean en EE.UU. Es decir, en el mundo hispano, el punto separa agrupaciones de tres números enteros, mientras la coma separa agrupaciones de tres números decimales.

[2] La peseta era la moneda nacional de España antes del euro.

ductos y servicios. Los encuestados señalan como aspectos positivos el ingreso de tecnología, cercanía cultural y modernización. En el aspecto negativo se apunta: grandes ganancias, sin inversión. Para la mayoría de los entrevistados, EE.UU. es el modelo de país al que Argentina debería parecerse. España ocupa el segundo lugar. EE.UU., Alemania y España, por este orden, son los países preferidos para recibir inversiones extranjeras.

A la hora de evaluar las privatizaciones, Telefónica concita la mayor unanimidad en una valoración positiva del servicio. El 94% de los consultados considera que es hoy mejor en un país donde hace 10 años tener teléfono era un lujo. El punto negro son las tarifas, que en 1997 experimentaron un gran aumento en el famoso "rebalanceo".

Pero quizá Perú ilustre la mayor contradicción entre la posición de liderazgo económico y la mala imagen. España es el primer inversor y sólo el 1% de los peruanos lo consideran como el país más amigo, según una encuesta realizada en diciembre por la consultora Datum Internacional. Su gerente general, Manuel Torrado, explica que el estudio muestra que países considerados tradicionalmente enemigos, como Ecuador y Chile, tienen hoy mejor imagen en Perú. Pregonar la condición de empresario español es mal asunto. El bajo perfil da mejores resultados.

La nueva imagen de los españoles en Perú está muy marcada por la presencia de Telefónica, la empresa más importante del país. La combinación de ejecutivos arrogantes y responsables de comunicación inexpertos en los primeros años dio como resultado un cúmulo de errores que el nuevo equipo dirigente en Lima trata de enmendar. La voz del contestador de atención al cliente tenía un marcado acento español. A la fecha, los beneficios de Telefónica son millonarios, pero la gente, a la vez que agradece la modernización, protesta por el aumento de las tarifas.

¡A ver qué aprendiste!

Paso primero: ¿Qué pasó en la lectura? Contesta las preguntas a continuación con dos o tres compañeros de clase.

1. ¿Qué cualidades personales de los nuevos "conquistadores" molestan a los latinoamericanos?
2. Según el estudio argentino, ¿qué ventajas presentan las empresas españolas en Latinoamérica?
3. ¿Qué desventajas presentan estas empresas?
4. ¿Qué señalan los resultados de la encuesta peruana?
5. ¿Qué opinión tienen los latinoamericanos de las empresas norteamericanas?

Paso segundo: La lectura, la vida y tú. Contesta las preguntas a continuación con dos o tres compañeros de clase. Cada grupo debe elegir un(a) secretario(a) que apunte los comentarios generales del grupo y los presente ante la clase.

1. El autor de esta lectura opina que el bajo *perfil* da mejores resultados. ¿A qué se refiere con esto? ¿Crees que a las empresas le guste la idea de mantener un perfil bajo? ¿Por qué sí o no?

2. Considera la cita de Castells que se encuentra al principio de este capítulo en vista de lo que acabas de leer. ¿Cómo se ilustra el punto de Castells en esta lectura?
3. ¿Cuáles son las "armas" que las empresas multinacionales de hoy en día usan para conquistar al mundo? En la opinión del grupo, ¿son más o menos eficaces estas armas que las armas de fuego?
4. Busca en un buscador electrónico información sobre las siguientes empresas españolas. ¿A qué se dedican estas empresas? BSCH, BBVA, Repsol, Endesa, Iberdrola, Iberia, Indra y Aguas de Barcelona.

Paso tercero: La lectura y la lengua. Contesta las preguntas a continuación con dos o tres compañeros de clase.

1. El último párrafo del artículo menciona que *la voz del contestador de atención al cliente tenía un marcado acento español.* ¿Qué importancia tiene este detalle? Si fueras gerente de la empresa Telefónica, ¿emplearías a un español o a un latinoamericano para grabar el mensaje contestador de tu empresa? Justifica tu respuesta.
2. Si fueras gerente de una compañía que sirviera a hispanos en EE.UU., ¿qué acento emplearías en tu máquina contestadora? Justifica tu respuesta.

Lluvia de ideas

Trabaja en grupos de dos o tres para contestar las siguientes preguntas.

Paso 1: Como hemos visto en este capítulo, el concepto de *conquista* no se limita a lo puramente militar, sino que un país puede conquistar de otras formas: económica, cultural, intelectual, tecnológica, etc. Trabaja con dos o tres compañeros de clase para dar ejemplos de conquistas de tipo no militar en el mundo actual. ¿Cuál de los posibles tipos de conquista es más difícil de resistir? ¿Por qué?

Paso 2: Los grupos étnicos en EE.UU. que quieren preservar sus raíces culturales y lingüísticas a menudo se quejan de que es casi imposible luchar contra la influencia de la cultura americana y la lengua inglesa, ya que éstas son muy atractivas para los jóvenes. ¿Qué aspectos de la cultura americana resultan más atractivos para los jóvenes latinos?

Paso 3: ¿Es posible para los latinos en este país preservar su herencia cultural y lingüística? ¿Hay estrategias que las comunidades latinas puedan adoptar en pro de la preservación cultural y lingüística entre las nuevas generaciones?

Puentes

El lenguaje en uso

Registro

Lenguas especiales

Como hemos visto en capítulos anteriores, los **dialectos** y **registros** son variedades lingüísticas que se presentan dentro de una misma lengua. Los dialectos son variedades lingüísticas que se definen en función de la distribución geográfica: el dialecto caribeño, el dialecto mexicano, etc. Los registros son variedades lingüísticas que se clasifican en relación a la situación de uso del lenguaje, por ejemplo: el lenguaje familiar, formal y académico.

Las **lenguas especiales** son variedades lingüísticas creadas con el fin de transmitir información especializada. En la lingüística se distinguen tres tipos de lenguas especializadas: 1) los **argots** o **jergas**, 2) los **lenguajes sectoriales** y 3) los **lenguajes científicos o técnicos**. Los argots o jergas son lenguas especializadas creadas por un grupo social marginado con el fin de impedir la comunicación de otros grupos fuera de su propio ámbito social. Así pues, el argot de los delincuentes se caracteriza por su carácter críptico y su función de ofrecer protección e identificación a quienes lo emplean. Los lenguajes sectoriales son lenguajes de actividades y profesiones tales como el de los deportes, la política, las leyes, etc. A diferencia de los argots o jergas, los lenguajes sectoriales no son de carácter excluyente. Los lenguajes científicos o técnicos son aquellos que se emplean en diversas ramas de la ciencia o tecnología, por ejemplo en la biología, la física o la computación. Si bien éstos no tienen como propósito explícito el ser incomprensibles, así resultan para aquellos que carecen de la necesaria preparación académica.

¡A ver qué tanto sabes ya!

Ejercicio 1: Considera los siguientes ejemplos de lenguas especializadas. Clasifica cada uno de ellos como argot/jerga, lenguaje sectorial o lenguaje científico o técnico. Justifica tu respuesta.

Canción española: "La sociedad es la culpable"
por Siniestro Total

Sales a la calle	
a buscarte la vidilla,	ganar dinero
a ver qué es lo que se pilla	
de algún transeúnte amable.	
Saliste ayer del maco	cárcel
y ya estás buscando jaco.	heroína
Encuentra algún pringao	persona que trabaja
cargao de colorao.	dinero

Y es que si yo no fuera
algo drogodependiente
no haría estas cosas
y sería muy decente.

Esto es un atraco, nena.
Si éste sale me retiro.
Yo ya no vuelvo a la trena.   cárcel
Pienso darme el piro.   irme, escapar

Tranqui, colega,   tranquilo; amigo
la sociedad es la culpable.
Que sociedad no hay más que una
y a ti te encontré en la calle.

Señor comisario,
yo no he sido, se lo juro,
que es la sociedad,
que no hay trabajo ni hay un duro.   cinco pesetas

Mire señor juez,
no me cuelgue más marrones,   eche la culpa
que yo voy de legal,   soy buena persona
deme la condicional.

Tranqui, colega,
la sociedad es la culpable.
Que sociedad no hay más que una
y a ti te encontré en la calle.

Artículo 17, Título I de La Constitución Española

1. Toda persona tiene derecho a la libertad y a la seguridad. Nadie puede ser privado de su libertad, sino con la observancia de lo establecido en este artículo y en los casos y en la forma previstos en la ley.

2. La detención preventiva no podrá durar más del tiempo estrictamente necesario para la realización de las averiguaciones tendentes al esclarecimiento de los hechos, y, en todo caso, en el plazo máximo de setenta y dos horas, el detenido deberá ser puesto en libertad o a disposición de la autoridad judicial.

3. Toda persona detenida debe ser informada de forma inmediata, y de modo que le sea comprensible, de sus derechos y de las razones de su detención, no pudiendo ser obligada a declarar. Se garantiza la asistencia de abogado al detenido en las diligencias policiales, en los términos que la ley establezca.

4. La ley regulará un procedimiento de "habeas corpus" para producir la inmediata puesta a disposición judicial de toda persona detenida ilegalmente. Asimismo, por ley se determinará el plazo máximo de duración de la prisión provisional.

El informe médico

Por la Dra. A. González Estecha, Hospital Universitario Príncipe de Asturias
Niño de 14 años con:

- fiebre de origen desconocido de 1 mes de evolución —adenopatías latero-
  cervicales, inguinales y axilares —exantema máculo-papuloso muy
  pruriginoso —hepatoesplenomegalia, nefromegalia, con insuficiencia
  hepática aguda durante su estancia en el hospital —meningitis aséptica.
- artralgias, mialgias
- lesión ósea occipital sugestiva de displasia fibrosa
- Serología a diversos virus y otros microorganismos y cultivos negativos
- ANA, anticuerpos antiSSA, antiSSB, antiRNP, antiSM, antitiroglobulina y
  antimicrosomales negativos. El corte remitido corresponde a la biopsia de
  un ganglio linfático laterocervical.

Ejercicio 2: Considera las siguientes listas de vocabulario. ¿A qué grupo social o
profesión pertenecen? Trabaja con uno o dos compañeros de clase para añadir
cinco términos a una de estas listas.

1. la denuncia, el testigo, el fiscal, la audiencia, el delito, el cómplice, la sentencia, el fallo o veredicto, absolver, el abogado defensor, el taquígrafo, el perito,
   el acusado
2. el sustantivo, la frase nominal, el adjetivo, el sujeto, el agente, la conjunción,
   el artículo, la oración subordinada, el pronombre, el punto de articulación, el
   prefijo
3. la cristalización, el átomo, las sustancias, el solvente, el punto de ebullición,
   las moléculas, la probeta, el núcleo, la ecuación, expandirse, la condensación,
   el sólido
4. la trompa de Eustaquio, el intestino grueso, las papilas gustativas, la coyun-
   tura, el embrión, la columna vertebral, las amígdalas, el humor ácueo, el cartí-
   lago, el bazo
5. el año luz, el cráter, el equinoccio de otoño, la nebulosa, la Vía Láctea, la erup-
   ción solar, la Osa Menor, girar, el agujero negro, el satélite, el meteorito, el eje,
   la órbita

Gramática

Las formas compuestas del subjuntivo: El presente perfecto y el pluscuamperfecto

El presente perfecto (he comido) y el pluscuamperfecto del indicativo (había
comido) tienen formas correspondientes en el modo subjuntivo: *haya comido,
hubiera comido*. En el español de EE.UU. estas formas del subjuntivo son de uso
poco frecuente. Es posible, por tanto, que las desconozcas por completo o que
tengas muchas dudas en cuanto a su uso. Sin embargo, los registros formales del
español estándar y las lenguas sectoriales y científicas o técnicas se sirven de
estas formas verbales para expresar ideas en el pasado. Por esta razón, es impor-

tante aprender a conjugar y a hacer uso correcto de las formas compuestas del subjuntivo.

I. La conjugación de las formas compuestas del subjuntivo

El presente perfecto del subjuntivo se forma con una forma del verbo **haber** en el presente del subjuntivo y un participio pasado.

yo	haya		
tú	hayas		
él/ella/Ud.	haya	+	comido, visto, estado, estudiado, etc.
nosotros	hayamos		
vosotros*	hayáis		
ellos/ellas/Uds.	hayan		

El pluscuamperfecto del subjuntivo se forma con una forma del verbo **haber** en el imperfecto del subjuntivo y un participio pasado.

yo	hubiera		
tú	hubieras		
él/ella/Ud.	hubiera	+	visitado, leído, ido, prestado,
nosotros	hubiéramos		dormido, etc.
vosotros*	hubiérais		
ellos/ellas/Uds.	hubieran		

¡A ver qué aprendiste!

Rellena los espacios en blanco en las siguientes tablas.

Modo indicativo	Modo subjuntivo
has preguntado	
	hubieran dado
	hayan sido
hemos entrevistado	
había cocinado	
	haya importado
	hubiéramos viajado
han preparado	
habíamos intentado	
	hayas volado

Vosotros es pronombre de segunda persona del plural. Este pronombre y sus formas verbales se usan sólo en España y sirven para dirigirse de **forma informal** a grupos de dos o más personas. Así pues, *vosotros* viene siendo el pronombre plural que corresponde a *tú*, mientras que *Uds.* es el pronombre plural correspondiente a *Ud.* Cabe recordar que el español de Latinoamérica no distingue entre el tratamiento formal o informal en el plural, sino que usa el pronombre *Uds.* sin distinción.

Subjuntivo simple	Subjuntivo compuesto
vaya	haya ido
fuera	
	hubiera bailado
	hayamos leído
tuviera	
venga	
	hayan creído
	hubiéramos puesto
empiece	

II. El uso gramatical de las formas compuestas del subjuntivo

En los Capítulos 8 y 9 has estudiado las reglas que rigen el uso del subjuntivo en español. Como hemos visto, en las frases nominales se usa el subjuntivo cuando el verbo principal expresa duda, imposibilidad, deseo, etc. En las frases adjetivales, se usa el subjuntivo cuando no se sabe si el antecedente existe o cuando se duda de su existencia. Por último, en las frases adverbiales el uso del subjuntivo es obligatorio con ciertas conjunciones. Con otras conjunciones, se usa el subjuntivo para hacer referencia a acciones que no se han llevado a cabo. Las formas compuestas del subjuntivo también siguen estas reglas. Los ejemplos a continuación ilustran el uso del subjuntivo simple y compuesto en estos tres tipos de frases.

Frases nominales

Es importante que **leas** este artículo.	*It's important that you read this article.*
Es importante que **hayas leído** este artículo para la próxima clase.	*It's important for you to have read this article by next class.*
Dudaba que mi tía **llegara** esta semana.	*I doubted that my aunt would arrive this week.*
Dudaba que Martín **hubiera llegado** para el sábado.	*I doubted Martín would have arrived by Saturday.*

Frases adjetivales

Busca un jefe que **estudie** español.	*He is looking for a boss who is studying Spanish.*
Busca un jefe que **haya estudiado** español.	*She is looking for a boss that has studied Spanish.*
Buscaba un jefe que **estudiara** español.	*He was looking for a boss who was studying Spanish.*
Buscaba un jefe que **hubiera estudiado** español.	*She was looking for a boss who had studied Spanish.*

Frases adverbiales

Pasa por mi oficina cuando **obtengas** los resultados.	*Come by my office when you get the results.*
Pasará por mi oficina cuando **haya obtenido** los resultados.	*He will come by my office when he has obtained the results.*
Actúa como si **estuviera** enferma.	*She acts as if she were sick.*
Actuaba como si **hubiera estado** enfermo.	*He acted as if he had been sick.*

¡A ver qué tanto sabes ya!

Como lo muestran los ejemplos previos, las formas compuestas del subjuntivo se usan para referirse a acciones que se han completado o se habrán completado para un momento anterior al indicado por el verbo principal. Antes de considerar el uso de las formas compuestas del subjuntivo en más detalle, usa tus conocimientos para escoger la mejor traducción de las frases inglesas a continuación. Corrige tus respuestas con la clave al final del libro.

1. *I hope he will write soon.*
   a. Espero que haya escrito pronto.
   b. Espero que escriba pronto.
   c. Esperaba que escribiera pronto.
   d. Esperaba que hubiera escrito pronto.

2. *No one would have paid attention to him.*
   a. Nadie le prestó atención.
   b. Nadie le ha prestado atención.
   c. Nadie le hubiera prestado atención.
   d. Nadie le prestará atención.

3. *It's impossible for him to have heard that.*
   a. Es imposible que haya escuchado eso.
   b. Es imposible que escuchara eso.
   c. Es imposible que escuche eso.
   d. Era imposible que hubiera escuchado eso.

4. *Even if we had lost, we would be happy.*
   a. Aunque perdiéramos, estaríamos contentos.
   b. Aunque perdimos, estamos contentos.
   c. Aunque hayamos perdido, estamos contentos.
   d. Aunque hubiéramos perdido, estaríamos contentos.

5. *I doubt he wrote that.*
   a. Dudo que escriba eso.
   b. Dudo que haya escrito eso.
   c. Dudaba que hubiera escrito eso.
   d. Dudaba que escribió eso.

6. *Studying more would not have helped at all.*
    a. De nada nos valió estudiar más.
    b. De nada nos ha valido estudiar más.
    c. De nada nos valdrá estudiar más.
    d. De nada nos hubiera valido estudiar más.

7. *They heard him say that he had changed the password.*
    a. Le oyeron decir que hubiera cambiado la contraseña.
    b. Le oyeron decir que había cambiado la contraseña.
    c. Le oyeron decir que cambió la contraseña.
    d. Le oyeron decir que cambiará la contraseña.

Secuencia de tiempos

Las siguientes relaciones temporales rigen el uso de las formas compuestas del subjuntivo.

1. Eje del presente

Verbo principal	Verbo subordinado
presente presente perfecto + futuro futuro perfecto Ejemplos:	presente/presente perfecto del subjuntivo

Espero que me hayan escuchado.	*I hope they listened to me.*
Ha pedido que le den una explicación.	*He asked that they give him an explanation.*
Querrán que hayamos terminado nuestros estudios.	*They will want us to have finished our studies.*
Habrá insistido que salgan mañana.	*He/She will have/must have insisted that they leave tomorrow.*

2. Eje del pasado

Verbo principal	Verbo subordinado
pretérito imperfecto pluscuamperfecto + condicional condicional perfecto	pasado/pluscuamperfecto del subjuntivo

Dudó que pudiéramos sacar una buena nota en ese examen.	*He doubted we could get a good grade on that test.*
Era difícil de creer que hubiera aprendido a leer a los tres años de edad.	*It was difficult to believe that she had learned to read by the age of three.*

Había pedido que la dejaran tranquila.	*She had asked that they leave her alone.*
Convendría que hubieran leído el libro antes de venir a clase.	*It would be convenient for you to have read the book before coming to class.*
Habría sido mejor que no dijera nada.	*It would have been better for him not to say anything.*

3. Las formas compuestas y simples contrastadas

Las formas perfectas del subjuntivo se emplean para referirse a acciones que se han cumplido antes de la acción del verbo principal. Las formas simples del subjuntivo se emplean con acciones que se están llevando a cabo al mismo tiempo que el verbo principal o que se van a llevar a cabo posteriormente a (después de) la acción de este verbo.

Ejemplo con una forma compuesta

Busca un asistente que haya organizado muchas bodas.
Buscaba un asistente que hubiera organizado muchas bodas.
(El asistente tiene que haber organizado bodas previo al momento de la búsqueda.)

Ejemplo con una forma simple

Busca un asistente que organice muchas bodas.
Buscaba un asistente que organizara muchas bodas.
(El asistente no tiene necesariamente que haber organizado bodas previo al momento de la búsqueda.)

¡A ver qué aprendiste!

Ejercicio 1: Escoge la respuesta correcta.

1. No me gusta que _____. *(you lied to me)*
   me hayas mentido/mientas

2. Temían que _____. *(they would discover them)*
   los hubieran descubierto/los descubrieran

3. Como no tenía mucha experiencia, era improbable que le _____. *(they would have given him the job)*
   hubieran dado/dieran el trabajo

4. Se alegra de que _____. *(the weather was good)*
   haga buen tiempo/haya hecho buen tiempo

5. Será importante que _____. *(they do all of the practice exercises)*
   hagan/hayan hecho todos los ejercicios de práctica

6. Habría sido preferible que _____. *(you leave)*
   te hubieras ido/te fueras

7. Era necesario que _____. *(we had gone to class)*
   fuéramos/hubiéramos ido a clase

8. Es increíble que _____. *(he doesn't know your name)*
   no sepa/supiera tu nombre

9. No había nadie que _____. *(had seen what happened)*
   haya visto/hubiera visto lo que pasó

10. Me habló como si _____. *(I was guilty)*
    fuera/hubiera sido culpable

Ejercicio 2: Escoge la frase que mejor corresponda a las siguientes situaciones.

1. Jorge tuvo una entrevista de trabajo muy importante ayer. Hace dos días, Jorge me comentó que su carro tenía problemas con el sistema eléctrico.
   a. Espero que el carro no le dé problemas el día de la entrevista.
   b. Espero que el carro no le haya dado problemas el día de la entrevista.

2. Mañana Luisa tiene su examen final de historia. Como ella no ha estudiado mucho durante el semestre, va a tener que leer más de doscientas páginas en una noche.
   a. Sería preferible que no dejara la lectura para el último momento.
   b. Sería preferible que no hubiera dejado la lectura para el último momento.

3. El profesor Rodríguez tiene un dolor de cabeza muy fuerte. En quince minutos tiene que dictar clase.
   a. Es recomendable que tome una aspirina.
   b. Es recomendable que haya tomado una aspirina.

4. Juan se levantó a las cinco de la mañana hoy para comprar boletos para el concierto de Shakira. Desgraciadamente, cuando llegó a la taquilla ya no quedaban más boletos.
   a. Es una lástima que no compré los boletos.
   b. Es una lástima que no haya podido comprar los boletos.

5. Adriana está organizando una reunión en su universidad con los líderes políticos hispanos más importantes de su ciudad.
   a. Ella espera que muchos estudiantes y profesores asistan a este evento.
   b. Ella espera que muchos estudiantes y profesores hayan asistido a este evento.

Las cláusulas con *si*

1. La conjunción *si* sirve para unir dos frases. La cláusula que contiene la conjunción *si* expresa una condición. La otra cláusula expresa el resultado de esta condición.

Condición	Resultado	
Si tengo dinero,	voy de compras.	*If I have money, I go shopping.*
Si tuviera más tiempo,	leería más libros de viajes.	*If I had more time, I would read more travel books.*

Si tenía sueño,	se acostaba temprano.	*If he was sleepy, he went to bed early.*

2. La cláusula que expresa la condición puede representar algo contrafactual (es decir, algo imposible o improbable) o factual (algo que es posible). Los ejemplos a continuación expresan condiciones factuales.

Si salimos a comer no cocinamos.	*If we go out to dinner, we don't cook.*
Si tuvieron tiempo nos dejaron un mensaje.	*If they had time, they left a message.*
Si tenía fiebre se daba una ducha tibia.	*If he had a fever he would take a lukewarm shower.*

Los ejemplos a continuación expresan condiciones contrafactuales.

Si tuvieran ganas de vernos, vendrían.	*If they wanted to see us, they would come.*	*Implication:* they don't want to see us.
Si hubieran dicho la verdad no habría habido problemas.	*If they had told the truth there would not have been problems.*	*Implication:* they didn't tell the truth.

3. Las oraciones que hacen referencia a condiciones factuales emplean el indicativo en las dos cláusulas.

Si la veo cuando hace la entrega, le pago de inmediato.	*If I see her when she makes the delivery, I pay her right away.*
Si lo llamaron es que hay buenas noticias.	*If they called him, it's good news.*
Si se ofendían, suspendían las negociaciones.	*If they felt offended, they suspended all negotiations.*

4. Las oraciones que hacen referencia a condiciones contrafactuales emplean una forma del subjuntivo pasado en la frase que lleva la conjunción *si*, y una forma del condicional en la otra cláusula.

Si te viera (*imperfecto del subjuntivo*), te castigaría (*condicional simple*).	*If I saw you, I would punish you.*
Si nos hubieran dado (*pluscuamperfecto del subjuntivo*) más ayuda, habríamos terminado (*condicional perfecto*) el proyecto a tiempo.	*If they had lent us more help, we would have finished the project on time.*

5. Cuando hacemos referencia a una acción imposible o improbable en el presente, usamos el imperfecto del subjuntivo en la frase que lleva la conjunción *si*, y el condicional simple en la otra frase.

Si comiéramos menos grasa, perderíamos peso.	*If we ate less fat, we would lose weight.*
Si no interrumpieran tanto, entenderían mejor.	*If they didn't interrupt so much, they would understand better.*

| Si hablara más despacio, no cometería tantos errores. | *If she spoke more slowly, she wouldn't make so many mistakes.* |

6. Cuando hacemos referencia a una acción imposible o improbable en el pasado, usamos el pluscuamperfecto del subjuntivo en la frase que lleva la conjunción *si*, y el condicional simple o perfecto en la otra frase. El condicional simple se refiere a un resultado que se extiende al presente. El condicional perfecto se refiere a una acción que se habría completado en el pasado.

Si hubiéramos sabido que no estabas, no habríamos pasado por tu casa.	*If we had known that you weren't there, we wouldn't have gone by your house.*
Si hubiera sido un poco más responsable, eso no habría pasado.	*If he had been more responsible, that wouldn't have happened.*
Si hubieran pagado las cuentas, no habrían tenido problemas con su crédito ayer.	*If they had paid their bills, they wouldn't have had problems with their credit yesterday.*
Si hubieran pagado las cuentas, no tendrían problemas con su crédito ahora.	*If they had paid their bills, they wouldn't have problems with their credit now.*

¡A ver qué aprendiste!

Ejercicio 1: Entrevista a un(a) compañero(a) y anota sus respuestas.

1. Si te sobrara el dinero, ¿a qué organizaciones benéficas donarías?
2. Si no tuvieras que dormir, ¿qué harías con el tiempo libre?
3. Si conocieras al presidente de EE.UU., ¿qué le dirías o preguntarías?
4. Si pudieras cambiar algo de tu persona, ¿qué cambiarías?
5. Si pudieras volver a la niñez, ¿qué harías de manera diferente?
6. Si pudieras salir con cualquier persona del mundo, ¿a quién escogerías?
7. Si te ganaras $100 millones en la lotería, ¿serías más, menos o tan feliz como lo eres ahora? Justifica tu respuesta.
8. Si te acusaran injustamente de un crimen horroroso y te pusieran en la cárcel, ¿qué amigo(a) no te abandonaría nunca?

Ejercicio 2: Escribe un párrafo que conteste las siguientes preguntas.
Si tus padres o abuelos no hubieran venido a EE.UU., ¿cómo sería tu vida ahora? ¿Trabajarías? ¿Estudiarías? ¿Dónde y en qué condiciones vivirías? ¿Estarías casado(a)? ¿Tendrías hijos?

Escribe cinco oraciones factuales con la conjunción *si* y otras cinco que sean contrafactuales.

Ejercicio 3: Rellena los espacios en blanco con una de las opciones que se ofrecen.

1. Si la _____, le recordaré que venga.

2. Si la _____, le recordaba que viniera.

3. Si la _____, le recordaría que viniera.

4. Si la _____, le habría recordado que viniera.

veré, hubiera visto, habría visto, veo, vi, veía, viera

5. Si termino temprano, te _____.

6. Si terminaba temprano, te _____.

7. Si terminara temprano, te _____.

8. Si hubiera terminado temprano, te _____.

habría llamado, llamo, llamaría, llamaba, llamaste, hubiera llamado

9. Si supiera donde vive, _____ a visitarla.

10. Si _____ donde vivía, _____ a visitarla.

11. Si _____ donde _____, iré a visitarla.

12. Si hubiera sabido donde vivía, _____ a visitarla.

sé, sabía, sabré, fui, iría, hubiera ido, iba, vive, habría ido

Ejercicio 4: Haber se usa de dos maneras diferentes: a) para expresar existencia, en formas tales como *hay mucha gente,* etc., y b) como auxiliar en formas tales como *ha comido* o *hubieras dicho*. Para cada uno de los verbos dados anota si es una forma del verbo *haber* o si trata de otro verbo diferente. De ser otro verbo, escribe el infinitivo correspondiente.

¿Haber u otro verbo?		¿Haber u otro verbo?	
hacía		ha	
eché		harás	
hubo		abría	
hay		habría	
iba		hiciera	
hice		han	
hubiéramos		habíamos	

España

Las conquistas de España

Para comenzar...

Antes de leer: Estrategias

1. **Identificar el punto de vista:** La historia se puede escribir desde diversas perspectivas. Lee el primer párrafo de la lectura para determinar el punto de vista que se intenta destacar en esta breve historia de España. ¿Cómo se relacionan los datos históricos presentados con este punto de vista?

2. **Manejar el vocabulario:** Trabajen en grupos de dos o tres estudiantes y creen un glosario para esta lectura que puedan usar tus compañeros de clase. ¿Es posible o deseable incluir todas las palabras que no sean conocidas por los estudiantes? ¿Por qué sí o no? ¿Qué criterios usaron para determinar qué palabras incluir en el glosario?

Lectura 3

Las conquistas de España

Si bien es cierto que España ha conquistado grandes territorios a través de su historia, hay que reconocer también que este país y sus lenguas son producto de numerosas conquistas y ocupaciones extranjeras.

Las primeras noticias escritas sobre los pueblos que habitaban la Península Ibérica proceden de los griegos del siglo VI a.C. Estos documentos citan a los íberos, tartesios y celtas. Estudios arqueológicos sugieren que los íberos llegaron a la Península Ibérica desde el norte de África 1500–1000 a.C., asentándose fundamentalmente en la costa mediterránea y al sur, donde crearon diversas culturas, de las que aún hoy se conservan restos arqueológicos de gran importancia. Los tartesios, una tribu ibérica, fundaron un importante reino de gran cultura en el valle del Guadalquivir, al sur de España. Tribus celtas entraron en la península por el norte sobre el año 1200 a.C. y se establecieron en gran parte de su territorio, mezclándose con los íberos.

Alrededor del año 1100 a.C. los fenicios llegaron a la Península Ibérica y fundaron colonias. La más importante de éstas fue Gadir, que hoy en día se conoce como Cádiz. En el siglo VII a.C., los griegos establecieron sus propias colonias en el sur y en la costa mediterránea. Más tarde, durante las Guerras Púnicas entre Roma y Cartago, los cartagineses invadieron España y conquistaron una gran parte de la península, estableciendo sus colonias más importantes en la isla de Ibiza y en Cartagena. Después de que Roma derrotó por completo a Cartago en 209 a.C., también invadió sus colonias en España. De esta manera, Hispania se convirtió en provincia del Imperio Romano y absorbió su lengua y cultura a través de seis siglos de ocupación. A partir del año 409 d.C., cuando comienza la caída del Imperio Romano, tribus germánicas invaden la península y establecen su reinado en el año 419.

El dominio de estas tribus duró hasta el año 711, cuando un ejército musulmán de unos 50.000 soldados cruzó el estrecho de Gibraltar y venció al ejército visigodo en la batalla de Guadalete, cerca de Cádiz. En unos cuatro años los musulmanes terminaron por dominar casi toda la península, convirtiéndola en un emirato, o provincia del imperio árabe, llamada Al-Andalús. Los musulmanes permanecieron en la Península Ibérica hasta 1492, año en que se inicia un nuevo capítulo en la historia de España con la llegada de Cristóbal Colón a América. Con la conquista de las tierras americanas, España se convierte en una de las naciones más poderosas del mundo.

Los próximos siglos son marcados por guerras con Francia, Holanda e Inglaterra. En 1808 Napoleón Bonaparte envió sus tropas contra España e instaló a su hermano José Bonaparte en el trono. Tras cinco años de guerra, España venció a Napoleón, consiguiendo así su independencia de Francia. Entre 1814 y 1833, España pierde sus colonias americanas, con la excepción de Puerto Rico, Cuba y Filipinas. Con la rebelión en 1895 de Cuba en pro de la independencia, Estados Unidos declara la guerra a España. Con su derrota en 1898, España acaba por perder sus últimas colonias.

El siglo XX comienza con una gran crisis económica e inestabilidad política. Tras una cruenta guerra civil, el General Francisco Franco asume el poder y establece una dictadura militar en 1939. En 1969 Franco nombra a Juan Carlos de Borbón su sucesor a título de Rey. Con la muerte de Franco en 1975, España hace una transición pacífica a una monarquía parlamentaria, la cual perdura hasta el momento. La Constitución Española respalda institucionalmente al rey como jefe del estado y jefe supremo de las Fuerzas Armadas pero estipula la separación entre el poder legislativo, ejecutivo y judicial. El poder está sostenido por un parlamento de dos cámaras, llamado las Cortes, cuyos miembros son elegidos por todos los ciudadanos mayores de 18 años, por un período máximo de cuatro años.

¡A ver qué aprendiste!

Paso primero: ¿Qué pasó en la lectura? Contesta las siguientes preguntas sobre la lectura.

1. Dibuja una línea cronológica que represente las conquistas de España a través de su historia. Compara tu representación con la de otro compañero de clase. ¿Incluiste toda la información apropiada?
2. Escribe una pequeña prueba de 3 a 5 preguntas sobre la información que se encuentra en la lectura y dásela a un(a) compañero(a) de clase. Corrige sus respuestas.

Paso segundo: La lectura, la vida y tú. Con dos o tres compañeros de clase, considera las preguntas a continuación. Cada grupo debe elegir un(a) secretario(a) que apunte los comentarios del grupo para resumirlos ante la clase.

1. ¿Sabías que España había sido ocupada tantas veces en su historia? ¿Crees que su localización geográfica haya tenido algo que ver con esto? ¿Cómo específicamente?
2. El historiador y poeta romano Diodoro Sículo dice de Iberia: "el país posee las más numerosas y las más hermosas minas de plata... los indígenas ignoran su uso. Pero los fenicios, que son tan expertos en el comercio, compraban esa plata con el trueque por otras mercancías". Iberia también tenía oro, cobre y estaño (*tin*). ¿Qué importancia pueden haber tenido estos recursos para los invasores de España?
3. ¿Siguen siendo importantes los recursos naturales y la geografía en las relaciones entre los países del mundo? ¿Puedes dar ejemplos de la historia reciente que ilustren la importancia de estos factores en las relaciones internacionales?

Exploraciones

Exploraciones arqueológicas: La Península Ibérica

Los poderes extranjeros que han ocupado la Península Ibérica han dejado sus huellas en numerosas obras arquitectónicas. Usa un buscador electrónico para hallar información sobre los siguientes monumentos históricos: la Necrópolis Fenicia de Gadir, la Muralla Púnica de Cartagena, el Acueducto de Segovia, el

Anfiteatro de Mérida, la Mezquita de Córdoba, la Alhambra de Granada, las Murallas de Lugo. Prepara un informe oral sobre uno de estos monumentos. Incluye la siguiente información: 1) dónde se encuentra el monumento, 2) cuándo se construyó, 3) quiénes lo construyeron, 4) qué uso se hizo de este monumento y 5) cómo visitarlo. Busca también una foto para mostrar a la clase.

Exploraciones lingüísticas: Los orígenes del español

El léxico español también lleva las huellas de la presencia extranjera en la historia de España. En el Capítulo 4, p. 92, presentamos una breve lista de palabras españolas que provienen de otras lenguas. Estudia esta lista. A continuación tienes otra lista de palabras de origen extranjero. Usa la lista del Capítulo 4 y tus conocimientos históricos y lingüísticos para formar una hipótesis sobre el origen de las palabras en la siguiente lista. Escoge entre las siguientes fuentes lingüísticas: árabe, lenguas indígenas de América, francés, lenguas germánicas, griego. Apunta tu hipótesis sobre el origen de cada palabra en la primera columna de la tabla. Después busca el origen de estas palabras en un diccionario que contenga información etimológica. ¿Acertaste? ¿Qué estrategias usaste para completar este ejercicio?

	Hipótesis	Respuesta del diccionario
aguacate	árabe?	náhuatl
alberca		
albóndigas		
almacén		
alpaca		
azúcar		
cacao		
canoa		
drama		
escuela		
espía		
fricasé		
gobernar		
guarecer		
guerra		
jardín		
jícara		
mecánica		
popurri		
teatro		
tupé		

Exploraciones literarias: El Quijote

Don Quijote de La Mancha es una de las obras maestras de la literatura mundial y uno de los libros más leídos del mundo. En el fragmento a continuación, Don Quijote ofrece unas palabras de inspiración a Sancho Panza. Rellena cada espacio en blanco con la palabra o frase apropiada de la lista. Una vez hecho esto, comprueba tus respuestas contra el original. ¿Se te ocurre otra manera de rellenar los espacios en blanco?

Hoy es el día más hermoso de nuestra vida, querido Sancho; los obstáculos más grandes, _____; nuestro enemigo más fuerte, _____; la cosa más fácil, _____; la más destructiva, _____; la peor derrota, _____; los defectos más peligrosos, _____; las sensaciones más gratas, _____, _____ y sobre todo, _____.

1. la disposición para hacer el bien y combatir la injusticia donde quiera que estén
2. la mentira y el egoísmo
3. el esfuerzo para ser mejores sin ser perfectos
4. nuestras propias indecisiones
5. el miedo al poderoso y a nosotros mismos
6. la soberbia y el rencor
7. el desaliento
8. equivocarnos
9. la buena conciencia

Fragmento original

Hoy es el día más hermoso de nuestra vida, querido Sancho: los obstáculos más grandes, nuestras propias indecisiones; nuestro enemigo más fuerte, el miedo al poderoso y a nosotros mismos; la cosa más fácil, equivocarnos; la más destructiva, la mentira y el egoísmo; la peor derrota, el desaliento; los defectos más peligrosos, la soberbia y el rencor; las sensaciones más gratas, la buena conciencia, el esfuerzo para ser mejores sin ser perfectos, y sobre todo, la disposición para hacer el bien y combatir la injusticia donde quiera que estén. (Miguel de Cervantes, *Don Quijote de la Mancha* [fragmento])

Exploraciones culturales: las contribuciones de España

1. Trabaja con dos o tres compañeros de clase para generar el mayor número de ejemplares de cada categoría que tengan su origen en España. El grupo que más respuestas correctas genere se considerará ganador.

comidas típicas	danzas
libros/obras literarias	pinturas
artistas	personajes históricos
obras arquitectónicas	exploradores y conquistadores

2. Escoge uno de los siguientes españoles famosos de épocas pasadas y prepara un breve currículum vitae que presente sus datos biográficos y logros de mayor importancia. Una vez que hayas preparado el currículum para esta persona, la clase hará recomendaciones sobre el tipo de trabajo que esta persona podría hacer si estuviera vivo(a) hoy en día. Puedes encontrar la información necesaria en la biblioteca de tu universidad o mediante el uso un buscador electrónico. Asegúrate de citar tus fuentes de información.

El Emperador Adriano	Isabel la Católica
Alfonso X El Sabio	Antonio de Nebrija
Averroes	Álvar Nuñez Cabeza de Vaca
Bartolomé de las Casas	Séneca
Hernán Cortés	Sta. Teresa de Jesús
Francisco Goya y Lucientes	Pedro de Valdivia
Ignacio de Loyola	

Testimonios y trasfondos

El diario de Cristóbal Colón

Para comenzar...

Sobre el autor y su obra

Probablemente tú conoces bastante a fondo los datos principales sobre la llegada de los europeos al Nuevo Mundo: ¿De dónde venían estos europeos? ¿Cómo llegaron a América? ¿Dónde desembarcó Colón por primera vez en el continente americano? ¿Cuántos viajes al Nuevo Mundo hizo Colón? Sin embargo, quizás desconozcas los detalles del primer momento de encuentro entre la tripulación europea y los indígenas. A continuación vas a leer un trozo del diario de Cristóbal Colón, escrito el mismo día en que el navegante italiano llegó a América. El texto original de Colón no se ha conservado en su totalidad. Sin embargo, muchos de los pasajes de mayor importancia se conocen gracias a la transcripción de Fray Bartolomé de las Casas, un fraile español que trabajó de misionero en las Américas y que abogaba por los derechos y las culturas de los indígenas. El texto a continuación es una de estas transcripciones. El texto original contiene un comentario por Bartolomé de las Casas que no ha sido incluído aquí pero que está disponide en Internet.

Antes de leer: Estrategias

1. **Identificar el punto de vista:** Cristóbal Colón presenta una descripción muy detallada de los indígenas. En tu opinión, ¿cuál es el punto de vista sobre los indígenas y el Nuevo Mundo que Colón quiere destacar? ¿Qué detalles presenta Colón a favor de este punto de vista?

2. **Manejar el vocabulario:** Siendo un texto antiguo, la lectura a continuación contiene palabras que ya han pasado de uso o que han cambiado de signifi-

cado. ¿Puedes utilizar el contexto y tus conocimientos generales para adivinar el significado de algunas de estas palabras? Conecta las palabras del texto en la columna izquierda con su significado actual en la columna a mano derecha.

OJO: Al leer este escrito notarás que algunas palabras no se escriben como hoy en día. ¿Cuáles son estas palabras?

Palabras clave

azagayas	lanzas o dardos pequeños
bonetes	gorras
cuentas	objetos ornamentales de poco valor
estatura	altura
harto	bastante
ingenio	entendimiento, facultad
mancebo	joven (hombre)
moza	joven (mujer)
ovillos	bola de hilo
pece	pez
placer	agradar
salvo	excepto
trocar	intercambiar
varas	palos

Lectura 4

Diario de Colón: Libro de la primera navegación

Jueves, 12 de octubre, 1492

Yo, porque nos tuviesen mucha amistad, porque conocí que era gente que mejor se libraría y convertiría a Nuestra Santa Fe con Amor que no por fuerza, les di a algunos de ellos unos <u>bonetes</u> colorados y unas <u>cuentas</u> de vidrio que se ponían al pescuezo, y otras cosas muchas de poco valor, con que tuvieron mucho placer y quedaron tanto nuestros que era maravilla. Los cuales después venían a las barcas de los navíos a donde nos estábamos, nadando. Y nos traían papagayos y hilo de algodón en <u>ovillos</u> y <u>azagayas</u> y otras cosas muchas, y nos las <u>trocaban</u> por otras cosas que nos les dábamos, como cuentecillas de vidrio y cascabeles. En fin, todo tomaban y daban de aquello que tenían de buena voluntad. Mas me pareció que era gente muy pobre de todo. Ellos andan todos desnudos como su madre los parió, y también las mujeres, aunque no vide (vi) más de una <u>harto</u> <u>moza</u>. Y todos los que yo vi eran todos <u>mancebos</u>, que ninguno vide de edad de más de 30 años. Muy bien hechos, de muy hermosos cuerpos y muy buenas caras. Los cabellos gruesos casi como sedas de cola de caballos, y cortos. Los cabellos traen por encima de las cejas, salvo unos pocos detrás que traen largos, que jamás cortan. De ellos (algunos de ellos) se pintan de prieto, y ellos son de la color de los <u>canarios</u>, ni negros ni blancos, y de ellos se pintan de blanco, y de ellos de colorado, y de ellos de lo que fallan [hallan]. Y dellos se pintan las caras, y dellos todo el cuerpo, y de ellos solos los ojos, y de ellos sólo la nariz. Ellos no traen armas ni las conocen, porque les mostré espadas y las tomaban por el filo, y se cortaban con ignorancia. No tienen algún hierro. Sus azagayas son unas varas sin hierro, y algunas de ellas tienen al cabo un diente de pece, y otras de otras cosas. Ellos todos a una mano son de buena estatura de grandeza y buenos gestos, bien hechos. Yo vi algunos que tenían señales de heridas en sus cuerpos, y les hize señas qué era aquello, y ellos me mostraron cómo allí venían gente de otras islas que estaban cerca y los querían tomar y se defendían. Y yo creí y creo que aquí vienen de tierra firme a tomarlos por cautivos. Ellos deben ser buenos servidores y de buen ingenio, que veo que muy presto dicen todo lo que les decía. Y creo que ligeramente se harían cristianos, que me pareció que ninguna secta tenían. Yo, placiendo a Nuestro Señor, llevaré de aquí al tiempo de mi partida seis a Vuestra Alteza para que aprendan a hablar. Ninguna bestia de ninguna manera vi, salvo papagayos en esta Isla.

¡A ver qué aprendiste!

Paso primero: ¿Qué pasó en la lectura? Trabaja con dos o tres compañeros de clase para contestar las siguientes preguntas.

1. ¿Qué artefactos recibieron los indígenas de Colón? ¿Qué artefactos dieron ellos a Colón y su tripulación?
2. Físicamente, ¿cómo son los indígenas? ¿Cómo visten y decoran sus cuerpos?
3. ¿Qué disposición tienen los indígenas?
4. ¿Es completamente pacífica y libre de peligros la vida de estos indígenas?
5. ¿Qué le va a llevar Colón a los monarcas españoles?

Paso segundo: La lectura, la vida y tú. Con dos o tres compañeros de clase, considera las preguntas a continuación. Cada grupo debe elegir un(a) secretario(a) que apunte los comentarios del grupo para resumirlos ante la clase.

1. En la primera línea del texto, Colón presenta su visión de cómo ganarse la confianza de los indígenas. ¿Cuál es esta visión? ¿Habría podido dar resultados este plan? ¿Por qué sí o no? En la opinión del grupo, ¿era inevitable el conflicto armado entre los europeos y habitantes de América?
2. En los siglos XVI y XVII, España fue la nación más poderosa del mundo. Hoy en día, muchos consideran que EE.UU. es el país de mayor poder al nivel mundial. En la época de la conquista de América, ¿qué significaba "ser poderoso"? ¿Qué significa esto hoy en día? ¿Ha cambiado la naturaleza del poder con el tiempo? ¿Qué semejanzas y diferencias existen entre el imperio español de siglos pasados y el imperio americano actual?

¡Vamos más allá! ¿Cómo sería el mundo actual si Cristóbal Colón no hubiera llegado al Nuevo Mundo en el momento histórico y bajo las circunstancias en que llegó? La clase deberá considerar las siguientes preguntas:

1. ¿Es posible que los indígenas hubieran llegado a Europa antes de que los europeos llegaran a América? ¿Por qué sí o no?
2. Si España no hubiera llegado a América en 1492, ¿cuál habría sido la primera nación europea en llegar a este continente?

3. ¿Habría sido muy diferente la conquista de estos europeos? ¿Qué lengua(s) se hablaría(n) en América Latina y en EE.UU. hoy en día? ¿Qué religión(es) se practicaría(n)?
4. ¿Sería muy diferente la vida?

¡Sí se puede!

OPCIÓN 1: El currículum vitae

Prepara un currículum vitae en español tomando en cuenta lo que has aprendido con la lectura de Castells. La información a continuación te puede servir para organizar tu currículum. También puedes usar un buscador electrónico para hallar modelos de currículum vitae en español en el Internet. Una vez que hayas preparado una versión preliminar de tu currículum, preséntaselo a un(a) compañero(a) de clase. Prepara una segunda versión de tu currículum tomando en consideración las recomendaciones de tu compañero. Incluye tu currículum en tu portafolio.

Cómo preparar un currículum vitae:

1. Presenta información al día y relevante al tipo de empleo que buscas. La información más reciente se debe colocar al comienzo. No incluyas datos muy viejos o superfluos, o datos que no puedas respaldar con la documentación necesaria.

2. Sé conciso y usa un lenguaje sencillo y claro.

3. Incluye una breve descripción de algunos proyectos específicos de trabajo que demuestren tu capacidad de liderazgo, tus competencias en un área específica, la capacidad para resolver problemas o tomar decisiones, o el nivel de responsabilidad que tenías.

4. Además de los datos básicos de estudios y experiencia de trabajo, es bueno destacar aspectos tales como el dominio de idiomas, diplomas y distinciones y actividades de interés personal (por ej. deportes, gustos y pasatiempos).

5. Hay muchas formas de hacer un currículum, pero básicamente hay dos tipos de estructura que te pueden servir de guía: la cronológica y la funcional. El currículum vitae cronológico es el modelo más utilizado porque permite al lector ver rápida y claramente lo que has hecho. Este modelo presenta la información partiendo de lo más reciente a lo más antiguo, o viceversa. El currículum vitae funcional no sigue una progresión cronológica, sino que permite que destaques tus logros más relevantes y los aspectos más valiosos de tu formación académica y experiencia profesional. Te permite omitir períodos de desempleo, la permanencia en puestos no relevantes o frecuentes cambios de trabajo.

6. Los siguientes términos te pueden servir para organizar tu currículum: objetivo profesional, historia de empleos, destrezas adicionales, intereses personales, reconocimientos, referencias, formación académica/profesional, adiestramiento especializado, manejo de idiomas, información personal.

OPCIÓN 2: **Revisión de metas**

En el Capítulo 5, redactaste un plan de estudios para el español. Ahora que has llegado al final de este curso, regresa a este plan de estudios y considera cuáles de las metas que te propusiste en aquel momento has logrado. ¿Te sientes satisfecho(a) del progreso que has hecho? ¿Qué metas te quedan por cumplir? ¿Hay metas nuevas que te has propuesto desde entonces? Prepara una lista de las cosas más importantes que has aprendido a través de este curso. Redacta otra lista de cosas que te gustaría aprender o poder hacer en español. ¿Qué puedes hacer para lograr estas nuevas metas? Incluye estas dos listas en tu portafolio.

OPCIÓN 3: **La comunidad y tú**

Public Allies es una organización cuya misión es entrenar a los jóvenes a ocupar posiciones de liderazgo en su comunidad. Más del 70% de los jóvenes que participan en este grupo son personas de color. Explora las oportunidades que presenta esta organización en tu ciudad (se puede acceder al sitio Web de la organización a través del **Sitio Web para Estudiantes**). Prepara una nota que resuma la información principal sobre esta organización. ¿Te gustaría o no ser parte de esta organización? ¿Por qué sí o no?

Answer Key

Capítulo 1

Datos demográficos, p. 8
1. c; 2. d; 3. d; 4. b; 5. d; 6. a, c, b, d

Las sílabas en español, p. 15
Los números a continuación de cada palabra se refieren la regla de silabeo que necesitarás estudiar con más detalle si te equivocaste con esa palabra.
1. A-mé-ri-ca (1)
2. nú-me-ro (1)
3. fá-bri-ca (2)
4. ins-truc-ción (3, 7)
5. di-rec-ción (1, 7)
6. i-rri-ta-ción (4, 7)
7. ca-ba-lle-ro (4, 2)
8. des-pre-cio (3, 2, 7)
9. ge-o-gra-fí-a (7)
10. pe-rió-di-co (7)

Capítulo 4

Exploraciones culturales, p. 88
1. b; 2. b; 3. a; 4. b; 5. b; 6. a

Capítulo 5

Exploraciones culturales, p. 119
1. b; 2. a; 3. a, b y d; 4. d; 5. c; 6. b; 7. b

Capítulo 6

Exploraciones culturales, p. 149
1. c; 2. c; 3. b; 4. a; 5. c; 6. c; 7. a; 8. d; 9. d

Capítulo 8

Exploraciones culturales, p. 212
1. b; 2. a; 3. d; 4. c; 5. b; 6. c; 7. b

Capítulo 10

Gramática, p. 283
1. b; 2. c; 3. a; 4. d; 5. b; 6. d; 7. b

Credits

Text Credits

Preface

p. ix: "¡Sí se puede! (Yes, I Can)", from *Diez Deditos and Other Play Rhymes and Action Songs from Latin America* by Jose-Luis Orozco, copyright © 1997 by Jose-Luis Orozco, lyrics and music arrangements. Used by permission of Dutton Children's Books, A Division of Penguin Young Readers Group, A Member of Penguin Group (USA) Inc., 345 Hudson Street, New York, NY 10014. All rights reserved.

Chapter 1

p. 4: Jorge Ramos, from La ola latina (HarperCollins, 2004), p. 110.

pp. 6–7: Sandra Cisneros, "Mi nombre" from *La casa en Mango Street,* trans. Elena Poniatowska (Vintage Books, 1994), pp. 10–11. Copyright by Elena Poniatowska. Used by permission of Susan Bergholz Literary Services.

Chapter 2

p. 31: Tato Laviera, "Nuyorican" (poem) from *AmeRícan.* "Nuyorican" is reprinted with permission from the publisher of AmeRícan by Tato Laviera © 2003 (Houston: Arte Público Press—University of Houston).

p. 32: "My Graduation Speech" is reprinted with permission from the publisher of *AmeRícan* by Tato Laviera © 2003 (Houston: Arte Público Press—University of Houston).

pp. 35–36: Luis Palés Matos, "Danza negra." Reprinted with permission.

p. 49: Elizabeth Figueroa, narrator, "La historia oral de Bonifacia Vidot Soto" from www.prdream.com/histories/figueroa.html (viewed 11/20/06). Courtesy of PRdream.com.

Chapter 3

p. 54: Leonel Fernández, ex-president of Dominican Republic, quotation from speech at Segunda Conferencia sobre Asuntos Dominicanos de Nueva Jersey, 10 February, 2002. Accessed at www.leonelfernandez.com/noticias/conferencias/2002/10-02b.htm (viewed 11/20/06).

pp. 57–58: Julia Álvarez, "Papi Working" (poem) from *The Other Side/El Otro Lado* (Dutton, 1995), p. 29. Copyright by Julia Álvarez. Used by permission of Susan Bergholz Literary Services.

p. 61: John R. Logan, "The New Latinos: Who They Are, Where They Are" from http://www.s4.brown.edu/cen2000/Hispanicpop/Hspreport/HspreportPage1.html. Reprinted by permission of the author.

p. 63: © Pablo Neruda, and Fundacion Pablo Neruda. Reprinted by permission of Agencia Literaria Carmen Balcells.

p. 72: Pablo Duarte, www.bibliotecasvirtuales.com/biblioteca/LiteraturaDominicana/JuanPabloDuarte/juramento.asp (viewed 11/20/06).

pp. 72–74: As appeared on www.godominicanrepublic.com.

pp. 75–76: Juan Luis Guerra "Ojalá que llueva café." Copyright 1995 by Karen Publishing Co., 130 Rosales Court, Coral Gables, FL 33143. Distributed by POLYGRAM LATINO U.S., a division of Polygram Records, Inc. Reprinted by permission.

pp. 77–78: Pedro Mir "Amén de Mariposas" from *Amén de mariposas* (Santo Domingo: Nuevo Mundo, 1969).

Chapter 4

pp. 84–85: "El año que viene estamos en Cuba" is reprinted with permission from the publisher of *El año que viene estamos en Cuba* by Gustavo Perez Firmat © 1997 (Houston: Arte Público Press—University of Houston).

p. 106: "Cuba en breve" Adapted from https://www.cia.gov/cia/publications/factbook/

pp. 106–107: "Historia de Cuba." *Wikipedia, La enciclopedia libre.* 15 feb 2007, 13:27 UTC. 19 feb 2007, 16:20. www.es.wikipedia.org/wiki/Historia_de_Cuba. This article is licensed under the GNU Free Documentation License.

pp. 107–108: Nicolás Guillén "Canto Negro," from *Sóngoro Cosongo* (1931).

p. 109: Reprinted by permission of El Cultural Pradillo.

Chapter 5

pp. 116–118: Julio C. Malone, "EU y su nuevo perfil demográfico: La patria que Bolívar soñó" from *La Opinion Digital,* 15 April 2001. Used by permission of the author and Editorial Miglo, Bronx, NY.

pp. 121–122: Jesús Hernández Cuellar, "Diálogo con la columnista María del Pilar Marrero" from www.contactomagazine.com/pilar.htm (Aug. 27, 2001). © Contacto Magazine, reprinted by permission.

p. 139: Gabriel Garcia Marquez "Illusiones para el Siglo XXI" © Gabriel Garcia Marquez. Reprinted by permission of Agencia Literaria Carmen Balcells, S.A.

Chapter 6

pp. 146–147: Reprinted by permission of CARECEN.

p. 148: Excerpt from "Iniciativa para el desarrollo de temas transversales: reducción de desastres naturales en Asia, América Latina y el Caribe," www.eird.org/esp/revista/No8_2003/art8.htm (viewed 11/20/06).

p. 150–151: Courtesy of the Center for Immigration Studies, "Where Immigrants Live: An Examination of State Residency of the Foreign Born by Country of Origin in 1990 and 2000," September 2003, by Steven A. Camarota and Nora McArdle.

pp. 167–169: Description of "Exceso de Equipaje" reprinted by permission of Paulino Espinoza at excesodeequipaje@gmail.com.

p. 169: "Canto de comunión" by Exceso de Equipaje (Text by Miguel Cavada, Music by Guillermo Cuellar). Reprinted by permission of Miguel Cavada.

Chapter 7

pp. 176–178: Gabrielle B. Britton, "La neurociencia: investigar el cerebro, la mente y el comportamiento," *La Prensa*. Reprinted by permission of the author.

p. 181: "Puente Del Mundo" written by Rómulo Castro García. Used by permission of Supreme Enterprises International Corp., a.k.a. Fuerte Suerte Music.

p. 184: Computer safety manual (Anti-Spam para correo SpamGuard) from www.abacox.com/clientes/manuales/spamguard.html (viewed 11/20/06). Reprinted with the approval of Abacox and Alabanza, the Leader in Automated Hosting Solutions.

p. 193: Ricardo Arias Calderón, BBCmundo.com, Oct. 31, 2003, http://news.bbc.co.uk/hi/spanish/specials/2003/panama/ newsid_3204000/3204347.stm

p. 195–196: El Canal de Panamá: Una larga historia. 31 Oct. 2003 http://news.bbc.co.uk/low/spanish/specials/2003/panama/newsid_3211000/3211737.stm (viewed 11/20/06). Used by permission of BBC World Service, London. © BBC www.bbcmundo.com.

pp. 198–199: Biography of Rosa María Britton based on www.geocities.com/Athens/Olympus/9427/rosamara.html and used by permission of Rosa María Crespo de Britton.

pp. 200–201: Rosa María Britton, "La muerto tiene dos caras" from *La muerte tiene dos caras* (Editorial Costa Rica, 1987), pp. 21–22. Reprinted by permission of the author.

Chapter 8

pp. 209–211: Based on "Immigrantes Mayas se Aferran a Su Cultura," by Giseal Salomon, as appeared in El Nuevo Herald, 28 December 1998.

p. 214: Smead, Robert N. & J. Halvor Clegg. "Aztequismos en el español chicano." In Bergen, John, ed. Spanish in the U.S.: Sociolinguistic Issues (Washington, D.C.: Georgetown University Press, 1990), pp. 23–40.

p. 227, 228: As seen on www.mayadiscovery.com.

Chapter 9

pp. 241–243: "Qué es la publicidad" from www.estudios.com.ar/nota_11.htm. © Juan Antonio Lázara, reprinted by permission.

p. 259: Almirante Emilio Massera, quoted in La Nación, 10/4/85.

pp. 261–262: Roberto Arlt "Un fantástico compañero de viaje". Originally appeared as: «El fantástico compañero de viaje», Don Goyo, Buenos Aires, agosto 31 de 1926, nº 48, pp. 54–55.

Chapter 10

pp. 269–272: Reprinted by permission of Père Marquès Graells, http://dewey.uab.es/pmarques.

pp. 276–277: Copyright © 2000 El Pais. Reprinted with permission.

pp. 279–280: Siniestro Total, "La Sociedad es la culpable," from the album *En Beneficio de Todos*. Reprinted by permission of WarnerChappell.

p. 281: Dra. A. González Estecha, "El informe médico" presented at Reunión de la Asociación de Castilla La Mancha. En colaboración con la Asociación de Madrid. Cuenca. Día 8 de marzo de 1997. Salón de Actos del Hospital Virgen de la Luz. www.seap.es/regional/clm/marzo97/c97_caso.htm#LaPaz (viewed 11/20/06).

pp. 292–293: Adapted from "Las conquistas de España" adapted from Todo sobre España www.red2000.com/spain/primer/1hist.html (viewed 11/20/06).

Photo Credits

p. 2: Beryl Goldberg; p. 4: Ulf Andersen/Getty Images; p. 22 (top): Michael Newman/PhotoEdit; p. 22 (bottom left): Mary Steinbacher/PhotoEdit Inc.; p. 22 (bottom right): Cindy Charles/PhotoEdit Inc.; p. 24: © SV-Bilderdienst/The Image Works; p. 25: Self Portrait with Velvet Dress, 1926 (oil on canvas) by Kahlo, Frida (1910–54) © Private Collection/Photo: Jorge Contreras Chacel/The Bridgeman Art Library; p. 28: © Richard Cohen/Corbis; p. 30 (top): © Jeremy Horner/Corbis;

Índices

El primer índice trata las materias gramaticales en el texto. En el segundo índice, se encuentran los aspectos culturales y los varios países presentados, organizados por tema.

Índice

Índice cultural

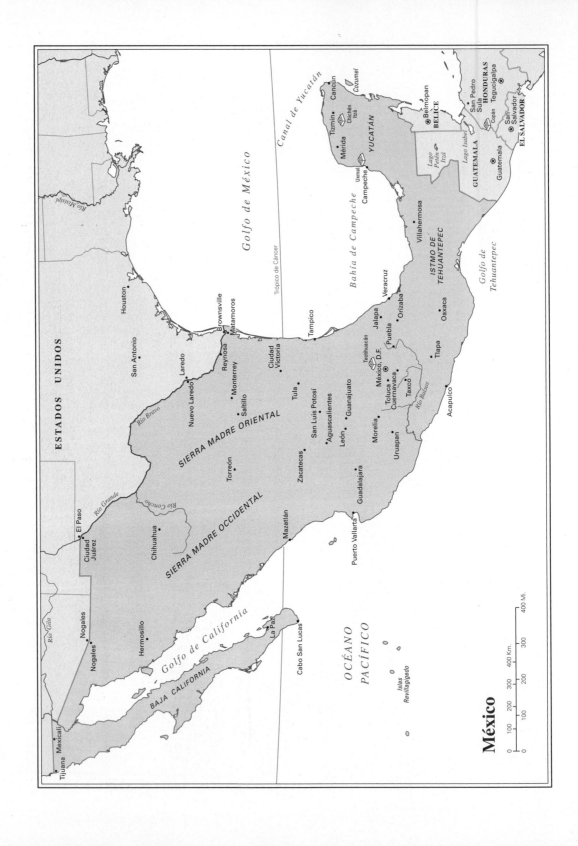

México

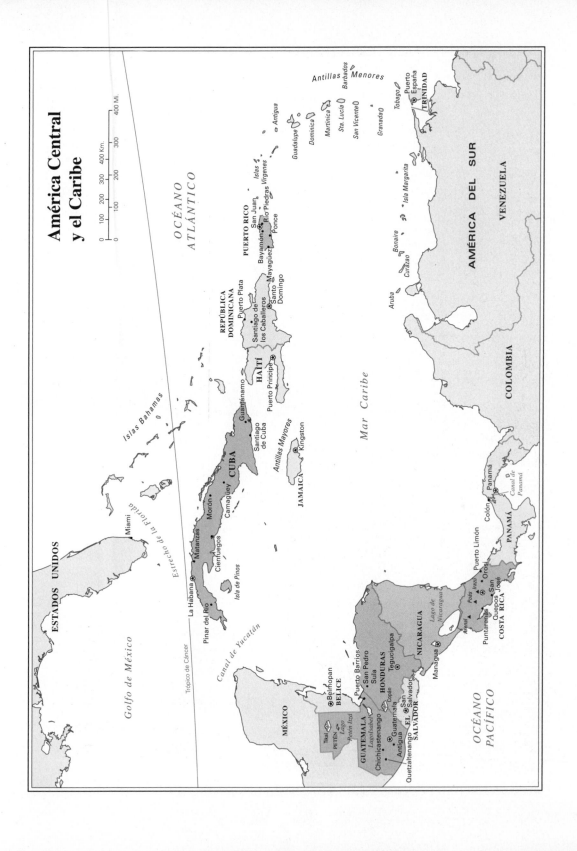

América Central y el Caribe

ESTADOS UNIDOS

Golfo de México

Miami

Trópico de Cáncer

Estrecho de la Florida

Islas Bahamas

OCÉANO ATLÁNTICO

0   100 200 300 400 Km.
0   100 200 300 400 Mi.

La Habana

Pinar del Río

Matanzas

Cienfuegos

Isla de Pinos

CUBA

Morón

Camagüey

Santiago de Cuba

Guantánamo

Antillas Mayores

Kingston

JAMAICA

Canal de Yucatán

MÉXICO

Belmopán
BELICE

Tikal
PETÉN
Lago
Petén Itzá

Puerto Barrios

San Pedro
Sula

HONDURAS

Tegucigalpa

Copán

Lago Izabal

GUATEMALA

Chichicastenango

Quetzaltenango

Antigua

Guatemala

EL
SALVADOR

San
Salvador

NICARAGUA

Managua

Lago de
Nicaragua

OCÉANO PACÍFICO

Arenal

Poás

Puntarenas
Quepos

Orosí
San José
COSTA RICA

Irazú

Puerto Limón

PANAMÁ

Colón

Panamá

Canal de
Panamá

REPÚBLICA
DOMINICANA

Puerto Plata

Santiago de
los Caballeros

HAITÍ

Puerto Príncipe

Santo
Domingo

PUERTO RICO

San Juan

Bayamón

Mayagüez

Ponce

Río Piedras

Islas
Vírgenes

Mar Caribe

Antillas Menores

Antigua

Guadalupe

Dominica

Martinica

Sta. Lucía

San Vicente

Barbados

Granada

Tobago

Puerto
España

TRINIDAD

Isla Margarita

Bonaire

Curazao

Aruba

AMÉRICA DEL SUR

VENEZUELA

COLOMBIA

Mar Caribe

OCÉANO
ATLÁNTICO

Barranquilla
Cartagena
Maracaibo
Caracas
San Carlos
La Guaira
TRINIDAD Y
TOBAGO
Puerto España
VENEZUELA
Ciudad Bolívar
Medellín
Río Orinoco
Zipaquirá
Salto Ángel
Georgetown
Paramaribo
Cali
Bogotá
GUYANA
Cayena
COLOMBIA
SURINAM
Popayán
GUAYANA
FRANCESA
San Agustín
Otavalo
Pichincha
Ecuador
Santo Domingo
de los Colorados
Quito
Río Negro
Río Amazonas
Belén
ECUADOR
Chimborazo
Manaos
Guayaquil
Iquitos
Río Madeira

CORDILLERA DE LOS ANDES

Sipán
BRASIL
Recife
Trujillo
PERÚ
Callao
Lima
Machu Picchu
Salvador
Cuzco
Lago
Titicaca
Puno
La Paz
Cochabamba
Brasilia
Arequipa
Tiahuanaco
Río Paraguay
Arica
Sucre
BOLIVIA
Bello
Horizonte
Iquique
Potosí
Río de Janeiro
Río Paraná
Filadelfia
San Pablo
Trópico de Capricornio
Salta
PARAGUAY
Santos
Antofagasta
Asunción
San Miguel
de Tucumán
Puerto Iguazú
Resistencia
Río Uruguay
OCÉANO
PACÍFICO
CHILE
Puerto Alegre
Córdoba
Aconcagua
Viña del Mar
Mendoza
Rosario
URUGUAY
Valparaíso
Buenos Aires
Montevideo
Santiago
La Plata
Punta del Este
Concepción
ARGENTINA
Río de la Plata
Mar del Plata
Río Colorado
Bahía Blanca

CORDILLERA DE LOS ANDES

Bariloche
Puerto Montt

PATAGONIA

Estrecho de
Magallanes
TIERRA
DEL FUEGO
Islas
Malvinas
Punta Arenas
Cabo de Hornos

ISLAS GALÁPAGOS
Ecuador
San
Salvador
Santa Cruz
ECUADOR
Quito
Guayaquil
Isabela
San Cristóbal

América del Sur

0   250   500 Km.
0   250   500 Mi.